精·品·课·程·立·体·化·教·材·系·列

工程经济学

武献华 宋维佳 屈 哲 编 著

科学出版社
北京

内 容 简 介

工程经济学是工程和经济的交叉学科,融合了工程学和经济学的相关知识,因此工程经济学是工程管理、土木工程和工程技术类专业的主要基础课程。

本书共分十二章,主要内容包括工程经济学的总论、资金时间价值、工程经济分析基本要素、工程项目财务评价、工程项目资金筹措与资金成本、工程方案的比较与选择、设备更新的经济分析、不确定性与风险分析、公共项目经济评价、价值工程及其应用、项目可行性研究和工程项目后评价。本书各章都设有本章摘要、本章小结、关键概念以及复习思考题,有助于读者掌握工程经济学的主要内容和方法。此外,本书的最后还附有案例分析,通过案例的学习,读者能够将所学的工程经济学的基本原理和基本分析方法运用于实际工作中。

本书可作为工程管理、土木工程和其他工程技术类专业的本科生和研究生教材使用,也可作为工程技术人员和项目管理人员等的参考书。

图书在版编目(CIP)数据

工程经济学/武献华,宋维佳,屈哲编著. —北京:科学出版社,2010.6
ISBN 978-7-03-027953-8

Ⅰ.①工… Ⅱ.①武…②宋…③屈… Ⅲ.①工程经济学 Ⅳ.①F40

中国版本图书馆 CIP 数据核字(2010)第 111012 号

责任编辑:赵静荣 / 责任校对:张 林
责任印制:张克忠 / 封面设计:耕者设计工作室

科 学 出 版 社 出版
北京东黄城根北街 16 号
邮政编码:100717
http://www.sciencep.com

北京市文林印务有限公司 印刷
科学出版社发行 各地新华书店经销

*

2010 年 6 月第 一 版 开本:B5(720×1000)
2015 年 1 月第四次印刷 印张:16
字数:320 000

定价:28.00 元

(如有印装质量问题,我社负责调换)

前　言

工程经济学是工程科学与经济科学相结合的边缘学科，它是通过研究工程与经济之间的关系，将经济学的基本原理运用于各种工程中，寻求最佳结合点的一门学科。

20 世纪 80 年代初，在世界银行的帮助下，我国将项目经济评价的思想引入工程项目决策中，为工程经济学课程的设立奠定了基础。随着市场经济的不断深化以及投资体制的不断改革，我国对工程项目的经济分析越来越重视。作为现代工程技术管理人员，不仅要精通工程技术，同时还必须具备较为扎实的工程经济分析的理论基础和较强的经济分析能力。为了培养和造就工程技术与工程经济管理的高级技术人才，使学生能够建立经济意识，较为系统地学习和掌握工程经济的基本原理、基本知识和分析方法，具备对各类工程建设项目进行经济评价和分析的能力，成为既懂专业知识，也具备工程项目经济评价能力的复合型人才，我们在从事多年教学研究和社会实践的基础上，参考国内外已有的研究成果，编写了本书。

由于工程经济学是工程与经济的交叉学科，不仅管理类、经济类专业的学生需要学习，工程类专业也应学习，以拓展知识领域，完善知识结构，增强对工程项目经济性的认知。因此，工程经济学应该是工程管理、土木工程和工程技术类专业的主要基础课程，也是各类工科专业的必修课程之一。本书主要是为工程管理专业、土木工程和工程技术类专业本科生和研究生编写的教材，同时也可以作为计划、金融、项目运作、项目评估、项目管理、工程咨询等有关人员的自学教材和参考读物。

本书具有以下三个特点：第一，理论联系实际。本书不仅系统地阐述了工程经济学的基本原理和基本方法，而且也凝结了作者多年来从事工程经济教学和社会实践的经验和体会，将理论和实践比较好地融合在一起。第二，内容全面。本书不仅总结了作者从事工程经济的教学和社会实践的思维和体会，而且汲取了大量的国内外有关文献和资料的精华，反映了国内外最新的研究成果。特别是本书依据国家发展和改革委员会与建设部联合颁布的《建设项目经济评价方法与参数》（第三版）的要求，融入了项目融资、工程项目风险分析、工程项目后评价等内容，不仅适应了我国财税体制和投资体制的改革，而且体现了学科发展的最新研究动态。第三，操作性强。本书在详尽介绍工程经济分析的基本原理的基础上，还以较大的篇幅介绍了在实际工作中如何进行工程经济分析的问题，力图体现工程经济学应用性强的特点。

　　全书共分为十二章，每一章的开始都设有"本章摘要"，以提高读者的学习效率；每一章的结尾都有"本章小结"专栏，以帮助读者更好地总结和回顾每一章节的重点；每一章的最后都有"关键概念"和"复习思考题"，以方便读者更快地掌握每一章节的要点，并检验阅读和学习的效果。此外，全书融入了工程项目案例，提高了本书的实用性和针对性。

　　本书由武献华教授、宋维佳教授和屈哲副教授编著，责任编辑赵静荣女士为本书的出版付出了艰辛的劳动。此外，硕士研究生彭婷婷、王烨、贺雷、何书、梁崇佳等同学在资料收集、部分章节编写、校对等方面做了大量的工作，这里一并表示衷心的感谢！在本书的编写过程中，吸收并借鉴了国内外许多专家和学者在这一领域所取得的研究成果，在此，谨向这些学者和作者致以崇高的敬意和谢意。由于作者水平有限，时间仓促，不妥之处，恳请读者指正。

作　者

2010 年 3 月

目　　录

第一章 总 论

本章摘要：工程经济学是一门融汇工程学和经济学各自特点和内在联系的交叉边缘学科，它运用经济理论的分析方法来研究工程投资和经济效益的关系，以有限的资金获得最大的经济效益。本章介绍了工程经济学的概念、产生发展的过程、研究对象和分析方法以及投资决策理论。通过学习，读者能了解到工程经济学的基本知识，为以后各章的学习打下理论基础。

第一节 工程与经济

提到工程，人们总容易联想起生活中正在实施的各种轰轰烈烈的建设项目，如南水北调工程、长江三峡工程、西气东输工程等。实际上，有些建设项目并不一定那么宏伟，如某市的城市道路改建工程、某单位的办公楼建设工程等，也可以一概称之为工程。

一、工程

在现代社会中，"工程"一词有广义和狭义之分。广义的工程（engineering）是指为达到某种目的，在一个较长时间内，按照一定的计划和组织，应用科学知识和技术手段，将投入的各种资源转化为人类所进行的协作活动过程，如土木工程、水利工程、机械工程等。狭义的工程是指应用有关的科学知识和技术手段，通过人们有组织的活动，将某个（或某些）现有实体（自然或人造）转化为具有预期使用价值产品的过程，即具体的建设项目，如三峡工程、鸟巢工程和京九工程等。《辞海》把工程解释为：第一，将自然科学的原理应用到工农业生产部门中去而形成的各种学科的总称，其目的在于利用和改造自然为人类服务，如土木建筑工程、生物化学工程等；第二，在实践中，它可以指具体的投资建设项目，如沈大高速工程、污水处理工程、矿产开发工程等。在工程经济学中，工程的定义显然应取第二层含义，即泛指实践中准备实施或者正在实施的各种投资建设项目。

一项工程能被人们所接受必须具备两个条件：一是技术上的可行性，二是经济上的合理性。在技术上无法实现的项目是不可能存在的，因为人们还没有掌握它的客观规律；而一项工程如果只讲技术可行，忽略经济合理性，也同样是不能被接受的。人们发展技术、应用技术的根本目的，正是在于提高经济活动的合理性，这就是经济效益。因此，为了保证工程技术更好地服务于经济，最大限度地满足社会需求，就必须研究、寻找技术与经济的最佳结合点，在具体目标和条件下，获得投入产出的最大效益。

二、技术

一般认为，技术是人类在利用自然和改造自然的过程中积累起来并在生产劳动中体现出来的经验和知识。迄今为止，人们对技术的理解也不尽相同，归纳起来有如下几种表述。

（1）技术是在生产和生活领域中，运用各种科学所揭示的客观规律，进行各种生产和非生产活动的技能，以及根据科学原理改造自然的一切方法。具体表现为产品（或结构、系统及过程）开发、设计和制造所采用的方法、措施、技巧，运用劳动工具（包括机械设备等）正确有效地使用劳动对象和保护资源与环境，对其进行有目的的加工改造，从而更好地改造世界，为人类造福。

（2）技术泛指依照自然科学基本原理和生产实践经验发展而成的一切操作方法和技能。不仅包括相应的生产工具和其他物质设备，还包括生产的工艺过程或作业程序方法。

（3）技术包括劳动者的劳动技能、劳动工具和劳动对象三部分，缺一不可。这实际上是认为技术等同于生产力。

综上所述，可以认为技术不仅包括生产活动和生活活动的技术，还包括管理方法、决策方法、计划方法、组织方法、交换方法、推销方法、流通方法等，技术存在于所有领域。

技术一般包括自然技术和社会技术两方面。自然技术是根据生产实践和自然科学原理而发展形成的各种工艺操作方法、技能和相应的生产工具及其他物质装备。社会技术是指组织生产及流通等技术。

三、经济

现代汉语中使用的"经济"一词，是在19世纪后半叶由日本学者从英语economy 翻译而来的，如无特殊说明，一般不包括汉语中"经邦济世"、"经国济民"治理国家、拯救庶民的含义。

经济（economy），在不同的范畴内有不同的含义。目前，人们对经济的理解主要有以下几种观点。

（1）经济是社会生产关系的总和。这种定义将经济等同于生产关系或物质基础。如按生产资料所有制将一国经济划分为国有经济、集体经济、私营经济及混合制经济等。

（2）经济包括一个国家国民经济的总体和它的各个组成部分。如农业经济、工业经济、高新技术产业经济、交通运输经济等。

（3）经济是物质资料的生产、交换、分配、消费的总和。即经济是生产力和生产关系相结合的活动。

（4）经济是指效益、节约、节省。即以尽可能小的投入获得尽可能大的产出。如投资一个商业地产项目，投资方以相对较小的前期投入，经过妥善经营使得项目在运营期内每年获取丰厚的租金收入，人们就可以说这个项目具有很好的经济效益。

投资一项工程的重要原则在于从有限的资源中获得最大的利益，因此，工程经济学中"经济"的含义应取"效益、节约"的意思。工程与经济相联系就是指在整个投资项目的策划、设计、实施、运营中，如何通过科学的方法使得建设项目在保证工程技术要求的前提下获得最大的经济效益。

四、工程经济学

工程经济学（engineering economics），是一门融汇工程学和经济学各自特点和内在联系的交叉边缘学科，它运用经济理论的分析方法来研究工程投资和经济效益的关系，以有限的资金获得最大的经济效益。

经济学的一个基本假设是资源具有稀缺性。由于资源稀缺，人们就需要对有限的资源进行合理配置，对各种配置方案进行科学的分析和比选，使其能够发挥最大效益。工程技术是人类在认识自然和改造自然的反复实践中积累起来的有关生产劳动的经验、知识、技巧等。

工程经济学的核心是工程经济分析，其任务是对工程项目及其相应环节进行经济效果分析，对各种备选方案进行分析、论证、评价，从而选择技术上可行、经济上合理的最佳方案。工程经济学的重点并不是怎样设计一条高速公路或者这条公路如何施工，而是这条公路应不应该建设，应该在什么时间、什么地点建设，建设公路需要花费多少资金及如何筹措，公路建成后能够产生多大的经济效益和社会效益等问题。

第二节 投 资 决 策

第一节已经提到，工程经济学中的工程是指实践中的各种投资建设项目。对一项工程经济合理性的判别，主要评价依据是该项工程是否应该建设以及项目布局优劣、所需资金情况和社会、经济效益大小等，产生这些问题的根源就在于该项工程的投资决策是否合理。

一、投资决策的含义

投资决策是指根据预期的投资目标，拟订若干个有价值的投资方案，并用科学的方法或工具对这些方案进行分析、比较和遴选，以确定最佳实施方案的过程。在一国的经济发展过程中，无论在宏观层面还是微观层面，投资都发挥着极为重要的作用。政府通过投资，提供公共物品，满足社会需求，提高效率；企业通过投资，提供私人物品，满足市场需求，获取利润。在一定时期内，政府和企业可利用的资源都是有限的，合理配置资源、提高利用效率就显得非常重要。投资不仅需要热切的心情，而且还要有冷静的头脑。在拟建项目之前，需要分析该项投资能给投资者带来多大收益、给社会带来何种影响等，在权衡利弊的基础上决定是否实施该项投资。此外，投资具有很大的不确定性，所有的投资都建立在对未来的估计上，这就需要投资者在拟建项目之前充分估计未来的不确定性，分析未来社会经济发展的条件、环境和趋势等。因此，在拟建项目之前，必须要科学、充分地预计未来，从而做出正确的投资决策。

二、投资决策的程序

投资决策的一般程序包括以下几个方面。

（一）调查研究、收集信息并提出问题，在此基础上确定预期目标

投资项目是投资者在充分调研和思考的基础上，根据自身的需求和愿景所提出的。作为政府，为了充分发挥其经济职能而要实施投资项目，每一项投资都是为实现一定的目标服务的，比如为了提供更多的社会公共物品以满足公众需要，为了充分地把城市的某种资源优势转化为经济优势，为了矫正外部不经济性和垄断等；作为企业，为了自身的经营和发展，在一定时期内也要进行投资，每一项投资都是为了实现特定的经济目标服务的，比如为了扩大市场份额、提高市场竞争力，为了提高生产规模以实现规模经济，为了企业的某种核心竞争力能尽快实现商品化、产业化，为了扩张经营范围而实现一体化、多元化发展等。

（二）根据宏观环境和现有条件拟定若干个有价值的方案

要达到预期的目标，可能存在着多种可实施的方案。投资者或者受投资者委托的中介咨询公司可根据预期的目标和现有的宏观政策、市场、技术、资源等条件拟订若干个有价值的方案。所谓有价值的方案一般具有两层含义：一是强调拟订的方案具有可实施性，不能拟定毫无实施可能性的方案；二是在拟订的可实施方案中也有两种选择，即可以实施方案，也可以不实施方案。不实施拟订的方案

本身也是一种有价值的选择，其通常被称为"零方案"。

（三）对拟订的方案进行分析、比较，遴选出最满意的实施方案

拟订出一系列可实施的方案后，投资者要用科学的方法对这些方案进行全面的分析和比较，以选择出能使投资者最为满意的方案。所谓科学的方法，就是指运用可行性研究和项目评估的方法进行项目的遴选，这是投资决策的重要工具和手段。一般来说，企业投资项目需要利用可行性研究和项目评估对拟订方案的必要性、市场需求、生产规模、建设和生产条件以及未来的经济效益等进行分析和比较，遴选出具体实施的方案；政府投资项目主要运用经济评价和社会评价的方法，遴选出有利于政府财政和利益相关者的可实施方案。所谓使投资者满意，就是指方案在各个方面都能满足投资者的要求。项目是否可行取决于诸多内在和外在因素，实施一个项目也需要具备各个方面的条件，因此应该强调的是，现实中基本不存在各个方面都特别优秀的方案，投资者所选择的只能是使他最为满意的方案。

（四）确定实施的计划，提出合理化的建议

当确定了实施方案以后，就要制订实施的计划。投资者可以对可行性研究和项目评估中的实施计划进行适当深化和修改，也可以根据论证的结果重新制订实施计划。制订计划的同时还要提出合理化建议，其目的在于：在项目实施的过程中，不是所有条件都能满足要求，这就需要有关部门和人员为项目的顺利实施提出建议，使项目按照预期的目标和时间开工建造、竣工验收并投入使用，从而产生应有的效益。

第三节　工程经济学的研究对象及特点

一、工程经济学的产生及发展

工程经济学的产生至今已有 100 多年的历史，其渊源可以追溯到 19 世纪后半叶。1887 年，美国土木工程师阿瑟·惠灵顿（A. M. Wellington）发表了《铁路布局的经济理论》一书，首次对工程经济进行了精辟的评述。他在书中写道："不把工程经济学简单地理解和定义为建造艺术是很有用处的，从某种意义上说，工程经济并不是建筑艺术。我们不妨把它精确地定义为一门少花钱多办事的艺术。"在铁路线的计算中，他首次运用了资本费用分析法，并提出了工程利息的概念。惠灵顿的创造性见解被后来的工程经济学家所承袭，为在工程投资领域开展经济评价工作奠定了重要基础。

　　进入 20 世纪以后，工程经济学得到了迅速的发展，有许多经济学家在工程经济学的发展中起到了积极的推动作用。1920 年，戈尔德曼（O. B. Goldman）教授在他的著作《财务工程学》中研究了工程投资问题，并提出了决定相对价值的复利模型。人们可以运用复利法来确定方案的比较价值，这为工程经济学中许多经济分析原理的产生奠定了基础。1930 年，美国工程经济学家格兰特（E. L. Grant）教授出版了《工程经济原理》一书，该书历经半个多世纪，到 1982 年已经再版六次，是一本公认的学科代表著作。在此书中，作者指出了古典工程经济学的局限性，讨论了判别因子和短期投资评价的重要性，与长期资本投资评价进行了一般比较。格兰特教授的许多贡献获得了社会公认，他被称为"工程经济学之父"。《工程经济原理》的出版标志着工程经济学成为了一门系统性学科，从此工程经济学进入了高等学府，成为了投资经济分析中的一门重要课程。

　　第二次世界大战以后，受凯恩斯主义经济理论的影响，工程经济学的研究内容从单纯的工程费用效益分析扩大到市场供求和投资分配方面，并取得了重大进展。1951 年，迪安（J. Dean）教授出版了《管理经济学》，发展了折现现金流量法，开创了资本限额分配的现代分析方法。20 世纪 60 年代以后，工程经济学研究主要集中在风险投资、决策敏感性分析和市场不确定性因素分析等方面。主要代表人物有美国的德加莫、卡纳达和塔奎因教授等。

　　20 世纪后期，工程经济学的地位日益突出，其重要性得到了举世公认。1982 年，工程经济学家里格斯（J. L. Riggs）教授出版了《工程经济学》，系统阐述了工程经济学的内容，该书具有观点新颖、内容丰富、论述严谨等特点，使工程经济学的学科体系更加完整和充实，从而成为国外许多高等学府的通用教材，将学科水平推进了一大步。

　　20 世纪 90 年代以后，工程经济学理论逐步突破了传统上对工程项目本身经济效益的研究，出现了对宏观经济加以研究的新趋势。比如，对于某些工程项目，要分析它能否应用先进的工艺水平，能否对整个地区和行业的技术进步和经济发展造成影响；对于大多数项目还要考虑其对生态环境造成的潜在威胁，是否适应可持续发展的要求等。由此可见，随着科学技术的发展和人类社会的进步，工程经济学的研究方法还将不断创新，理论还将不断完善，并不断满足人们对工程项目和技术方案进行科学决策的新要求。

　　我国对工程经济学的研究和应用起步于 20 世纪 70 年代后期。随着改革开放的深化进行，传统的计划经济忽视核算和效益的观点逐步被摒弃，在工程的成本核算中，开始出现了折现现金流量的概念。经过 30 年的蓬勃发展，工程经济学的理论研究不断深化，有关工程经济的投资理论著作和文章大量出现，逐步发展为符合我国国情的工程经济学，形成了较为完整的学科体系。与此同时，在项目投资决策分析、项目评估和管理中，工程经济学已经在我国得到了系统和广泛的应用，有效地提高了我国投资项目的经济效益和社会效益。

二、工程经济学的研究对象

工程经济学从技术上的可行性和经济上的合理性出发，运用经济理论和定量分析方法研究工程技术和经济效益的关系。工程经济学的研究对象是工程项目方案的经济分析基本方法和社会评价方法，即研究运用哪些经济理论，采用何种分析工具，建立何种方法体系去正确地评估工程的有效性，寻求技术与经济的最佳结合点。

我们可以将工程经济学的研究对象称为工程经济分析方法，它既包括了工程项目的技术方案选择、项目的财务评价、国民经济评价等传统经济评价理论，还包括项目对技术进步、生态环境保护、资源开发利用等问题带来何种影响的社会评价方法。

工程经济学的主要内容包括资金的时间价值理论、工程方案的评价与选优方法、建设项目的经济评价、风险与不确定性分析、建设项目的后评价、价值工程理论等。

三、工程经济学的特点

工程经济学是工程技术和经济相结合的交叉学科，它以自然规律为基础，以经济科学作为理论指导，在尊重客观规律的前提下，对工程技术方案的经济效果进行分析和评价，从经济的角度为工程技术的采用和工程建设提供决策依据。工程经济学具有以下特点。

（一）综合性

工程经济学是根据现代科学技术和社会经济发展的需要应运而生的一门结合工程与经济的交叉性学科，二者有机结合，形成了工程经济学这门两种学科相互渗透、相互促进的综合性科学。工程经济学既包括自然科学的内容，又包括社会科学的内容；既包括技术科学的内容，又包括经济科学的内容。工程经济学是在技术可行的基础上，研究经济合理性的一种综合分析方法，其研究的内容涉及技术、经济、社会、环境等诸多方面，因此具有综合性。

（二）实践性

工程经济学不同于传统的经济学，它不涉及国家经济制度之类的宏观问题，而是着眼于具体工程项目的经济性，因此，它具有很强的实践性。工程经济学是一门与社会生产实践和经济建设紧密联系的学科，无论是政府投资兴建的大型公共项目工程，还是企业为了自身发展而进行的产品开发和技术改进工程，都伴随着资金、资源的使用和投资方案的选择。只有通过工程经济分析方法才能帮助投资者和主管部门做出科学的投资决策。可以说，随着我国经济制度的不断完善和投资效率的逐步提高，工程经济知识将会成为我国掌管经济事业的各级政府官员、企业家、工程师和经济师必备的专业知识。

（三）预测性

工程经济学需要事先对未来实施的技术方案进行经济分析和评价，这使得这门学科带有显著的预测性。由于工程经济学是对工程可行方案的预期效果进行分析，其经济评价要素往往存在一定程度的不确定性，比如预测的市场需求、产品成本、预期利润等可能与实际发生较大偏离。正是由于这些不确定性因素的存在，才使得工程经济学发展出一个专门的领域，即不确定性分析。

（四）选优性

现实生活中，对于一个预期目标往往存在着多种可以实施的方案，但每个方案都各有利弊。为了取得在一定条件下可以达到的最佳经济效果，投资者需要运用科学的工程经济分析方法来选择最适合的方案。工程经济学在技术可行的基础上研究最为经济合理的方案，工程经济分析的过程也是方案的比较和选优的过程。

（五）定量性

工程经济学的研究方法注重定量分析。即使有些难以定量的因素，也要争取予以量化估计。通过对各种方案进行客观、合理、完善的评价，用定量分析的结果为定性分析提供科学的依据。如果不进行定量分析，技术方案的经济性无法评价，经济效果的大小无法衡量，也就无法在多个方案中进行择优比选。因此，在分析和研究过程中，要用到很多数学方法和计算公式，并建立数学模型。

第四节　工程经济分析原则及方法

一、工程经济分析基本原则

（一）资金时间价值原则

资金的时间价值是工程经济学中最基本的一个概念。投资的项目会在未来的运营期内产生收入，这些收入发生在不同的时点，将它们简单加总来计算项目未来全部收入总额是不合理的。由于资金时间价值的存在，未来的收入会打一个折扣，没有今天同样数额的收入高。因此，如果不考虑资金的时间价值，静态分析项目的未来收益和成本是不符合现实经济理论的。

（二）现金流量原则

衡量投资收益用的是现金流量而不是会计利润。现金流量是项目实际发生的各项现金流入量与现金流出量的统称，而利润是按"权责发生制"核算的会计账面数字，并非手头可用的现金。投资收益不是会计账面数字，而是当期实际发生的现金流。

（三）有无对比原则

"有无对比法"是将建设这个项目和不建设这个项目时的现金流量情况进行对比，如果结论证明不建设项目对投资者更为有利时，就应放弃建设项目。例如，经过工程经济分析发现一个项目建成以后将出现入不敷出、亏本经营、投资无法顺利回收的局面，此时所采取的最佳方案就是零方案，即不进行投资建设。

（四）可比性原则

在工程经济分析中，方案的比较是极为重要的内容。进行方案比较的基础，就在于备选方案应该具有可比性，否则要经过处理以后才能比较。工程经济分析的可比性包括原始数据的可比性、资金的可比性、时间的可比性等。

（五）风险收益的权衡原则

投资是建立在对未来经济情况的预期基础上的，因此任何投资项目都是有风险的，这就必须考虑投资方案的风险和不确定性。不同的投资项目其风险和收益不同，选择具有多大风险的项目取决于投资者的风险偏好程度和处理风险的能力。但是，选择风险高的项目必须要有与之相适应的高收益，以此来弥补投资者需要承担的额外风险。

二、工程经济分析的方法

（一）理论联系实际的方法

工程经济学中的许多概念，如投资、费用、成本等都来自于西方经济理论，因此，要正确地运用工程经济分析方法，必须正确地理解、把握经济学中的基本概念，了解经济学所描述的经济运行过程。对于不同的项目，由于其目标、背景和条件不同，需要具体问题具体分析。

（二）定量与定性分析相结合的方法

工程经济学对问题的分析过程从定性出发，通过定量分析再返回到定性分析。即首先从工程项目的行业特点、目标要求、基本指标的含义出发，通过资料的搜集和数据的计算得到一系列判别指标，再通过实际指标与基准指标的对比以及不同方案之间经济指标的对比，对工程项目各方案的优劣做出判断。定性分析往往具有较强的主观性和风险性，随着应用数学和计算机技术的飞速发展，在经济分析中引入定量分析大大提高了决策的质量。因此，应该尽可能对经济分析的各要素进行量化，这样得出的结论通常具有很强的说服力。对于一些难以量化的内容，如风俗文化等，可以进行定性分析，作为定量分析的补充。

（三）静态分析与动态分析相结合的方法

静态分析是在不考虑资金时间价值的前提下，对项目的经济指标进行计算和比较；动态分析是考虑资金的时间价值，将不同时点上的经济指标进行计算和比较，从而对项目进行更客观、合理的分析。静态分析和动态分析各有特点，在工程经济分析中可以根据工作阶段的不同和指标要求的精确程度进行选择。一般来说，静态分析计算简单且意义明确，动态分析计算繁琐但更符合经济现实。通常在寻找投资机会和初步选择项目时进行静态分析，而为了更科学、更精确地反映项目的经济情况和建设的必要性，则必须采用动态分析。

（四）系统分析和平衡分析的方法

一个工程项目通常都是由若干个子项目构成，每个子项目都有其各自的特点。因此，在研究中要将研究对象置于一个整体系统中来分析各个组成因素和环节，以实现总体最优的目的。工程经济分析的过程需要计算成本、收益和费用，其目的在于寻求经济与技术的最佳平衡点。

（五）统计预测和不确定性分析的方法

对一个工程项目进行分析时，所运用的投资、成本、费用等数据往往只有依靠预测来获得，评价结果的准确性和所用预测数据的可靠性有着密切关系。为保证数据的可靠性，必须运用科学的统计方法。统计预测方法主要利用回归分析法对相关的未知数据进行推算，并利用平滑指数等方法对现象发展的趋势数值进行预测。由于影响项目未来情况的因素众多且处于不断变化之中，还需要对项目的经济指标进行不确定性分析，如盈亏平衡分析、敏感性分析和概率分析等。

三、工程经济分析的一般程序

工程经济分析是工程经济学的基础和核心内容，它主要是对各种备选方案进行综合分析、计算和比较，全面评价项目的财务效益和经济效益，预测项目可能面临的风险并提出合理建议，以便做出最佳的项目选择，提高投资决策的科学水平。工程经济分析的一般程序如图 1-1 所示。

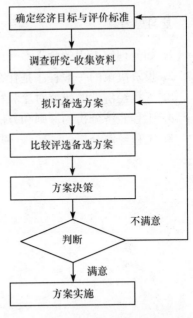

图 1-1 工程经济分析的一般程序

第五节 本 章 小 结

工程经济学中的工程，泛指实践中准备实施或者正在实施的各种投资建设项目。工程的有效性是指同时具备技术上的可行性和经济上的合理性。工程经济学是一门融汇工程学和经济学各自特点和内在联系的交叉边缘学科，它运用经济理论的分析方法来研究工程投资和经济效益的关系，以有限的资金获得最大的经济效益。

判别一项工程是否经济的重要内容是考察投资决策是否合理。投资决策是指根据预期的投资目标，拟订若干个有价值的投资方案，并用科学的方法或工具对这些方案进行分析、比较和遴选，以确定最佳实施方案的过程。工程经济学的核心是工程经济分析，其研究对象是工程项目方案的经济分析基本方法和社会评价方法。

工程经济分析的原则主要有资金时间价值原则、现金流量原则、有无对比原则、可比性原则和风险收益的权衡原则。工程经济分析的方法有理论联系实际、定量与定性分析相结合、静态分析与动态分析相结合、系统分析和平衡分析、统计预测和不确定性分析方法等。

关键概念

工程 技术 工程经济学 投资决策

复习思考题

1. 如何理解工程的含义？
2. 投资决策的一般程序是什么？
3. 工程经济学的研究对象和特点是什么？
4. 工程经济分析的原则和方法是什么？
5. 工程经济分析的一般程序是什么？

第二章 资金时间价值

本章摘要：本章在介绍现金流量概念的基础上，介绍了资金时间价值的基本含义以及资金产生时间价值的原因。由于资金的时间价值，不同时点上发生的不等额资金可能具有相同的价值，即资金的等值。资金等值在项目借款还款方式选择、工程项目方案比选中都有十分重要的意义。因此，本章的主要学习任务是掌握资金时间价值的基本公式和资金等值的计算。

第一节 现金流量

一、现金流量的概念

工程项目的建设和经营都是通过投入资本、劳务、技术等生产要素进行生产，再通过出售产品或服务回收成本的过程。将这些投入和产出用货币量化，进而可将一切投资项目抽象为现金流量系统。从项目系统角度看，可将项目寿命周期内流入项目的货币称为现金流入量，记为 CI（cash input）；流出项目的货币称为现金流出量，记为 CO（cash output）；同一时点上的现金流入量与现金流出量的代数和称为净现金流量，记为 NCF（net cash flow）。现金流入、现金流出和净现金流量统称为现金流量。

工程项目中常见的现金流入量包括营业收入、回收固定资产余值以及回收流动资金等；常见的现金流出量包括建设投资、流动资金、经营成本以及税金等。

二、现金流量图

所谓现金流量图就是一种反映经济系统资金运行状态的图示，即将经济体系的现金流量绘入二维坐标图中，表示出各现金流入、流出与时间的对应关系。在经济分析中，为了简明地反映投资经营活动的投资成本、收益情况以及资金发生流动的时间，通常使用现金流量图进行描述，如图 2-1 所示。

以图 2-1 为例说明现金流量图的作图方法和原则：

（1）图中横轴表示时间序列，向右推移表示时间的延续，从 0 到 n 的一个刻度表示一个时间单位，可以取年、半

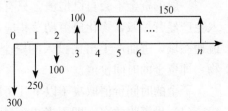

图 2-1 现金流量图

年、季或月，通常以一个计息周期为一个刻度。图中除 0 和 n 以外的刻度都包含两层含义，既包括本身周期的结束又包括下个周期的开始。

（2）0 点表示现时点，发生在该时点的资金价值以及未来某时点的资金按一定利率折算到该点的价值，称为资金的"现值"。n 点表示时间序列的终点，发生在该时点的资金价值以及发生在该点之前的资金按照一定利率折算到该点的价值，称为资金的"终值"。

（3）各时点上垂直于横轴的箭线表示该时点发生的现金流量，在横轴上方的箭线表示现金流入（包括收入、收益、和借入的资金），流入为正现金流量；在横轴下方的箭线表示现金流出（包括支出、亏损和借出的资金），流出为负现金流量。

（4）现金流量图与立足点有关，贷款方的流入就是借款方的流出；反之亦然。工程项目现金流量的方向通常是针对资金使用者而言的。

（5）箭线的长短应与现金流数量成正比，但由于现实经济生活中现金流量的数额差距悬殊，难以等比例绘出，故现金流量图中箭线的长短只是示意性表示现金流量的大小，现金流量的具体数额通过箭线上方或下方的具体数额标出。

现金流量的大小（资金数额）、方向（资金流入或流出）和作用点（资金发生的时间点）是现金流量的三要素，也是正确绘制现金流量图的关键。

工程项目的经济评价中，往往以"年"为单位分析现金的流动，且现金的流入通常在年末，现金的流出通常在年初。

第二节　资金的时间价值计算

一、资金时间价值的含义

在日常生活中，我们经常发现一笔资金随时间增值的现象，比如将 10 000 元钱存入银行，一年后将这笔钱取出，银行会额外支付我们一定数额的利息；或者我们用一笔资金购买债券，债券到期时，我们除了可以收回这笔资金以外，还可以获得一定比例的额外收入。这些现象说明了资金可以随着时间的推移而增值。

一般的资金不会自己增值，只有结合劳动的资金才具有时间价值。当资金进入生产经营领域，物化成劳动及相应的生产资料，转化为生产要素，进入生产和流通领域，进而产生出比投入的资金更大的货币量，这种增值是时间效应的产物，即资金的时间价值。

资金的时间价值取决于以下几个因素：

（1）投资收益率，即不考虑通货膨胀及风险的情况下，单位投资所获得的收益。

（2）通货膨胀率。正常的社会中存在一定的通货膨胀率。通货膨胀率导致资金贬值，资金想要随时间的推移而增值，就必须进入再生产或流通领域，否则只会随着时间的推移而贬值。

（3）投资风险补偿率。当资金拥有者将资金存入银行或用于其他投资，则在一定的时期内失去了对资金的使用权。而投资具有风险性，因此，投资者要承担风险。资金时间价值的一部分，是对资金拥有者所承担的风险的补偿。

二、资金时间价值的计算

（一）利息与利率

利息是资金时间价值的表现形式之一。由于资金时间价值的计算方法与银行利息计算方法相似，因此，工程经济分析中，我们通常用利息作为衡量资金时间价值的绝对尺度，用利息率即利率作为衡量资金时间价值的相对尺度。

1. 利息

利息是指占有资金所付出的代价或放弃资金使用权所获得的报酬。如我们将一笔钱存入银行，一段时间之后，我们除了能从银行取出本金之外，还能再获得额外的一笔报酬，即利息。

$$I = F - P \tag{2.1}$$

其中，F 为本利和；P 为本金；I 为利息。

2. 利率

利率是指计息周期内所应付出的利息额与本金之比，一般以百分数表示。计息周期可以是一年、一季度或一个月，因而利率有年利率、季利率、月利率等。

$$i = \frac{I}{P} \times 100\% \tag{2.2}$$

其中，I 为一个计息周期的利息；P 为本金；i 为利率。

（二）单利与复利

利息计算分为单利计算和复利计算两种。

1. 单利计算

单利计算是指利息只按原始本金进行计算，而不计算利息所生的利息。单利计算的计算公式为

$$I = Pin \tag{2.3}$$

其中，I 为 n 个计息周期的总利息；P 为本金；i 为利率；n 为计息周期。

到投资期末，本金与利息之和，即本利和为

$$F = P(1 + in) \tag{2.4}$$

其中，F 为本利和；P、i、n 含义同公式（2.3）。

【例 2-1】 某人有现金 50 000 元存入银行，定期 3 年，年利率 4.5%，单利计息，试计算存款到期时的本利和为多少？利息是多少？

解： $F = P(1+in) = 50\,000 \times (1+4.5\% \times 3) = 56\,750$（元）

$I = Pin = 50\,000 \times 4.5\% \times 3 = 6750$（元）

2. 复利计算

复利即通常所说的"利滚利"，是指以本金及累计利息为基数计算的利息。在复利计算中，计息期内先前周期的利息在后继的计息周期也要计算二次利息，即把前一期的本利和作为计算下一期利息的本金。

【例 2-2】 在例 2-1 中，若采用复利计算，3 年后的本利和是多少？利息是多少？

解： 第 1 年末本利和为

$$F_1 = 50\,000 \times (1+4.5\%) = 52\,250 \text{(元)}$$

第 2 年末本利和为

$$F_2 = F_1(1+4.5\%) = 52\,250 \times (1+4.5\%) = 54\,601.25 \text{(元)}$$

第 3 年末本利和为

$$F_3 = F_2(1+4.5\%) = 54\,601.25 \times (1+4.5\%) = 57\,058.31 \text{(元)}$$

第 3 年末利息为

$$I = F - P = 57\,058.31 - 50\,000 = 7058.31 \text{(元)}$$

由例 2-2 可推导出复利计算的计算公式为

$$F = P(1+i)^n \tag{2.5}$$

其中，F 为本利和；P 为本金；i 为计息周期利率；n 为计息期数。

由例 2-1 和例 2-2 的计算结果可以看出，复利计息比单利计息的利息额要多 308.31 元，这是由于复利计算将前一个计息周期的利息纳入下一计息周期的本金累计计息所致。从资金在社会再生产过程中的实际情况来看，采用复利计算反映资金时间价值更符合资金运动规律。因为在社会再生产过程中，资金总是不断地周转、循环并增值的。单利计算的隐含假设是每年的盈利不再投入到社会再生产中去，这不符合商品化社会生产的资金运动实际情况。采用复利计息使得资金的使用成本增加，有利于合理使用资金、加快资金周转及加快工程建设等，因此，工程经济分析中，绝大多数情况下都采用复利计算。

（三）名义利率与实际利率

现实经济生活中，复利计算时，计息次数有可能是一年一次，也可能是一年多次，因此，利率又分为周期利率、名义利率、实际利率。

1. 周期利率

周期利率（计息周期有效利率）是指计息周期的利率，用 r' 表示。

2. 名义利率

所谓名义利率，一般是指按计息周期利率（r'）乘以一年中计息周期数（m）计算所得的年利率。名义利率用 r 表示。例如，按月计息，月利率为 1%，则名义利率为 12%。

3. 实际利率

所谓实际利率（有效年利率），一般是指在一年内，按计息周期利率复利 m 次所得的总利率。实际利率用 i 表示。如一年内的计息周期次数为 m 次，则周期利率为 r/m，1 年末的本利和为

$$F = P\left(1+\frac{r}{m}\right)^m$$

利息为

$$I = F - P = P\left(1+\frac{r}{m}\right)^m - P = P\left[\left(1+\frac{r}{m}\right)^m - 1\right]$$

则实际利率与名义利率的关系为

$$i = \frac{I}{P} = \frac{P\left[\left(1+\frac{r}{m}\right)^m - 1\right]}{P} = \left(1+\frac{r}{m}\right)^m - 1 \tag{2.6}$$

若实际利率为 i，名义利率为 r，每年计息 m 次，共计息 n 年，则本利和为

$$F = P(1+i)^n = P\left(1+\frac{r}{m}\right)^{mn} \tag{2.7}$$

由公式（2.7）可知，当 $m=1$ 时，即年计息周期为 1 次时，实际利率等于名义利率，当 $m>1$ 时，实际利率大于名义利率。

【例 2-3】 某人向银行借款 1000 万元，年利率 8%，借款期限为 10 年，按季计息，借款到期时还本付息总额为多少？

解：

方法 1：

年利率 $r=8\%$，则季利率 $r'=8\%\div4=2\%$，10 年共计息 40 次，实际利率为
$$F = P(1+i)^n = 1000\times(1+2\%)^{40} = 2208(万元)$$

方法 2：

名义利率 $r=8\%$，按季计息，则实际利率为

$$i = \left[\left(1+\frac{r}{m}\right)^m - 1\right]\times100\% = \left[\left(1+\frac{8\%}{4}\right)^4 - 1\right]\times100\% = 8.24\%$$

$$F = P(1+i)^n = 1000\times(1+8.24\%)^{10} = 2208(万元)$$

【例 2-4】 10 000 元钱存入银行 3 年，名义利率 8%，分别使用单利、年复利和季复利计算时，3 年末的本利和是多少？

解：（1）单利

$$F = P(1+in) = 10\,000 \times (1+8\% \times 3) = 12\,400(\text{元})$$

（2）年复利

$$F' = P(1+i)^n = 10\,000 \times (1+8\%)^3 = 12\,597.12(\text{元})$$

（3）季复利

$$F'' = P\left(1+\frac{r}{m}\right)^{mn} = 10\,000 \times \left(1+\frac{8\%}{4}\right)^{4\times3} = 12\,682.42(\text{元})$$

第三节　资 金 等 值

一、资金等值的概念

（一）概念

资金的时间价值使得发生在不同时点的同等金额资金，其价值不相同。相应的，发生在不同时点的资金，即使金额不同却有可能有相等的经济价值。

特定利率下，不同时点发生的绝对数额不相等的资金但经济价值相等称为资金等值。资金的等值计算是指将一个或多个时点上发生的资金额换算成另一个时点的等值的资金额。

工程经济分析中，由于资金时间价值的存在，不能对项目寿命期内不同时点发生的资金直接进行比较。通过资金等值计算，将不同时点发生的现金流量换算成同一时点上的价值才能进行分析比较。

（二）资金等值的影响因素

资金等值的影响因素包括以下三个方面：①资金数额。②资金发生的时点。③利率。

在这三个因素中，利率是关键因素，在处理资金等值问题时必须以相同利率作为比较计算的依据。

（三）资金等值计算的相关概念

1. 现值 P

表示资金发生在某一特定时间序列起始点上的价值。在工程经济分析中，它表示发生在现金流量图中 0 点的资金或投资项目的现金流量折算到 0 点时的价值[1]。

2. 终值 F

终值表示发生在某一特定时间序列终点上资金的价值，指期初或期间发生的

---

[1]　宇霞，祝亚辉. 工程经济学. 中国电力出版社，2009

资金换算得出的在期末的价值。

3. 年金 A

年金是指某一特定时间序列上，每隔相等时间发生的等额资金序列[①]。

4. 计息次数 n

计息次数指从投资项目开始投入资金到项目的寿命周期终止的整个期限除以计息周期期限所得的值。计息次数通常以"年"为单位。

5. 折现

将未来某一时点的资金额换算成现在的等值金额的计算过程称为折现或贴现。

6. 折现率

将未来某一时点资金额换算成现在的等值金额所使用的利率叫做折现率。

二、常用的资金等值时间变换

（一）一次支付终值公式

一次支付终值公式（single-payment compound-amount formula）即本利和公式，是指一项资金 P 按年利率 i 进行投资，求 n 年后的本利和，如图 2-2 所示。故已知 P、i、n，求终值 F 的一次支付终值公式为

$$F = P(1+i)^n \qquad (2.8)$$

其中，$(1+i)^n$ 称为一次支付终值系数，用 $(F/P, i, n)$ 表示，则一次支付终值公式又可记为

$$F = P(1+i)^n = P(F/P, i, n) \qquad (2.9)$$

常用的一次支付终值系数可在附录中的复利系数表中查到，直接与已知的 P 相乘即可得出终值 F。

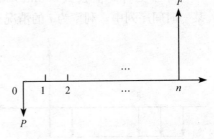

图 2-2　一次支付终值现金流量图

【例 2-5】 某公司向银行贷款 100 万元，年利率为 10%，求 3 年后的本利和是多少？

解：

方法 1：

$$F = P(1+i)^n = 100 \times (1+10\%)^3 = 100 \times 1.3310 = 133.10（万元）$$

方法 2：

利用复利系数表查得 $(F/P, 10\%, 3) = 1.3310$，则

$$F = P(F/P, i, n) = 100 \times (F/P, 10\%, 3) = 100 \times 1.3310 = 133.10（万元）$$

---

① 年金发生的时间间隔可以为年，也可以不为年

（二）一次支付现值公式

一次支付现值公式（single-payment present-value formula）是指，想要在 n 年后得到一笔资金 F，在利率为 i 的情况下，求现在应投入的资金数，即已知 F、i、n，求现值 P，如图 2-2 所示。一次支付现值的求解过程是一次支付终值求解的逆运算。由公式（2.8）可知，

$$P = F(1+i)^{-n} \tag{2.10}$$

其中，$(1+i)^{-n}$ 称为现值系数，用 $(P/F,i,n)$ 表示，则一次支付现值公式又可记为

$$P = F(1+i)^{-n} = F(P/F,i,n) \tag{2.11}$$

【例 2-6】　某人想要在 5 年后取得 100 万元的资金，在利率为 10％的情况下，此人现在应存入银行多少钱？

解： $P=F(1+i)^{-n}=100\times(1+10\%)^{-5}=100\times0.6209=62.09$（万元）

或者查表可得　　　　　　$(P/F,10\%,5)=0.6209$

则有　　　　　$P=F(P/F,10\%,5)=100\times0.6209=62.09$（万元）

（三）等额支付终值公式

等额支付终值公式（uniform-payment compound-amount formula）是指，某一时间序列中，利率为 i 的情况下每一计息期末连续支付一笔等额年金 A，计算在 n 个计息周期结束时所有年金的本利和，如图 2-3 所示。

由图 2-3 可推导出

$$F = A + A(1+i) + A(1+i)^2 + \cdots + A(1+i)^{n-2} + A(1+i)^{n-1} \tag{2.12}$$

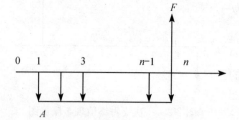

图 2-3　等额年金现金流量图

根据等比数列求和公式可得

$$F = A\left[\frac{(1+i)^n-1}{i}\right] \tag{2.13}$$

其中，$\dfrac{(1+i)^n-1}{i}$ 称为等额年金终值系数，记为 $(F/A,i,n)$，则等额年金终值公式又可记为

$$F = A\left[\frac{(1+i)^n-1}{i}\right] = A(F/A,i,n) \tag{2.14}$$

【例 2-7】　某人为养老每年年末存入银行 10 000 元钱，年利率为 8％，问 10 年后此人可从银行取出多少钱？

解： 已知 $A=10\,000$，$i=8\%$，$n=10$，根据公式（2.14）有

$$F = A(F/A,i,n) = 10\ 000 \times (F/A,8\%,10)$$

查表得　　　　　　　$(F/A,8\%,10)=14.4866$

则有 $F=10\ 000 \times (F/A,8\%,10)=10\ 000 \times 14.4866=144\ 866$ （元）

（四）等额支付偿债基金公式

等额支付偿债基金公式（uniform-payment repayment-fund formula）是指，已知 n 年后需要的资金额 F，在利率为 i 的情况下，求从现在开始每年年末应等额存储的资金 A，这是等额支付终值的逆运算，现金流量图如图 2-4 所示。

由公式（2.14）可推出等额支付偿债基金公式为

$$A = F\left[\frac{i}{(1+i)^n-1}\right] \quad (2.15)$$

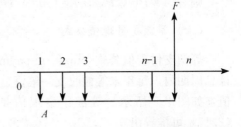

图 2-4　等额支付偿债基金现金流量图

其中，$\dfrac{i}{(1+i)^n-1}$ 称为偿债基金系数，记为 $(A/F,i,n)$，故等额支付偿债基金公式又可写为

$$A = F\left[\frac{i}{(1+i)^n-1}\right] = F(A/F,i,n) \quad (2.16)$$

【例 2-8】　某家庭想要为孩子上大学进行储蓄，如 5 年后想要得到 10 万元资金，则在利率为 8% 的情况下，该家庭每年需储蓄多少钱？

解： 已知 $F=10$ 万元，$i=8\%$，$n=5$，根据公式（2.16）得

$$A = F(A/F,i,n) = 10 \times (A/F,8\%,5)$$

查表可得　　　　　　$(A/F,8\%,5)=0.1705$

则有 $A=F(A/F,i,n)=10 \times (A/F,8\%,5)=10 \times 0.1705=1.71$ （万元）

（五）等额支付资金回收公式

等额支付资金回收公式（uniform-payment capital recovery formula）是指，在期初一次性投入资金 P，在利率为 i 的情况下，想要在 n 年内的每年末以等额资金 A 将投资及利息全部回收，求 A 的值，如图 2-5 所示。等额支付资金回收公式可由偿债基金公式 $A=F\left[\dfrac{i}{(1+i)^n-1}\right]$ 和一次支付终值公式 $F=P(1+i)^n$ 推导得出

$$A = P\left[\frac{i(1+i)^n}{(1+i)^n-1}\right] = P(A/P,i,n)$$

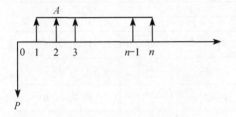

图 2-5　等额支付资金回收现金流量图

$$(2.17)$$

其中，$\dfrac{i(1+i)^n}{(1+i)^n-1}$ 称为等额支付资金回收系数，记为 $(A/P, i, n)$。

【例 2-9】 某项目投资 100 万元，预期 5 年收回投资，年利率 12%，求每年应回收的资金额？

解： 已知 $P=100$ 万元，$i=12\%$，$n=5$，根据公式（2.17）有

$$A = P(A/P, i, n) = 100 \times (A/P, 12\%, 5)$$

查表得

$$(A/P, 12\%, 5) = 0.2774$$

则有 $A = P(A/P, i, n) = 100 \times (A/P, 12\%, 5) = 100 \times 0.2774 = 27.74$（万元）

（六）等额支付现值公式

等额支付现值公式（uniform-payment present-value formula）是指，在 n 个计息周期内，每年末等额收支一笔资金，求在利率为 i 的情况下，这些年金的现值，如图 2-5 所示。等额年金现值是等额支付资金回收的逆运算，由公式（2.17）可推导出

$$P = A\left[\frac{(1+i)^n-1}{i(1+i)^n}\right] = A(P/A, i, n) \tag{2.18}$$

其中，$\dfrac{(1+i)^n-1}{i(1+i)^n}$ 称为等额支付现值系数，记为 $(P/A, i, n)$，与等额支付资金回收系数互为倒数。

【例 2-10】 若想每年取得 10 万元的收入，且在 5 年末回收所有投资，则在年利率为 10% 的情况下，现在应投资多少钱？

解： 已知 $A=10$ 万元，$i=10\%$，$n=5$，则由公式（2.18）可得

$$P = A(P/A, i, n) = 10 \times (P/A, 10\%, 5)$$

查表得

$$(P/A, 10\%, 5) = 3.7908$$

则有 $P = A(P/A, i, n) = 10 \times (P/A, 10\%, 5) = 10 \times 3.7908 = 37.91$（万元）

（七）常用资金等值计算公式

计算公式如表 2-1 所示。

表 2-1　常用资金等值计算公式表

公式名称		已知	求	公式	系数符号
一次支付	终值公式	P	F	$F=P(1+i)^n$	$(F/P, i, n)$
	现值公式	F	P	$P=F(1+i)^{-n}$	$(P/F, i, n)$
等额支付	终值公式	A	F	$F=A\left[\dfrac{(1+i)^n-1}{i}\right]$	$(F/A, i, n)$
	偿债基金公式	F	A	$A=F\left[\dfrac{i}{(1+i)^n-1}\right]$	$(A/F, i, n)$
	现值公式	A	P	$P=A\left[\dfrac{(1+i)^n-1}{i(1+i)^n}\right]$	$(P/A, i, n)$
	资金回收公式	P	A	$A=P\left[\dfrac{i(1+i)^n}{(1+i)^n-1}\right]$	$(A/P, i, n)$

三、等差、等比现金流量等值变换

(一) 等差现金流量等值变换

现实经济生活中，现金流量通常不是等额的，一些情况下，资金流动呈等差数列。等差现金流量是指，计息周期内各时点的现金流量按某一定值逐年增加，呈等差数列的形式。如设施的维护费用一般都是逐年增加的。等差现金流量图如图 2-6 所示。

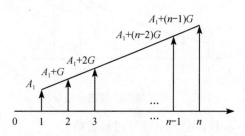

图 2-6 等差序列递增现金流量图

如图 2-6 所示的递增现金流量等差序列图，可分为两部分：一是在各年末等额支付的年金 A_1；二是以 G 为差额的等差资金序列，可表示为 $0，G，2G\cdots(n-1)G$。将这个等差资金序列视为 n 个一次性支付，可推导出等差序列终值公式（推导过程略）。

1. 等差序列终值公式

1) 递增等差序列

$$F = F_{A_1} + F_G = A_1(F/A,i,n) + G(F/G,i,n) \qquad (2.19)$$

2) 递减等差序列

$$F = F_{A_1} - F_G = A_1(F/A,i,n) - G(F/G,i,n) \qquad (2.20)$$

其中，$(F/G,i,n) = \dfrac{(1+i)^n - ni - 1}{i^2}$ 称为等差序列终值系数。

2. 等差序列现值公式

1) 递增等差序列

$$P = P_{A_1} + P_G = A_1(P/A,i,n) + G(P/G,i,n) \qquad (2.21)$$

2) 递减等差序列

$$P = P_{A_1} - P_G = A_1(P/A,i,n) - G(P/G,i,n) \qquad (2.22)$$

其中，$(P/G,i,n) = \dfrac{(1+i)^n - ni - 1}{i^2(1+i)^n}$ 称为等差序列现值系数。

【例 2-11】 某项目经营收入，第 1 年为 20 万元，以后至第 10 年，每年递增 5 万元，在利率为 10% 的情况下，计算项目经营收入现值。

解： 已知 $A_1 = 20$ 万元，$G = 5$ 万元，$i = 10\%$，$n = 10$，则由公式 (2.21) 可得

$$P = P_{A_1} + P_G = A_1(P/A,i,n) + G(P/G,i,n)$$

$$= 20 \times (P/A,10\%,10) + 5 \times (P/G,10\%,10)$$

查表得 $\qquad (P/A,10\%,10) = 6.1446$

$$(P/G, 10\%, 10) = 22.8888$$

则有　　　　$P = 20 \times 6.1446 + 5 \times 22.8888 = 237.34$（万元）

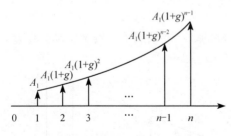

图 2-7　等比递增序列现金流量图

（二）等比现金流量等值变换

等比现金流量序列是指，每一计息周期流入或流出的金额都以某一固定比率 g 递增或递减，各时点的现金流量形成一个等比数列，如图 2-7 所示。将这些等比数列的资金看成是 n 次一次支付的资金，可推导出等比序列资金的终值和现值公式（推导过程省略）。

1. 等比序列终值公式

$$F = A_1(F/A, i, g, n) = A_1 \frac{(1+i)^n - (1+g)^n}{i-g} (i \neq g) \qquad (2.23)$$

其中，$(F/A, i, g, n)$ 或 $\dfrac{(1+i)^n - (1+g)^n}{i-g}$ 称为等比序列终值系数；g 为等比序列递增（减）率。

2. 等比序列现值公式

$$P = A_1(P/A, i, g, n) = A_1 \frac{1 - (1+i)^{-n}(1+g)^n}{i-g} (i \neq g) \qquad (2.24)$$

其中，$(P/A, i, g, n)$ 或 $\dfrac{1 - (1+i)^{-n}(1+g)^n}{i-g}$ 称为等比序列现值系数；g 为等比序列递增（减）率。

第四节　案 例 分 析

某工程项目寿命期为 10 年，建设期 3 年，从第一年初开始投入资金 60 万元，建设期各年末均等额投入资金 60 万元。第四年开始试生产，生产能力达 60%，第五年达产，年营业收入 100 万元。试画出现金流量图，并计算在年利率为 10% 的情况下，项目寿命期内现金流量的终值、现值、第三年末的等值和等额年金。

解： 由题可知，第四年的营业收入为 $100 \times 60\% = 60$（万元）

根据各年现金流量可画出现金流量图，如图 2-8 所示。

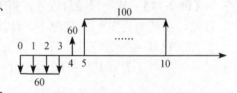

图 2-8　某工程现金流量

（1）解项目现值即项目各年现金流量在第一年初的等值。

$$P = -60 + (-60) \times (P/A, 10\%, 3) + 60 \times (P/F, 10\%, 4)$$
$$+ 100 \times (F/A, 10\%, 6)(P/F, 10\%, 10)$$

查表得

$$(P/A, 10\%, 3) = 2.487$$
$$(P/F, 10\%, 4) = 0.6830$$
$$(F/A, 10\%, 6) = 7.716$$
$$(P/F, 10\%, 10) = 0.3855$$

则有 $P = -60 + (-60) \times 2.487 + 60 \times 0.6830 + 100 \times 7.716 \times 0.3855$
　　 $= 129.21$（万元）

或 $P = -60 + (-60) \times (P/A, 10\%, 3) + 60 \times (P/F, 10\%, 4)$
　　　 $+ 100 \times (P/A, 10\%, 6)(P/F, 10\%, 4)$

查表得

$$(P/A, 10\%, 3) = 2.487$$
$$(P/F, 10\%, 4) = 0.6830$$
$$(P/A, 10\%, 6) = 4.355$$

则有 $P = -60 + (-60) \times 2.487 + 60 \times 0.6830 + 100 \times 4.355 \times 0.6830$
　　 $= 129.21$（万元）

（2）求解项目终值即项目寿命期内各年现金流量在第 10 年末的等值。

$$F = -60(F/P, 10\%, 10) + (-60) \times (P/A, 10\%, 3)(F/P, 10\%, 10)$$
$$+ 60 \times (F/P, 10\%, 6) + 100 \times (F/A, 10\%, 6)$$

查表可得

$$(F/P, 10\%, 10) = 2.594$$
$$(P/A, 10\%, 3) = 2.487$$
$$(F/P, 10\%, 6) = 1.772$$
$$(F/A, 10\%, 6) = 7.716$$

则有 $F = -60 \times 2.594 + (-60) \times 2.487 \times 2.594 + 60 \times 1.772 + 100 \times 7.716$
　　 $= 335.2$（万元）

或

$$F = P(F/P, 10\%, 10)$$

查表可得 $(F/P, 10\%, 10) = 2.594$；由解（1）可知 $P = 129.21$（万元）

则有　 $F = P(F/P, 10\%, 10) = 129.21 \times 2.594 = 335.2$（万元）

（3）第三年末的等值即求项目所有现金流量在第三年末的等值。

$$F = P(F/P, 10\%, 3)$$

查表可得 $(F/P, 10\%, 3) = 1.331$；由解（1）可知 $P = 129.21$（万元）

则有　 $F = P(F/P, 10\%, 3) = 129.21 \times 1.331 = 171.98$（万元）

（4）求等额年金即求解与项目所有现金流量等值的年金序列。

$$A = P(A/P, 10\%, 10)$$

查表可得 $(A/P, 10\%, 10) = 0.16275$；由解（1）可知 $P = 129.21$（万元）

则有　$A=P(A/P,10\%,10)=129.21\times0.162\,75=21.03$（万元）

或　　　　　　　　　　　$A=F(A/F,10\%,10)$

查表可得　$(A/F,10\%,10)=0.062\,75$；由解（2）可知 $F=335.2$ 万元）

则有　$A=F(A/F,10\%,10)=335.2\times0.062\,75=21.03$（万元）

第五节　本章小结

本章主要介绍了现金流量、资金时间价值、名义利率、实际利率、等值的概念及应用。重点掌握资金时间价值的意义及几种常见的等值计算方法。

项目寿命周期内流入项目的货币称为现金流入量，现金流入由营业收入、补贴收入、回收固定资产余值和回收流动资金构成；流出项目的货币称为现金流出量，现金流出包括建设投资、流动资金、经营成本、营业税金及附加、维持营业投资构成；同一时点上的现金流入量与现金流出量的代数和称为净现金流量。现金流入、现金流出和净现金流量统称为现金流量。

现金流量图就是一种反映经济系统资金运行状态的图示，即将经济体系的现金流量绘入二维坐标图中，表示出各现金流入、流出与相应时间的对应关系。

资金的时间价值是指资金进入生产经营领域，物化成劳动及相应的生产资料，转化为生产要素，进入生产和流通，进而产生出比投入的资金更大的货币量，这种增值是时间效应的产物，即资金的时间价值。资金时间价值表现形式有两种，一种是利息，利息是衡量资金时间价值的绝对尺度；一种是利率，利率是衡量资金时间价值的相对尺度。利息的计算又分为单利计算和复利计算，单利计算是指利息只按原始本金进行计算，而不计算利息所生的利息。复利即通常所说的"利滚利"，是指以本金及累计利息为基数计算的利息。在复利计算中，计息期内先前周期的利息在后继的计息周期也要计算二次利息，即把前一期的本利和作为计算下一期利息的本金。

工程经济分析中，从项目的建设到经济寿命的终止，在这个工程中，费用和效益的发生时间都不尽相同，由于资金时间价值的存在，我们不能对发生在不同时点上的资金直接进行比较。只有将不同时点上的现金流量转化为同一时点上的价值才能进行比较计算。而这种将一个或多个时点上发生的资金额换算成另一个时点的等值的资金额便叫做资金等值计算。

资金等值受资金数额、资金发生的时点和利率三方面因素的影响。资金等值计算涉及以下几个相关概念：现值、终值、年会、计息次数、折现、折现率。资金时间价值的常用计算公式有一次支付终值公式、一次支付现值公式、等额支付终值公式、等额支付偿债基金公式、等额支付资会回收公式、等额支付现值公式等。

关键概念

资金时间价值 复利 实际利率 资金等值 资金等值计算

复习思考题

1. 什么是现金流量？什么是现金流量图？

2. 什么是资金的时间价值？影响资金时间价值的因素有哪些？

3. 什么是单利？什么是复利？它们的计算方法有何不同？

4. 什么是名义利率？什么是实际利率？二者有何关系？

5. 什么是资金等值？资金等值的意义？

6. 某企业向银行贷款 1500 万元，年利率 8%，5 年后还本付息，问 5 年后的本利和为多少？

7. 设年利率为 12%，则按年、半年、季度、月、日计息的年实际利率分别是多少？

8. 某家庭为孩子上学建立教育基金，欲在 5 年后取得 8 万元资金，则从现在开始每年末应存入银行多少钱？

9. 有两种购房方案：①从现在起每年初支付 6 万，连续支付 20 次，共 120 万元；②从第 5 年开始每年初支付 10 万，连续支付 15 次，共 150 万元。在年利率为 10% 的情况下，选择哪一种方案更合适？

10. 某设备价格 100 万元，合同签订时支付了 10 万元，余款分期支付。第一年末付款 28 万元，从第二年起，每半年支付 8 万元。设年利率为 10%，每半年复利一次。问多长时间能付清余款？

11. 每半年存款 2000 元，年利率 12%，每季复利一次。问 10 年末存款金额为多少？

12. 某企业向银行贷款 1000 万元，年利率 10%，预计 10 年内还清借款。若按照等额本金偿还方式还款，则每年需偿还本金多少？利息多少？若按照等额本息偿还方式还款，则每年需偿还本息多少？

第三章　工程经济分析基本要素

本章摘要：本章介绍了投资、成本、费用、收入、利润与税金的基本概念及构成。通过本章的学习，要求读者了解投资的概念和分类，建设项目总投资的构成及资金来源；成本费用的构成及计算，常见的成本类型；熟悉税收的概念及类型；掌握工程经济中主要税种、常见的折旧方法、营业收入的概念及估算、利润总额及所得税的计算以及利润的分配。

工程经济分析，我们是借助于现金流量进行的，投资、成本、费用、收入、利润与税金等经济量是构成经济分析体系中现金流量的基本要素，也是进行工程经济分析中最重要的基础数据。弄清项目的投资、成本、费用、收入、利润与税金等基本概念，确定基本数据，是工程经济分析的前提。

第一节　投　资

投资，作为一种经济活动，由来已久。任何一个社会、一个国家都面临着维持原有的经济水平和进一步发展经济的任务，不断地进行物质资料再生产以满足社会生存和发展的需要。投资是促进生产力发展，提高社会物质文明程度和改善人民生活水平的主要推动力，是人类社会最重要的经济活动之一。

一、投资的概念及分类

（一）投资的基本概念

投资的概念有广义和狭义之分。广义的投资是指人们的一种有目的的经济行为，即以一定的资源投入某项计划，以获取所期望的报酬。狭义的投资是指人们在社会经济活动中为实现某种预定的生产、经营目标而预先垫付的资金。这里的投资是衡量工程项目或技术方案投入的重要经济指标，是项目建设期主要的现金流出项目。本书所讨论的投资是狭义投资的概念。

投资必须具备的各种要素，包括投资主体、投资客体、投资目的和投资方式等。

（二）投资的分类

根据不同的划分标准，投资可以分成多种类型。这里的投资分类主要是指工程项目的投资分类，归纳起来有以下几种方法。

1. 按投资的运用方式分类

投资按运用方式不同分为直接投资和间接投资。

直接投资是指将资金直接投入投资项目的建设或购置已形成固定资产和流动资产的投资。直接投资按其性质不同，又可分为固定资产投资和流动资产投资。固定资产投资是指投资是建造和购置固定资产的经济活动，即固定资产再生产活动。流动资产投资是指投资主体为启动投资项目而购置或垫支流动资产的行为和过程。

间接投资是指投资者通过购买有价证券，以获取一定预期收益的投资。间接投资按其形式，主要可分为股票投资和债券投资。股票投资和债券投资统称为有价证券投资，是投资者用积累起来的货币购买股票、公司债券或国家债券等有价证券，借以获得收益的投资活动。

2. 按投资的用途分类

投资按用途分为生产性投资和非生产性投资。

生产性投资是指直接用于物质生产或满足物质生产需要的投资，如将资金投入到工业、建筑业、交通运输、邮电通信等就属于生产性投资。

非生产性投资是指用于满足人民物质和文化生活福利需要的投资，如将资金投入到科学技术、文化教育、卫生保健、社会福利事业、城市基础设施、党政机关和社会团体等就属于非生产性投资。无论是哪种投资，所投入的资金既可以是现金，也可以是人力、物力、技术或其他资源。

3. 按建设性质分类

投资按工程项目的建设性质可分为新建项目投资、改建项目投资、扩建项目投资、恢复项目投资和迁建项目投资。

新建项目投资一般是指对从无到有、平地起家项目的投资；改建项目投资是指现有企、事业单位对原有厂房、设备、工艺流程进行技术改造或固定资产更新的项目的投资；扩建项目投资是指现有企业为扩大生产场所的建设所进行的投资；恢复项目投资是指原有企业对因自然灾害、战争等原因已全部报废的固定资产，按原规模重新建设的项目的投资；迁建项目投资是指对为改变生产力布局而进行的全厂性迁建工程的投资。

4. 按形成资产的用途分类

投资按其形成资产的用途不同，可分为经营性投资与非经营性投资。

经营性投资是指所形成的资产，主要用于物质生产和营利性服务，以投资谋利为行为趋向。绝大多数生产或者流通领域的投资都属于这种类型。

非经营性投资是指所形成的资产主要用于服务管理性事业，不以追求盈利为目标。

二、建设项目总投资的构成

建设项目总投资是建设投资、建设期借款利息和流动资金之和。其构成见图3-1。

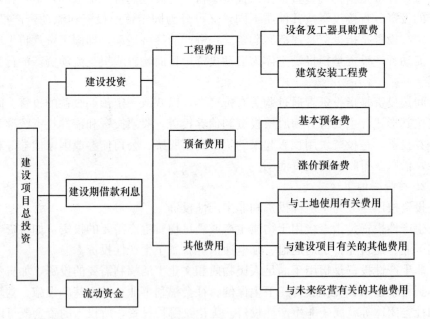

图 3-1　建设项目总投资构成

（一）建设投资

建设投资是指按拟定的建设规模、产品方案、工程技术方案和建设内容进行建设所需要的费用。它包括工程费用、其他费用和预备费用。建设投资是投资中的重要组成部分，是项目工程经济分析的基础数据。

1. 工程费用

工程费用由各单位工程（如主体工程、辅助工程）的建筑安装工程费和设备及工器具购置费构成。

1）建筑安装工程费

建筑安装工程费由建筑工程费和安装工程费组成，包括直接费、间接费、利润和税金，如图3-2所示。

2）设备及工器具购置费

设备及工器具购置费是指为工程项目建设购置或自制的达到固定资产标准的设备、工具、器具的费用，设备购置费由设备和工器具及生产家具购置费组成。其中，设备属于固定资产的标准是使用一年以上，单位价值在规定限额以上的资

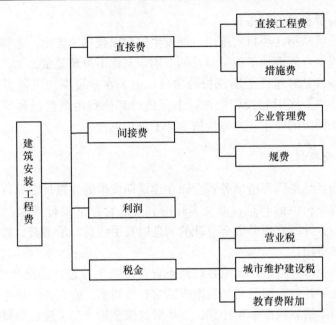

图 3-2　建筑安装工程费构成

产。工器具及生产家具购置费指新建项目或扩建项目初步设计规定所必须购置的不够固定资产标准的设备、仪器、生产家具、器具和备品备件等的费用。

2. 其他费用

工程建设其他费用是指从工程筹建到工程竣工验收交付使用为止的整个建设期间，为保证工程建设顺利完成和交付使用后能够正常发挥效用而发生的费用。

工程建设其他费用，按其内容大体可分为三类：第一类为与土地使用有关的费用；第二类是与建设项目有关的费用；第三类是与项目未来生产和经营活动有关的费用。

土地使用费是按照《中华人民共和国土地管理法》等规定，项目征用土地或租用土地应支付的费用，具体有农用土地征用费（包括土地补偿费、安置补助费、土地投资补偿费、土地管理费、耕地占用税等）和取得国有土地使用费（包括土地使用权出让金、城市建设配套费、拆迁补偿与临时安置补助费等）。

与建设项目有关的费用有建设管理费、项目论证与勘察设计费、科学试验费、工程保险费、建设单位临时设施费、工程监理费、供电补贴费、施工机构迁移费、引进技术和设备费、联合试运转费、生产准备费等。

与未来经营有关的费用包括联合试运转费、生产准备费和办公、生活家具购置费。

3. 预备费用

预备费用是指投资估算中为不可预见的因素和物价变动因素而准备的费用，

分为基本预备费和涨价预备费。

　　基本预备费是指在项目实施中可能发生的难以预料的支出，主要包括设计变更及施工过程中可能增加工程量导致的费用，又称不可预见费。

　　涨价预备费是对建设工期较长的项目，由于在建设期内可能发生材料、设备、人工等价格上涨引起投资增加，工程建设其他费用调整，利率、汇率调整等，需要事先预留的费用，亦称价格变动不可预见费。

　　（二）建设期利息

　　建设期利息是指因筹措债务资金而在建设期发生的并按规定允许在项目实施后计入固定资产原值的利息，即资本化的利息。它包括银行借款、其他机构借款、发行的债券等所有债务资金应计的利息以及手续费、承诺费、管理费、信贷保险费等财务费用。

　　在项目的经济评价中，无论各种债务资金是按年计息，还是按季、月计息，均可简化为按年计息，即将名义利率折算为有效利率。假定各种债务资金均在年中使用，即当年借款额按半年计息，上年借款按全年计息。建设期每年应计利息的计算公式为

　　　　每年应计利息 ＝（年初借款本息累计＋本年借款额÷2）×年利率　（3.1）

　　需要注意的是，对于分期建成投产的项目，应按各期投产运营时间分别停止借款费用的资本化，即投产后继续发生的借款费用不作为建设期利息计入固定资产原值，而是作为运营期计息计入期间费用。

　　（三）流动资金

　　流动资金指在项目投产前预先垫付，在投产后生产经营过程中用于购买原材料、燃料动力、备品备件，支付工资和其他费用以及在产品、半成品、产成品和其他存货占用中所需的周转资金。它是流动资产与流动负债的差额。流动资产包括现金、各种存款、应收款、预付款及存货。流动负债主要指应付款和预收款。在整个项目寿命期，流动资金始终被长期占用并且周而复始地流动，到项目寿命期结束，全部流动资金才能退出生产与流通，以货币资金的形式被收回。

三、工程项目投资总额的估算

　　工程项目投资是指投资项目从筹建期间开始到项目全部建成投产为止所发生的全部投资费用。在前面已经介绍了建设项目总投资的构成，即建设项目总投资是建设投资、建设期利息和流动资金之和。

　　投资估算是指在项目投资决策过程中，依据现有的资料和特定的方法对建设项目投资数额进行的估计。对拟建中的项目进行投资估算是项目建设前期编制项

目建议书和可行性研究报告的重要组成部分，是项目决策的重要依据之一。因此，准确地估算建设投资额，是进行工程经济分析乃至整个决策阶段造价管理的重要任务。

（一）建设投资的估算

1. 建设投资的估算的依据和要求

1）估算的依据

投资估算应做到方法科学、依据充分，其主要依据为：

第一，项目管理部门颁发的建设工程造价费用构成、计算方法以及其他有关计算工程造价的文件。

第二，行业主管部门制定的投资估算方法、估算指标和定额。

第三，有关部门制定的工程建设其他费用计算方法和费用标准以及国家颁布的价格指数。

第四，拟建项目各单项工程的建设内容和工程量。

2）估算的要求

第一，工程内容和费用构成齐全，计算合理，不重复计算，不提高和降低估算指标，不漏算、少算。

第二，若选用的指标与具体工程之间的标准或条件存在差异，应进行必要的换算和调整。

第三，投资估算深度应能满足控制设计概算的要求。

由于不同阶段掌握的资料和工作深度不同，投资估算的准确程度也不同。随着工作的进展和项目条件的逐步明确细化，投资估算会不断地深入，准确度也会逐渐提高，从而对项目投资起到有效的控制作用。项目前期的不同阶段对投资估算的允许误差率见表 3-1。

表 3-1 投资项目前期各阶段对投资估算误差的要求

序 号	投资项目前期阶段	投资估算的误差率
1	投资机会研究阶段	±30%以内
2	初步可行性研究阶段	±20%以内
3	详细可行性研究阶段	±10%以内
4	项目评估阶段	±10%以内

2. 建设投资估算的步骤

（1）分别估算各单项工程所需的建筑工程费、设备及工器具购置费和安装工程费。

（2）在汇总各单项工程费用的基础上，估算工程建设其他费用。

（3）估算基本预备费和涨价预备费。

（4）加总求得建设投资总额。

3. 建设投资估算的方法

建设投资估算方法一般分为扩大指标估算法和详细估算法两种。

1）扩大指标估算法

（1）生产规模指数估算法。生产规模指数估算法是指根据已建设成的、性质类似的建设项目或生产装置的投资额、生产能力和拟建项目或生产装置的能力，估算拟建项目的投资总额。

根据实际统计资料，生产能力不同的两个同类企业，其投资生产能力的指数幂成正比。计算公式为

$$I_2 = I_1 \left(\frac{c_1}{c_2} \right)^e \times f \tag{3.2}$$

其中，I_1、I_2 为已建和拟建工程或装置的投资额；c_1、c_2 为已建和拟建工程或装置的生产能力；e 为投资、生产能力系数，$0 < e < 1$，根据不同类型企业的统计资料确定；f 为综合调整指数，即不同时期、不同地点的定额、单价费用变更等的调整系数。

这个方法不是简单的线性关系，而是根据大量的统计数据求得的指数关系来估算投资总额。该方法中生产规模指数 e 是一个关键因素，不同生产率水平的国家、行业和不同性质、工艺流程、建设水平的项目，应取不同的指数值。根据国外某些项目的统计资料，e 的平均值大约在 0.6 左右，因此这种方法又称为"0.6 指数法"。

拟建建设项目生产能力与已建同类项目生产能力的比值应有一定的限制范围，一般这一比值不能超过 50 倍，而在 10 倍以内效果最好。采用这种方法，计算简单、速度快，但要求类似工程的资料可靠、条件基本相同，否则误差会较大。

（2）资金周转率法。资金周转率是指已建类似项目年销售总额和建设投资的比值。该方法是根据历史统计的类似项目的资金周转率，推算出拟建项目建设投资的一种方法。其计算公式为

$$I = \frac{Q \times P}{T} \tag{3.3}$$

其中，I 为拟建项目建设投资；Q 为产品年产量；P 为产品单价；T 为资金周转率。

这种方法比较简便，计算速度快，但精度较低，可用于初始阶段的估算。

（3）分项比例估算法。这种方法以拟建项目的设备费为基础，根据已建成的同类建设项目建筑安装费和其他工程费用等占设备价值的百分比，求出相应的建筑安装费和其他工程费用，其总和即为项目的建设投资，其计算公式如下：

$$I = C(1 + f_1 p_1 + f_2 p_2 + f_3 p_3) + C' \qquad (3.4)$$

其中，I 为拟建项目的建设投资额；C 为根据设备清单按现行价格计算的设备费（包括运杂费）的总和；p_1、p_2、p_3 分别为已建成项目中的建筑工程费、安装工程费以及其他工程费用分别占设备费的百分比；f_1、f_2、f_3 分别为由于时间、地点因素引起的定额、价格、费用标准等变化的综合调整系数；C' 为拟建项目的其他费用。

2）详细估算法

在可行性研究阶段，由于精度要求的提高，建设投资总额的计算可以采用详细估算法。这种方法是根据国家和地方的有关规定，按照建筑安装工程综合定额，以设备、材料价格资料、间接费、利润、税金及工程建设其他费用取费标准等资料为基础，进行估算工程投资的方法。

（1）建筑工程费。建筑工程费是指为建造建筑物和构筑物所需要的费用，通常采用单位综合指标（每米、千米、平方米、立方米的造价）估算法进行。先根据工程规模估算建筑工程量，按拟建项目所在地区的建筑物、构筑物工程概算综合指标估算出工程直接费，再以直接费为基础，根据拟建项目所在地区规定的费率计算间接费。然后以直接费和间接费之和为基础，依规定的利润率计算利润。最后根据以上费用之和，按照规定费率计算出营业税、城市维护建设税和教育费附加。

（2）安装工程费。安装工程费按行业或专门机构发布的收费标准计算，其计算公式为

$$安装工程费 = 设备原价 \times 安装费率$$
$$或 \qquad 安装工程费 = 设备吨位 \times 每吨安装费 \qquad (3.5)$$

（3）设备及工器具购置费。设备及工器具购置费是由设备购置费和工器具及生产家具购置费两部分组成的。在生产性工程建设中，设备及工器具购置费占工程造价比重增大，意味着生产技术的进步和资本有机构成的提高。

设备购置费是指为投资项目购置或自制的达到固定资产标准的各种国产或进口设备、工具、器具所支出的费用。其计算公式为

$$设备购置费 = 设备原价 + 设备运杂费 \qquad (3.6)$$

其中，设备原价是指国产设备或进口设备的原价；设备运杂费是指设备原价之外的关于设备采购、运输、途中包装及仓库保管等方面的支出费用的总和。

国产设备有标准国产设备和非标准国产设备之分。标准国产设备原价一般是指设备制造厂的交货价，即出厂价或订货合同价。一般根据生产厂家或供应商的询价、报价、合同价确定或采用一定的方法计算得出的。非标准国产设备按特殊设备从设计、制造到运输保管的实际价格确定。

进口设备购置价由进口设备货价、进口设备购置费、进口从属费用及国内运

杂费组成。进口设备货价按交货地点和方式的不同，可分为离岸价（FOB）和到岸价（CIF）两种价格。进口设备从属费用包括国外运费、国外运输保险费、进口关税、进口环节增值税、外贸手续费和银行财务费等。国内运杂费包括运输费、装卸费、运输保险费等。

进口设备按离岸价计价时，应先计算设备运抵我国口岸的国外运费和国外运输保险费，再得出到岸价。其计算公式为

$$进口设备到岸价 = 离岸价 + 国外运费 + 国外运输保险费 \qquad (3.7)$$

其中，国外运费＝离岸价×运费率或国外运费＝单位运价×运量　　　　(3.8)

$$国外运输保险费 = （离岸价 + 国外运费） × 国外保险费率 \qquad (3.9)$$

进口设备从属费用和国内运杂费的计算方法在此不作一一介绍。

工器具及生产家具购置费一般以设备购置费为计算依据，按照部门或行业规定的工器具及生产家具费率计算。计算公式为

$$工器具及生产家具购置费 = 设备购置费 × 费率 \qquad (3.10)$$

（4）工程建设其他费用。工程建设其他费用是指工程造价中除建筑安装工程费和设备及工器具购置费以外的其他费用。主要包括与土地使用有关的费用、与建设项目相关的费用及与未来经营相关的费用。它通常按各项费用科目的费率或者取费标准估算。

（5）预备费。

第一，基本预备费的估算。

基本预备费是指为在项目实施中可能发生的难以预料的支出，事先预留的费用，又称工程建设不可预见费，主要指设计变更及施工过程中可能增加工程量的费用。其计算公式为

$$基本预备费 =（建筑工程费 + 设备及工器具购置费 + 工程建设其他费用 + 安装工程费） × 基本预备费率 \qquad (3.11)$$

第二，涨价预备费的估算。

涨价预备费是对建设工期较长的项目，由于在建设期内可能发生的材料、设备、人工等价格上涨引起的投资增加，需要事先预留的费用，也称价格变动不可预见费。其计算公式为

$$P_c = \sum_{t=1}^{n} I_t [(1+f)^t - 1] \qquad (3.12)$$

其中，P_c 为涨价预备费；I_t 为第 t 年的建筑工程费、安装工程费、设备及工器具购置费之和；f 为建设期价格上涨指数；n 为建设期。

关于建设期价格上涨指数，政府部门有规定的按照规定执行，没有规定的由可行性研究人员预测。

（二）建设期利息估算

项目在建设期，不具备生产能力，没有营业收入，对产生的借款利息只能累计到建设期末，并入借款本金在投产以后逐年摊还。

按贷款发放的时间不同，计算的利息如下：

第一，贷款在各年年初发放。

$$各年应计利息 = （年初借款本息累计＋本年贷款额）× 年利率 \quad (3.13)$$

第二，贷款在各年均衡发放。

贷款不在各年年初发放，为了简便计算，通常假定均在每年的年中支用，贷款第一年按半年计息，其余各年按全年计息。建设期每年利息的计算方法如下：

$$各年应计利息 = （年初借款本息累计＋本年借款额 ÷ 2）× 年利率 \quad (3.14)$$

（三）流动资金的估算

流动资金是指运营期内长期占用并周转使用的营运资金，不包括运营中需要的临时性营运资金。流动资金估算一般采用分项详细估算法，个别情况或小型项目可采用扩大指标估算法。

1. 扩大指标估算法

扩大指标估算法是一种简化的流动资金估算方法，一般可参照同类企业以下几种参数估算：按营业收入的一定比例估算；按经营成本的一定比例估算；按单位产量占用流动资金的比例估算等。其公式分别为

$$
\begin{aligned}
&流动资金需要量 = 项目年营业收入 × 营业收入资金率 \\
&流动资金需要量 = 经营成本 × 经营成本资金率 \qquad (3.15) \\
&流动资金需要量 = 达产期年产量 × 单位产量资金率
\end{aligned}
$$

其中，各项资金率可根据同类项目的经验数据加以确定。虽然扩大指标估算法简便易行，但准确度不高，一般适用于项目建议书阶段的流动资金估算。

2. 分项详细估算法

分项详细估算法对流动资产和流动负债的主要构成要素即存货、现金、应收账款和应付账款四项内容分项进行估算，然后加总获得企业总流动资金的需要量。其计算公式为

$$
\begin{aligned}
&流动资金 = 流动资产 － 流动负债 \\
&流动资产 = 现金 ＋ 存货 ＋ 应收账款 \\
&流动负债 = 应付账款 \qquad (3.16) \\
&流动资金本年增加额 = 本年流动资金 － 上年流动资金投入额
\end{aligned}
$$

分项详细估算法是国际上通用的流动资金估算方法。其具体计算步骤较为复

杂，在此不作详细介绍。

第二节　资　产

　　企业或机构对工程项目投资以后会形成资产，即固定资产、流动资产、无形资产和其他资产。

一、固定资产

　　固定资产是指为生产商品、提供劳务、出租或经营管理而持有的，使用寿命超过一个会计期间的有形资产。固定资产主要是用来影响和改变劳动对象或为生产正常进行提供必要条件的劳动资料。固定资产是企业进行生产经营活动重要的物质基础，标志着企业的生产能力和技术水平。

　　根据我国的会计制度的规定，固定资产需要同时满足下列条件才能予以确认。

　　第一，该固定资产包含的经济利益很可能流入企业；

　　第二，该固定资产的成本能够可靠计量。

　　只有同时满足上述两个条件后，才可确认该资产为固定资产。

　　从实物形态上看，固定资产能以同样的实物形态连续为多个生产周期服务；从价值形态上看，固定资产的价值是随着它的使用磨损，以折旧的方式分期分批转移到产品价值中去，构成产品价值的一部分；从资金运动来看，固定资产所占用的资金循环一次周期较长，从产品销售中提取的折旧费可以看做是补偿固定资产损耗的准备金，并随着产品的销售逐渐收回并转化为货币资金。

二、流动资产

　　流动资产是指企业可以在一年内或超过一年的一个营业周期内变现或者运用的资产。它属于生产经营活动中短期置存的资产，是企业资产的重要组成部分。流动资产的价值表现是流动资金。

　　流动资产包括货币资金（包括现金、银行存款和其他货币资金）、应收款项及预付款项（包括应收票据、应收账款、其他应收款、预付账款、待摊费用等）和可变现的存货投资（包括产成品、在产品、原材料、包装物、低值易耗品）。

　　流动资产在企业的再生产过程中是不断循环的，最初一般以货币形态参加企业的生产经营活动，随着生产经营活动的进行，以筹集到的货币资金购买原材料、商品等，它从货币形态转变为存货形态，实现销售，又从存货形态通过结算过程再转化为货币形态。

三、无形资产

　　无形资产是指企业拥有或者控制的没有实物形态的可辨认的非货币性资产，

一般包括专利权、商标权、土地使用权、非专利技术、商誉等。

工程项目投入运营后，固定资产在使用过程中会逐渐磨损和贬值，其价值会逐步转移到产品中去，这种伴随固定资产损耗发生的价值转移称为固定资产折旧。转移的价值以折旧的形式计入产品成本，并通过产品的销售以货币的形式回到投资者手中。同固定资产类似，无形资产价值也要在服务期内逐渐转移到产品价值中去，这种转移是通过无形资产在有效服务期内逐年摊销实现的。

四、其他资产

其他资产，是指除长期投资、固定资产、无形资产以外的资产，主要包括开办费、长期待摊费用和其他长期资产。开办费指企业在筹建期间，除应计入有关财产物资价值以外所发生的各项费用，包括人员工资、办公费、培训费、差旅费、印刷费、注册登记费以及不计入固定资产价值的借款费用等。长期待摊费用指摊销期在一年以上的已付费用，如经营性租入固定资产较大改良支出和固定资产大修理支出等。其他长期资产一般包括国家批准储备的特种物资、银行冻结存款以及临时设施和涉及诉讼中的财产等。

第三节 成本与费用

企业进行生产经营必须具备各种基本要素，包括劳动资料、劳动对象和劳动力等。生产的过程就是劳动者借助劳动资料作用于劳动对象的过程，也是物化劳动和活劳动的消耗过程。企业在一定公示期内的生产经营过程中所耗费的物化劳动价值和劳动者为自己劳动所创造的价值的货币表现就是企业的生产成本与费用。

一、总成本费用

（一）从总成本的形成过程对总成本费用进行分类

从总成本的形成过程来看，总成本由生产成本和期间费用构成。

生产成本也称制造成本，是指企业生产经营商品和提供劳务等发生的各项直接支出，包括直接材料费、直接燃料和动力费、直接工资、其他直接支出和制造费用。直接材料费包括企业生产经营过程中实际消耗的原材料、辅助材料、设备配件、外购半成品包装物、低值易耗品以及其他直接材料。直接燃料和动力费包括企业生产经营过程中实际消耗的燃料、动力。直接工资包括企业直接从事产品生产人员的工资、奖金、津贴和补贴。其他直接支出包括直接从事产品生产人员的职工福利费。制造费用是指各个生产单位（分厂、车间）为组织和管理所发生的各项费用，包括生产单位（分厂、车间）管理人员工资、职工福利费、折旧费、维检费、修理费、物料消耗、低值易耗品摊销、劳动保护费、水电费、办公费、差旅费、运输费、保险费、租赁费、设计制图费、检验试验费、环境保护费以及其他制造费用。

期间费用是指发生在生产期间，但又不计入成本的各种费用。包括管理费用、财务费用和销售费用。

管理费用是指企业为组织和管理企业生产经营活动而发生的各项费用，包括公司经费（工厂总部管理人员工资、职工福利费、差旅费、办公费、折旧费、修理费、物料消耗、低值易耗品摊销以及公司其他经费）、工会经费、职工教育经费、董事会费、劳动保险费、待业保险费、咨询费、审计费、资产评估费、诉讼费、排污费、绿化费、税金（如企业按规定支付的房产税、车船使用税、土地使用税等）、土地使用费、土地损失补偿费、技术转让费、技术开发费、无形资产摊销、其他资产摊销、研究发展费以及其他发展费。

财务费用是指企业在生产经营过程中为筹集资金而发生的各项费用，包括企业生产经营期间发生的利息支出（减利息收入）、汇兑净损失（有的企业如商品流通企业、保险企业进行单独核算，不包括在财务费用里）、金融机构手续费，以及筹资发生的其他财务费用如债券印刷费、国外借款担保费等。

销售费用是指在销售产品和提供劳务的过程中发生的各项费用以及专设销售机构的各项经费，包括运输费、装卸费、包装费、保险费、广告费、展览费、租赁费（不包括融资租赁费），以及为销售本公司商品而专设销售机构的职工工资、福利费、办公费、差旅费、折旧费、修理费、物料消耗、低值易耗品的摊销等。

（二）从构成总成本费用的生产要素对总成本费用进行分类

从构成总成本费用的生产要素来看，总成本费用由外购原材料费、外购燃料和动力费、工资及福利费、修理费、折旧费、摊销费、利息支出和其他费用构成。即

总成本费用 ＝外购原材料费＋外购燃料和动力费＋工资及福利费＋修理费
　　　　　＋折旧费＋摊销费＋利息支出＋其他费用　　　　　　　（3.17）
　　或

总成本费用 ＝ 经营成本＋折旧费＋摊销费＋利息支出　　　　（3.18）

二、折旧与摊销

（一）折旧

折旧是在固定资产的使用过程中，随着资产损耗而逐渐转移到产品成本费用

中去的那部分价值。将折旧费计入成本费用是企业回收固定资产的一种手段。按照国家规定的折旧制度，企业把已发生的资本性支出转移到产品成本费用中去，然后通过产品的销售，逐步回收初始的投资成本。

企业计算固定资产折旧额的方法一般采用平均年限法；企业专业车队的客、货运汽车，大型设备，可采用工作量法；在国民经济中具有重要地位、技术进步快的新兴行业，其机器设备可以采用双倍余额递减法或者年数总和法。

1. 平均年限法

平均年限法是最常用的固定资产折旧方法，其计算公式为

$$年折旧率 = \frac{1 - 预计净残值率}{折旧年限} \times 100\% \tag{3.19}$$

$$\begin{aligned} 年折旧额 &= 固定资产原值 \times 年折旧率 \\ &= \frac{固定资产原值 \times (1 - 预计净残值率)}{折旧年限} \end{aligned} \tag{3.20}$$

上述各公式中各项参数的确定方法如下：

第一，固定资产原值。固定资产原值是指项目投产时（达到预定可使用状态）按规定由投资形成固定资产的部分，包括工程费用、工程建设其他费用、预备费和建设期利息等。

第二，净残值率。净残值率是预计的固定资产净残值与固定资产原值的比率，根据行业会计制度规定，净残值率按 3%～5% 确定。在工程项目的经济分析中，由于折旧年限是由项目的固定资产经济寿命期决定的，因此固定资产的残余价值较大，净残值率一般可选择 10%，个别行业如港口可选择高于 10% 的净残值率。

第三，折旧年限。国家财政部对各类固定资产折旧的最短年限作了如下规定：房屋、建筑物为 10～55 年；火车、轮船机械设备和其他生产设备为 10～15 年；电子设备和火车、轮船以外的运输工具以及与生产、经营业务有关的器具、工具、家具等为 5 年。在工程项目的经济分析中，对轻工、机械、电子等行业的折旧年限一般可确定为 8～15 年；港口、铁路、矿山等项目的折旧年限可选择 30 年或 30 年以上。各行业应依据国家财政部的相关规定确定折旧年限。

2. 工作量法

工作量法是按设备完成的工作量计提折旧的方法，属于平均年限法的派生方法，适用于各时期使用程度不同的专用大型机械、设备。

(1) 按行驶里程计算折旧。

$$单位里程折旧额 = \frac{原值 \times (1 - 预计净残值率)}{规定的总行驶里程} \tag{3.21}$$

$$年折旧费 = 单位里程折旧额 \times 年行驶里程$$

（2）按工作小时计算折旧。

$$每小时折旧额 = \frac{原值 \times (1 - 预计净残值率)}{规定的总工作小时} \tag{3.22}$$

$$年折旧费 = 每小时折旧额 \times 年工作小时$$

【例 3-1】 某企业购入货运卡车一辆，原值 20 万元，预计净残值率为 5%，预计总行驶里程为 80 公里，当年行驶里程为 4.8 万公里，该项固定资产的年折旧额是多少？

解：根据题意，

$$单位里程折旧费 = \frac{15 \times (1 - 5\%)}{80} = 0.2375（万元／公里）$$

$$本年折旧额 = 4.8 \times 0.2375 = 1.14（万元）$$

3. 双倍余额递减法

双倍余额递减法属于加速折旧法的一种，又称递减折旧法。它是指固定资产使用初期提取折旧较多，在后期提取较少，使固定资产价值在使用年限内尽早能得到补偿的折旧计算方法。它是一种鼓励投资的措施，即先让利给企业，加速回收投资，增强还贷能力，促进技术进步。一般只对某些确有特殊原因的工程项目，才准许采用加速折旧法计提折旧。

双倍余额递减法的年折旧率是平均年限法的两倍，折旧基数为年初固定资产净值。用公式表示为

$$年折旧率 = \frac{2}{折旧年限} \times 100\% \tag{3.23}$$

$$年折旧费 = 年初固定资产净值 \times 年折旧率$$

这里需要注意两点：

第一，双倍余额递减法折旧的基数是年初固定资产净值，即固定资产原值减去去年之前累计折旧费；

第二，采用双倍余额递减法折旧，固定资产折旧年限到期前两年的折旧费计算应采用平均年限法，即以此时年初资产净值扣除预计净残值后的净额在最后两年平均摊销。

4. 年数总和法

年数总和法也是一种加速折旧的方法，其折旧基数固定不变，年折旧率逐年递减。

$$年折旧率 = \frac{尚可使用的年限}{折旧年限年数总和} \times 100\% \tag{3.24}$$

或

$$年折旧率 = \frac{折旧年限 - 已使用年限}{折旧年限 \times (折旧年限 + 1) \div 2} \times 100\%$$

$$年折旧费＝（固定资产原值－预计净残值）×年折旧率 \qquad (3.25)$$

由此可知，年数总和法的折旧率各年不相同，随着已使用年限的增加，年折旧率逐渐减少。

【例 3-2】 某台设备资产原值为 5000 万元，折旧年限五年，预计净残值率 5%，试分别采用平均年限法、双倍余额递减法、年数总和法计算该设备各年资产净值、折旧费。

解：（1）平均年限法。

由公式（3.19）、公式（3.20）得

$$年折旧额＝\frac{固定资产原值×（1－预计净残值率）}{折旧年限}$$

$$＝\frac{5000×（1－5\%）}{5}＝950（万元）$$

各年年初资产净值为设备原值减去该年之前各年已计提折旧费，如第三年年初资产净值为

$$5000－950×2＝3100（万元）$$

（2）双倍余额递减法。

由公式（3.23）得

$$第一年年折旧费＝\frac{2×5000}{5}＝2000（万元）$$

$$第二年年初资产净值＝5000－2000＝3000（万元）$$

$$第二年年折旧费＝\frac{2×3000}{5}＝1200（万元）$$

$$第三年年初资产净值＝3000－1200＝1800（万元）$$

$$第三年折旧费＝\frac{2×1800}{5}＝720（万元）$$

第四、五年折旧费按照平均年限法

$$年折旧费＝\frac{1080－5000×5\%}{2}＝415（万元）$$

（3）年数总和法。

由公式（3.24）、公式（3.25）得

$$折旧总额＝固定资产原值×（1－净残值率）$$

$$＝5000×（1－5\%）＝4750（万元）$$

折旧年限总数＝1＋2＋3＋4＋5＝15 年

$$第一年年折旧费＝4750×\frac{5}{15}＝1583（万元）$$

$$第二年年初资产净值＝5000－1583＝3417（万元）$$

第二年年折旧费 $=4750 \times \dfrac{4}{15} = 1267$ （万元）

第三年年初资产净值 $=3417 - 1267 = 2150$ （万元）

第三年年折旧费 $=4750 \times \dfrac{3}{15} = 950$ （万元）

第四年年初资产净值 $=2150 - 950 = 1200$ （万元）

第四年年折旧费 $=4750 \times \dfrac{2}{15} = 633$ （万元）

第五年年初资产净值 $=1200 - 633 = 567$ （万元）

第五年年折旧费 $=4750 \times \dfrac{1}{15} = 317$ （万元）

三种折旧方法的计算结果见表 3-2。

表 3-2　三种折旧方法的年折旧费、资产净值　　　　　单位：万元

折旧方法	折旧状况	1	2	3	4	5	期末残值
平均年限法	年初资产净值	5000	4050	3100	2150	1200	250
	年折旧费	950	950	950	950	950	
双倍余额递减法	年初资产净值	5000	3000	1800	1080	665	250
	年折旧费	2000	1200	720	415	415	
年数总和法	年初资产净值	5000	3417	2150	1200	567	250
	年折旧费	1583	1267	950	633	317	

从表 3-2 中可以看出，平均年限法各年折旧额相同，双倍余额递减法和年数总和法前期各年折旧费高，后期各年明显减少。折旧五年内，三种折旧方法计提的折旧费相同，均为固定资产原值减去预计净残值。

（二）摊销

摊销费是指无形资产和其他资产在一定期限内分期摊销的费用。企业通过计提摊销费，回收无形资产及其他资产的资本支出。

无形资产和其他资产摊销采用平均年限法，不留残值。《企业会计准则——基本准则》（2006 年 2 月）规定，使用寿命有限的无形资产应在寿命期内摊销，使用寿命不确定的无形资产不予摊销。无形资产摊销年限取无形资产法定有效期与合同协议规定受益年限中的最小值；没有规定期限的，按不少于十年分期摊销。

折旧和摊销本身并不是企业的实际支出，而只是一种会计手段，是把以前发生的一次性支出在生产经营期各年度中进行分摊，以核算当年应缴纳的所得税和可以分配的利润。企业计提折旧和摊销会引起成本增加、利润减少，从而使所得税减少，因此折旧和摊销具有抵减税赋的作用，即会使企业少缴所得税。

三、工程经济分析中的有关成本

在工程经济分析中，经常涉及经营成本、固定成本和可变成本、机会成本和沉没成本等。

（一）经营成本

经营成本是从总成本费用中分离出来的一部分费用，它是指总成本费用扣除固定资产折旧费、无形资产及其他资产摊销费和利息支出以后的费用，是工程经济评价中常用的指标。

其计算公式为

$$经营成本 = 总成本费用 - 折旧费 - 摊销费 - 利息支出 \tag{3.26}$$

经营成本涉及产品生产及销售、企业管理过程中的物料、人力和能源的投入使用，反映企业的生产和管理水平。计算经营成本之所以要从总成本中剔除折旧费、摊销费、利息支出，主要基于以下两方面原因：

第一，现金流量表反映项目在计算期内逐年发生的现金流入和流出。与常规会计方法不同，现金收支何时发生，就在何时计算，不做分摊。由于投资已按其发生的时间作为一次性支出被计入，所以不能再以折旧费、摊销费、利息支出的方式记为现金流出，否则会发生重复计算。

第二，因为项目投资现金流量表已考虑筹资方案前的现金流量，因此利息支出不作为现金流出，而在资本金现金流量表中已将利息支出单列，因此经营成本中不包括利息支出。

（二）固定成本和可变成本

为了进行项目的成本结构分析和不确定性分析，在项目经济评价中将总成本费用按照费用的性质划分为固定成本和可变成本。

固定成本是指在一定的生产规模内，不随产量变动而变动的成本，如生产单位固定资产的折旧费、修理费、摊销费、管理人员工资及职工福利费等。这些费用的总额不随产量的增加而增加，也不随产量的减少而减少。但当产量增加时，这些费用分摊到单位产品上的成本会减少；当产量减少时，分摊到单位产量上的成本会增加。因此，在生产规模内，应尽量增加产量，以减少单位产品的分摊成本。

可变成本是指随着产量变动而成比例变动的成本，如产品生产中消耗的直接材料费、直接人工费等。

（三）机会成本

机会成本是指将资金用于特定投资方案时，所放弃的方案可能获得的最大收益。方案选择时，资金可能有多个获取相应收益的机会，将资金用于特定投资方案，意味着失去了其他获取收益的机会，这是选择特定投资方案所付出的代价，这个代价不是实际发生的支出，而是一种机会。

由此可知，机会成本不是实际发生的支出，因此在会计上是不存在的，但对决策非常重要，其作用在于寻求利用资金的最佳方案。因此，在进行投资决策时，不仅要考虑项目本身的投资成本，也要考虑项目的机会成本。

（四）沉没成本

沉没成本是指过去已经支付的与当前决策无关的费用。经济活动是一个连续的时间过程，过去支付的费用只是影响当前状态的一个因素，从决策的角度看，当前状况是决策的出发点，所要考虑的是当前需要实际支付的费用和未来可能发生的费用，以及所能带来的收益，而不考虑过去发生的费用。由于沉没成本在过去发生，并不因为采纳或拒绝某个项目的决策而改变，因此对项目是否采纳的决策不应造成影响。例如，已使用多年的设备，其沉没成本是指设备的账面净值与其现时市场价值之差，它与是否选择新设备进行设备更新的决策无关。沉没成本不计入工程经济评价的现金流中。

第四节　税　　金

税金是国家依据法律对有纳税义务的单位和个人征收的财政资金，国家采用的这种筹集财政资金的手段叫税收。税收是国家凭借政治权利参与国民收入分配和再分配的一种方式，具有强制性、无偿性和固定性的特点。税收不仅是国家取得财政收入的主要渠道，也是国家对各项经济活动进行宏观调控的重要杠杆。

现行税收制度包含了数十个税种，按征税环节和计税依据可以把主要税种分为三类，即流转税、资源占用税、所得税。

一、流转税类

流转税通常也称为销售税金，是企业在流转环节缴纳的一种税金。按现行税法的规定，主要包括增值税、消费税、营业税、关税、城市维护建设税及教育费附加。流转税是按国家税法规定的税种、税率和企业的营业收入计算征收的，只要取得了营业收入或销售收入，无论成本高低，利润多少，都应该及时计算及上缴税金。流转税具有明显的强制性和无偿性的特点，征收又具有及时性和稳定性的特点，所以它对保证国家财政收入的及时稳妥具有重要作用。

（一）增值税

增值税是对在我国境内销售货物或者提供加工、修理修配劳务及进出口货物的单位和个人，就其取得的货物或应税劳务的销售额，以及进口货物的金额计算税款，并实行税款抵扣制的一种流转税。增值税是一种价外税，是对购买者征收的一种税，销售价格中不含增值税款。因此，增值税既不计入成本费用，也不计入营业收入。从企业角度进行投资的项目现金流量分析中可以不考虑增值税。

征收范围包括销售货物、销售劳务、视同销售货物、混同销售行为、出口货物及进口。增值税基本税率为17%，低税率为13%。大多数货物或劳务都适合17%的税率，13%的低税率适用于农产品、金属矿采选产品、图书、农资以及民用煤炭、天然气等。《关于部分货物适用增值税低税率和简易办法征收增值税政策的通知——财税〔2009〕9号》规定农产品、音像制品、电子出版物、二甲醚继续适用13%的增值税税率。

增值税的公式为

一般纳税人的应纳税额 ＝（当期销项税额 － 当期进项税额）×适用税率

$$(3.27)$$

进口货物的应纳税额 ＝（关税完税价格 ＋ 关税 ＋ 消费税）×适用税率

$$(3.28)$$

【例 3-3】 某企业营业收入为 45 000 万元，本年度购买原材料及燃料等支出 30 000 万元，试计算该企业全年应纳增值税额。

解： 应纳税额＝（当期销项税额－当期进项税额）×适用税率
　　　　＝（45 000－30 000）×17%＝2550（万元）

（二）消费税

消费税是对一些特定消费品和消费行为征收的一种税。目前我国征收的消费税的消费品主要有烟、酒及酒精、化妆品、护肤护发品、贵重首饰及珠宝玉石、鞭炮焰火、汽油、柴油、汽车轮胎、摩托车、汽车等 11 种商品。消费税的税率在 3%～45%，有的实行从价定率，有的实行从量定额。消费税是一种价内税，与增值税交叉征收，即对应消费品既要征收增值税，又要征收消费税。

实行从价定率计征的消费税应纳税额公式为

$$应纳税额 ＝ 销售额 × 适用税率 \tag{3.29}$$

实行从量定额计征的消费税应纳税额公式为

$$应纳税额 ＝ 销售数量 × 单位税额 \tag{3.30}$$

（三）营业税

营业税是对在我国境内从事交通运输业、建筑业、金融保险、邮政电信、文化体育、娱乐业、服务业、转让无形资产、销售不动产等业务的单位和个人，就其营业收入或转让收入征收的一种税。

营业税应纳税额的计算公式为

$$应纳税额 = 营业额 \times 适用税率 \tag{3.31}$$

营业税税率按不同行业分别计税，交通运输业、建筑业、邮电通信业、文化体育业税率为 3%；服务业、金融保险业、转让无形资产、销售不动产税率为 5%；娱乐业税率为 5%～20%。

（四）城市维护建设税及教育费附加

城市维护建设税及教育费附加均是以纳税人实际缴纳的营业税、增值税和消费税为计税依据的。城市维护建设税按纳税人所在地区实行差别税率，项目所在地为市区的，税率为 7%；项目所在地为县城、镇的，税率为 5%；项目所在地为乡村的，税率为 1%。

教育费附加是国家为扶持教育事业发展，计征用于教育的政府性基金，具有专款专用的性质。教育费附加按应缴纳的营业税、增值税、和消费税税款 3% 征收。

教育费附加计算公式为

$$应纳税额 = （营业税 + 增值税 + 消费税） \times 3\% \tag{3.32}$$

二、资源占用税类

资源占用税主要是针对稀缺资源，包括自然资源、土地资源等的开采、占用而征收的一种税。

（一）资源税

资源税是指国家为了调节资源级差收入，对因开发和利用自然资源而征收的一种税。资源税的纳税义务人是指在我国境内开采应税资源的矿产品或生产盐的单位和个人。目前我国资源税的税目有七类，分别是：原油、天然气、煤炭、其他非金属矿原矿、黑色矿原矿、有色金属矿原矿和盐。

资源税应纳税额的计算公式为

$$应纳税额 = 课税数量 \times 单位税额 \tag{3.33}$$

其中，课税数量为实际产量或自用量。

（二）城镇土地使用税

土地使用税是指国家在城市、农村、县城、建制镇、工矿区，对使用土地的单位和个人征收的一种税，有差别地规定单位面积年税额。

对工业企业来说，土地使用税、房产税及进口原材料和备品备件的关税等可计入成本费用中。

三、所得税类

所得税是指以单位或个人在一定时期内的纯所得为征收对象征收的一类税。主要是在国民收入形成后，对生产经营者的利润和个人的纯收入发挥调节作用，包括企业所得税、个人所得税。

（一）企业所得税

企业所得税的征税对象是指企业的经营所得和其他所得，包括来源于境内和境外的所得。经营所得是指从事商品生产、交通运输、商品流通、提供服务等取得的收入；其他所得是指股息、利息、租金、转让各类资产收益、特许权使用费以及营业外收益所得。

企业所得税率实行比例税率，法定税率为 25%。

（二）个人所得税

个人所得税是对个人取得的各项应税所得征收的一种税。其纳税义务人包括香港、澳门、台湾同胞在内的中国公民、个体商户以及在中国有所得的外籍人员。

个人所得税分为境内所得和境外所得。主要包括以下 11 项内容：工资、薪金所得，个体工商户的生产、经营所得，对企事业单位的承包经营、承租经营所得，劳务报酬所得，稿酬所得，特许权使用费所得，利息、股息、红利所得，财产租赁所得，财产转让所得，偶然所得，其他所得。

第五节　收入和利润

销售过程是企业在生产过程的重要一环，是产品价值实现的过程。在这一过程中，企业一方面要把生产出来的产品或劳务按照合同规定向购货单位提供；另一方面要按照销售的收入和价格，从购货单位收回货币资金。收回的货币资金扣除产品在生产销售过程中发生的总成本费用和销售税金及附加，得到的就是企业的利润总额。

一、营业收入

营业收入是指企业向社会出售产品及提供劳务的货币所得。

企业的营业收入是企业主要的财务指标，它在企业资金运动过程中处于起点和终点的地位。企业的营业收入的取得和分配，既是一次资金循环的终点，也是下一次资金循环的起点。企业的营业收入是项目建成投产后补偿成本、上缴税金、偿还债务、保证企业在生产正常进行的前提，是进行利润总额、销售税金及附加估算的基础数据。

营业收入的计算公式为

$$产品营业收入 = 产品销售数量 \times 单位销售价格 \qquad (3.34)$$

二、利润

利润是指企业在一定的期间内生产经营活动中的最终成果，是收入与费用配比相抵后的余额。利润的实现表明企业的生产耗费得到了补偿，取得了收益。

按照现行会计制度规定，利润总额等于营业利润、投资净收益、补贴收入及营业外收支净额的代数和。营业利润等于主营业务利润加上其他业务利润。在工程经济分析时，为简化计算，假定不发生其他业务利润，也不考虑投资净收益、补贴收入和营业外收支净额，则利润的计算公式为

$$利润总额 = 营业收入 - 营业税金及附加 - 总成本费用 \qquad (3.35)$$

在工程建设项目经济分析中，利润总额是计算一些静态指标的基础数据。根据利润总额可计算净利润，在此基础上可进行净利润的分配。净利润是指利润总额扣除所得税后的差额，计算公式为

$$净利润 = 利润总额 - 所得税 \qquad (3.36)$$

$$所得税应纳税额 = 应纳税所得额 \times 所得税税率 \qquad (3.37)$$

利润分配是指企业按照国家的有关规定，对当年实现的净利润和以前年度未分配的利润所进行的分配。在工程项目经济分析中，可按照下列顺序分配：

(1) 弥补以前年度亏损。按照税法规定，企业发生的年度亏损，可以用下一纳税年度所得税前的利润弥补；下一纳税年度的所得不足弥补的，可以逐年延续弥补。延续弥补最长不得超过五年，五年后用税后利润弥补。

(2) 提取盈余公积金。企业当期实现的净利润，加上年初未分配利润（或减去年初未弥补的亏损）和其他转入的余额为可供分配的利润。从可供分配的利润中提取的盈余公积金分为两种：一种是法定盈余公积金，一般按当期实现净利润的 10% 提取，累计金额达到注册资本的 50% 后，可以不再提取；二是法定公益金，按当期实现净利润的 5%～10% 提取。

(3) 向投资者分配利润或股利。可供分配利润减去应提取的法定盈余公积金、法定公益金等后，即为可供投资者分配的利润。此时，企业应首先支付优先股股利，然后提取任意盈余公积金（比例由企业自主决定），最后支付各投资方利润。

(4) 未分配利润。可供投资者分配的利润减去优先股股利、任意盈余公积金和各投资方利润后，所余部分为未分配利润。

销售收入、总成本费用、税金及利润关系如图 3-3 所示。

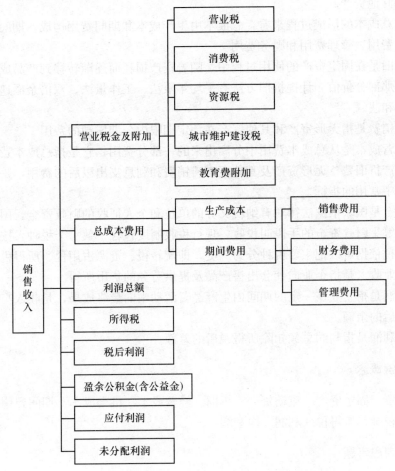

图 3-3　销售收入、总成本费用、税金及利润的关系

第六节　本章小结

工程经济分析基本要素包括投资、资产、成本与费用、税收、收入及利润。

投资的概念有广义和狭义之分。广义的投资是指人们的一种有目的的经济行为，即以一定的资源投入某项计划，以获取所期望的报酬。狭义的投资是指人们在社会经济活动中为实现某种预定的生产、经营目标而预先垫付的资金。本书所讨论的投资是狭义的。投资必须具备的各种要素，包括投资主体、投资客体、投资目的和投资方式等。

建设项目总投资是建设投资、建设期利息和流动资金之和。

　　企业或机构对工程项目投资以后会形成资产，即固定资产、流动资产、无形资产和其他资产。

　　从总成本的形成过程来看，总成本由生产成本和期间费用构成。期间费用包括销售费用、管理费用和财务费用。

　　折旧是在固定资产的使用过程中，随着资产损耗而逐渐转移到产品成本费用中去的那部分价值。计提折旧方法有平均年限法、工作量法、双倍余额递减法和年数总和法。

　　摊销费是指无形资产和其他资产在一定期限内分期摊销的费用。

　　经营成本是从总成本费用中分离出来的一部分费用，它是指总成本费用扣除固定资产折旧费、无形资产及其他资产摊销费和利息支出以后的费用，是工程经济评价中常用的指标。

　　税金是国家依据法律对有纳税义务的单位和个人征收的财政资金，国家采用的这种筹集财政资金的手段叫税收。现行税收制度包含了数十个税种，按征税环节和计税依据可以把主要税种分为三类，即流转税、资源占用税、所得税。

　　营业收入是指企业向社会出售产品及提供劳务的货币所得。

　　利润是指企业在一定的期间内生产经营活动中的最终成果，是收入与费用配比相抵后的余额。

　　净利润是指利润总额扣除所得税后的差额。

关键概念

投资　固定资产　流动资产　折旧　经营成本　机会成本　期间费用　营业收入　税金　所得税　利润　净利润

复习思考题

1. 建设项目总投资是如何构成的？
2. 流动资金通常以哪几种形态出现？
3. 什么是机会成本和沉没成本？
4. 经营成本和总成本有何联系？
5. 试述利润总额、净利润以及未分配利润的关系。
6. 简述营业收入、总成本费用、税金和利润的关系。
7. 某项目初期投资 500 万元，折旧年限 8 年，预计残值 25 万元，按平均年限法计提折旧，试计算固定资产每年的折旧费。
8. 某固定资产原值 1000 万元，预计净残值率为 4%，折旧年限为 10 年，使用平均年限法、双倍余额递减法和年数总和法分别计提折旧，试计算每种折旧方法每年的折旧额为多少？

第四章 工程项目财务评价

本章摘要： 工程项目财务评价主要包括评价项目的盈利能力、偿债能力和财务生存能力。本章首先介绍了财务评价的目标和程序，其次从不同角度对财务评价指标进行分类，接着讲述了对项目进行盈利能力分析和偿债能力分析的指标及方法，最后介绍了各层次现金流量表、利润与利润分配估算表、借款还本付息表及资产负债表等相关财务报表的编制方法。

第一节 项目财务评价的目标和程序

一、财务评价的概念及目标

（一）财务评价的概念

财务评价是在国家现行财税制度和价格体系的前提下，从项目的角度出发，预测估计项目的财务效益与费用，编制财务报表，计算财务评价指标，分析考察项目财务盈利能力、偿债能力和财务生存能力，据以评价和判定项目在财务上的可行性，为项目的投资决策、融资决策以及银行审贷提供依据。

项目的财务评价分为融资前评价和融资后评价。融资前评价只分析盈利能力，不考虑具体债务融资条件，只从项目投资总获利能力的角度，考察项目方案设计的合理性。融资前评价计算的相关指标可作为初步投资决策与融资方案研究的依据和基础。融资后评价考察项目在拟定融资条件下的盈利能力、偿债能力和财务生存能力，以此判断项目方案在融资条件下的可行性。融资后评价可用于融资方案的比选，帮助投资者做出投资决策。

（二）财务评价的目标

1. 评价项目的盈利能力

盈利能力主要考察项目的盈利水平，是反映项目在财务上可行程度的基本标志。工程项目盈利能力分析，应当考察拟建项目建成投产后是否有盈利，盈利多少。

2. 评价项目的偿债能力

工程项目的偿债能力是指项目按期偿还债务的能力。偿债能力通常表现为建设投资借款偿还期的长短，利息备付率和偿债备付率的高低，这些指标同时也是银行贷款决策的重要依据。

3. 为项目资金筹措和使用提供依据

通过对各种指标的计算，为工程项目制定资金规划、合理地筹措和使用资金提供依据和服务。

4. 为协调企业和国家利益提供依据

工程项目财务评价是经济评价的核心内容，也是经济效益-费用分析的基础。一般情况下，项目只有分别通过了财务分析和经济效益-费用分析，才是可行方案。因此，项目的财务分析为协调企业和国家利益提供了依据。

二、财务评价的程序

（一）财务基础数据的搜集

根据项目市场分析和技术分析的结果，以及现行的财税制度，对项目总投资、资金筹措方案、产品成本费用、营业收入、税金及利润，以及其他与项目有关的财务基础数据进行分析和估算，并将所得数据编制成辅助财务报表。

（二）编制财务报表

将分析和估算所得的财务数据进行汇总，编制出财务评价的基本报表。财务报表是计算反映项目盈利能力、偿债能力和财务生存能力的技术经济指标的基础。

（三）计算与分析财务评价指标

根据编制的财务分析基本报表，直接计算一系列反映项目盈利能力、偿债能力和财务生存能力的指标。反映项目盈利能力的财务评价指标包括静态指标（投资利润率、资本金利润率、静态投资回收期等）和动态指标（内部收益率、净现值和动态投资回收期等）；反映项目偿债能力的指标包括借款偿还期、利息备付率和偿债备付率等。

（四）进行不确定性分析与风险分析

通过盈亏平衡分析和敏感性分析等不确定性分析和风险分析方法，评价项目可能面临的风险及在不确定条件下适应市场变化的能力和抗风险能力，得出项目在不确定条件下的财务分析结论或建议。

（五）编写财务评价报告

将计算的确定性分析和不确定性分析结论，与国家有关部门公布的基准值，或与经验标准、历史标准、目标标准等加以比较，从财务角度做出项目是否可行的判断。

第二节　财务评价指标及分类

项目财务评价结果的准确性，一方面取决于基础数据的可靠性；另一方面则取决于所选指标体系的合理性。只有选择正确的指标体系，项目的财务分析结果才能与客观实际相吻合，才具有对投资决策的指导意义。现实经济生活中，投资者的投资目标不止一个，因此财务评价指标体系也不是唯一的。根据项目的不同情况，可选取不同的指标对其进行评价。

财务评价体系根据不同的标准，可进行以下的分类。

一、按是否考虑资金的时间价值因素分类

按是否考虑资金时间价值因素或是否采取折现方式处理数据进行分类，财务分析指标可分为静态分析指标和动态分析指标，如图 4-1 所示。

图 4-1　财务分析指标分类之一

二、按指标的性质分类

按照指标的性质，财务分析指标可以分为比率性分析指标、价值性分析指标和时间性分析指标，如图 4-2 所示。

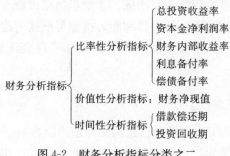

图 4-2　财务分析指标分类之二

三、按财务分析的目标分类

按财务分析的目标进行分类，财务分析指标可分为反映盈利能力的指标和反映偿债能力的指标，如图 4-3 所示。

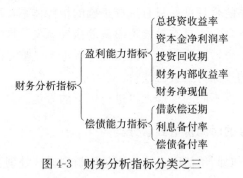

图 4-3　财务分析指标分类之三

第三节　项目盈利能力分析

项目的盈利能力即项目的获利能力，主要通过两个表格（现金流量表，其中包括全部投资现金流量表和自有资金现金流量表；损益表）和三项主要指标（财务净现值、财务内部收益率、投资回收期）反映。必要时，还需要增加计算投资利润率、投资利税率、资本金利润率等指标。在进行项目盈利能力分析时采用的价格是在基期物价总水平的基础上预测的，只考虑相对价格的变化，不考虑物价总水平的上涨因素。

项目盈利能力评价指标按照是否考虑资金时间价值因素的影响或是否采取折现方式处理数据，可分为静态盈利能力指标和动态盈利能力指标。

一、静态盈利能力指标

静态盈利能力指标是指不考虑资金时间价值因素影响或者不采取折现方式处理数据计算的反映项目盈利能力的指标。主要包括总投资收益率、资本金净利润率和项目静态投资回收期等。静态盈利能力指标可根据"建设项目投资估算表"、"资金来源与运用表"、"利润与利润分配表"和"现金流量表"中的有关数据计算。

（一）总投资收益率

总投资收益率（ROI）是指项目达到设计生产能力后，一个正常年份的年息税前利润或运营期内平均年息税前利润与项目总投资的比率。计算公式为

$$\mathrm{ROI} = \frac{\mathrm{EBIT}}{\mathrm{TI}} \times 100\% \tag{4.1}$$

其中，EBIT 为项目正常年份的年息税前利润或运营期内平均年息税前利润；TI 为项目总投资。

总投资利润率高于同行业的收益率水平，表明用总投资收益率表示的盈利能力能满足要求。

（二）资本金净利润率

资本金净利润率（ROE）是项目达到设计生产能力后正常年份的年净利润总额占资本金（即实收资本、注册资金）总额的百分比，是反映投资者投入企业资本金的获利能力的指标。计算公式为

$$\mathrm{ROE} = \frac{\mathrm{NP}}{\mathrm{EC}} \times 100\% \tag{4.2}$$

其中，NP 为项目正常年份的年净利润或运营期内平均年净利润；EC 为项目资本金。

另外，会计期间内若资本金发生变动，则公式中的"资本金总额"要用平均数，其计算公式为

资本金平均余额 ＝（期初资本金余额＋期末资本金余额）÷2　　(4.3)

这一比率越高，说明企业资本金的利用效果越好，企业资本金盈利能力越强；反之，则说明资本金的利用效果不佳，企业资本金盈利能力越弱。项目资本金净利润率高于同行业的净利润率水平，表明用项目资本金净利润率表示的项目盈利能力满足要求。

（三）静态投资回收期

所谓投资回收期（P_t）是指项目的净收益（包括利润与折旧）抵偿全部投资（包括固定资产投资和流动资金投资）所需的时间，投资回收期有静态和动态之分，不考虑资金时间价值影响因素的，即为静态投资回收期。投资回收期一般以年为单位，从项目建设起始年算起。其表达式为

$$\sum_{t=1}^{P_t}(\mathrm{CI}-\mathrm{CO})_t = 0 \tag{4.4}$$

其中，CI 为现金流入量；CO 为现金流出量；$(\mathrm{CI}-\mathrm{CO})_t$ 为第 t 年的净现金流量；P_t 为投资回收期。

静态投资回收期还可以根据全部投资的现金流量表中累计净现金流量计算求得，其计算公式分为以下两种情况：

（1）直接计算法。项目建成投产后各年的净现金流量均相等时，静态投资回

收期的计算公式如下：

$$P_t = \frac{K_0}{R} \quad\quad\quad (4.5)$$

其中，K_0 为项目总投资；R 为每年的净现金流量，即 $R=(CI-CO)_t$。

（2）累计算法。一般情况下，项目各年的净收益不尽相同，这时项目的投资回收期可借助项目现金流量表计算，项目现金流量表中累计净现金流量由负值变为零的时点，即为项目的投资回收期。计算公式如下：

$$P_t = T - 1 + \frac{\left| \sum_{i=1}^{T-1} (CI - CO)_i \right|}{(CI - CO)_T} \quad\quad\quad (4.6)$$

其中，T 为累计净现金流量首次为正值或为零的年数。

【例 4-1】 用累计算法计算表 4-1 中的静态投资回收期。

表 4-1　净现金流量表　　　　单位：万元

t/年	0	1	2	3	4	5	6	7
$(CI-CO)_t$	−10	−5	5	5	8	8	8	8

解：累计算法计算表中的静态投资回收期计算过程如表 4-2 所示。

表 4-2　累计净现金流量表　　　　单位：万元

t/年	0	1	2	3	4	5	6	7
$(CI-CO)_t$	−10	−5	5	5	8	8	8	8
$\sum(CI-CO)_t$	−10	−15	−10	−5	3	11	19	27

可见，第 4 年累计净现金流量出现正值，因此，由公式（4.6）可知：

$$P_t = 4 - 1 + \frac{|-5|}{8} = 3 + 0.625 = 3.63(年)$$

该方案从投资期算起静态投资回收期为 3.63 年。

计算出静态投资回收期后，需要与行业规定的基准投资回收期或同行业平均投资回收期进行比较，如果项目投资回收期小于或等于基准投资回收期或同行业平均投资回收期，则认为项目是可行的，反之则认为是不可行的。

静态投资回收期概念明确，计算简单，在一定程度上反映了项目的经济性及风险的大小。但是，由于静态投资回收期没有考虑资金时间价值，也没有考虑投资回收后的情况以及方案在整个计算期内的总收益和盈利能力，它只能作为一种辅助性指标，不能独立使用。

二、动态盈利能力指标

动态盈利能力指标是指考虑资金时间价值因素的影响或者采取折现方式处理数据而计算的盈利能力指标，主要包括财务净现值、财务内部收益率和动态投资回收期等。动态指标需要借助现金流量表计算。

（一）财务净现值

财务净现值（FNPV）是反映投资方案在计算期内获利能力的动态评价指标，是指用一个预定的基准年收益率 i_c，分别把整个计算期内各年所发生的净现金流量都折现到建设期初的现值之和。计算公式如下：

$$\text{FNPV} = \sum_{t=0}^{n} (\text{CI} - \text{CO})_t (1 + i_c)^{-t} \tag{4.7}$$

其中，FNPV 为财务净现值；$(\text{CI} - \text{CO})_t$ 为第 t 年的净现金流量，其中 CI 为现金流入量，CO 为现金流出量；i_c 为基准折现率；n 为项目建设期。

【例 4-2】　某项目的初始投资为 1000 万元，建设期 1 年，第二年投产并达产运营，第二年初投入流动资金 50 万元，达产期年经营费用为 20 万元，净收入 320 万元，项目经营期为 9 年，届时残值为 60 万元，已知行业基准折现率为 8%，求项目净现值。

解： 由公式（4.7）有

$$\text{FNPV} = -1000 - 50 \times (P/F, 8\%, 1) + (320 - 20) \times (P/A, 8\%, 9)$$
$$\times (P/F, 8\%, 1) + (50 + 60) \times (P/F, 8\%, 10)$$

$$(P/F, 8\%, 1) = 0.9259$$

查表得　　　　　$(P/A, 8\%, 9) = 5.747$

$$(P/F, 8\%, 10) = 0.4632$$

则有　$\text{FNPV} = -1000 - 50 \times 0.9259 + 300 \times 5.747 \times 0.9259 + 110 \times 0.4632$
　　　　$= 601$（万元）

$\text{FNPV} = 601$（万元）> 0，该项目可行。

财务净现值是评价项目盈利能力的绝对指标，它反映项目在满足按设定折现率要求的盈利能力之外，获得的超额盈利的现值。计算出的财务净现值可能有三种结果，即 FNPV > 0，FNPV = 0 或 FNPV < 0。当 FNPV ≥ 0 时，说明项目盈利能力等于甚至超过了按设定的基准折现率计算的盈利能力，从财务角度考虑，项目可以被接受；当 FNPV < 0 时，说明项目盈利能力达不到按设定的基准折现率计算的盈利能力，从财务角度考虑，项目是不可行的。

从公式（4.7）可知，FNPV 随着 i_c 的变化而变化，且呈非线性变化。一般

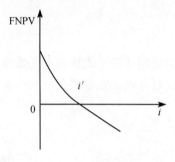

图 4-4　净现值函数曲线

情况下，同一组净现金流量的净现值随着折现率 i 的增大而减小，故设定的基准折现率 i_c 越高，能够被接受的方案就越少，如图 4-4 所示。

由图 4-4 可看出，在 $i=i'$ 处，净现值曲线与横坐标相交，表示该折现率下的财务净现值 FNPV＝0；而当 $i<i'$ 时，FNPV(i)＞0；$i>i'$ 时，FNPV(i)＜0。i' 是一个具有主要经济意义的折现临界值，被称为内部收益率，下文将作详细分析。

规定的折现率 i_c 称为基准收益率，也称为基准折现率，是投资者对资金时间价值的最低期望值，对方案评价起着重要的作用。i_c 定得较高时，计算所得的 FNPV 就较小，方案不易通过评价标准，易被否定；i_c 定得较低，计算的 FNPV 就较大，方案也更易于通过评价标准，易被接受。同一项目的财务净现值会因为基准收益率的选取不同而不相同，进而影响经济评价结论。因此，计算项目财务净现值时，选取合适的折现率是至关重要的。

选取折现率一般受以下几种因素影响：

（1）项目的资金成本和机会成本 i_1。第一，当项目投资完全由自有资金组成时，可参考行业基准收益率；第二，当项目投资由企业自有资金和贷款两部分组成时，最低收益率不应低于行业基准收益率与贷款利率的加权平均收益率。

（2）项目的投资风险 i_2。投资风险通常参考社会平均风险因素应补偿的收益率。

（3）通货膨胀 i_3。当项目现金流量是按照当年价格预测估算的，则应考虑各年的通货膨胀因素，当项目现金流量是按照基准年不变价格预测估算的，则不考虑此因素的影响。

$$i_c = (1+i_1) \times (1+i_2)(1+i_3) - 1 \qquad (4.8)$$

财务净现值评价指标的优点是考虑了资金的时间价值，反映了项目整个寿命周期的经济状况，且财务净现值指标的经济意义明确、直观，用具体的货币额表示项目的净收益。但财务净现值也有其不足之处：①财务净现值的计算必须先选定一个符合经济现实的基准收益率，而这个基准收益率的确定是比较复杂的；②财务净现值不能反映项目投资中单位投资的使用效率，不能直接说明项目运营期内各年的经营成果；③在评价互斥方案时，若方案寿命期不相同，需构造一个相同的研究期才能进行方案间的比选。

（二）财务净年值

财务净年值（FNAV）也称为财务净年金，是指项目计算期内各年现金流量的等额年值。通常用于比较不同寿命期的方案比选。其计算公式如下：

$$\text{FNAV} = \text{FNPV} \cdot (A/P, i_c, n) \tag{4.9}$$

　　财务净年值跟财务净现值对同一项目进行比较时，结论是一致的，它们是等效指标。但在处理寿命期不同的多方案比选时，财务净年值指标更简便。

【例 4-3】　A、B 两互斥方案的寿命期分别为 5 年和 8 年，各自寿命期内的净现金流量如表 4-3 所示，试用财务净年值法比较两方案。年利率为 10%。

表 4-3　A、B 方案的净现金流量表　　　　　　单位：万元

方案 ＼ 年数	0	1	2	3	4	5	6	7	8
A	−300	100	100	100	100	100			
B	−600	150	150	150	150	150	150	150	150

解： 由公式（4.9）可知

$$\text{FNAV}_A = [-300 + 100 \times (P/A, 10\%, 5)] \times (A/P, 10\%, 5)$$

查表可得

$$(P/A, 10\%, 5) = 3.791$$
$$(A/P, 10\%, 5) = 0.2638$$

则有　$\text{FNAV}_A = (-300 + 100 \times 3.791) \times 0.2638 = 20.87（万元）$

$$\text{FNAV}_B = [-600 + 150 \times (P/A, 10\%, 8)] \times (A/P, 10\%, 8)$$

查表可得

$$(P/A, 10\%, 8) = 5.335$$
$$(A/P, 10\%, 8) = 0.18744$$

则有　$\text{FNAV}_B = (-600 + 150 \times 5.335) \times 0.18744 = 37.53（万元）$

由于 $\text{FNAV}_B > \text{FNAV}_A > 0$，故方案 A、B 均可行，但方案 B 更可取。

(三) 财务内部收益率

1. 概念

　　所谓财务内部收益率（FIRR）是指项目在计算期内各年净现金流量现值累计（净现值）等于零时的折现率。由于内部收益率不需要事先给定折现率，它求出的是项目实际能达到的投资效率，因此，财务内部收益率是项目评价指标中最重要的指标之一。财务内部收益率的计算公式为

$$\sum_{t=0}^{n} (\text{CI} - \text{CO})_t (1 + \text{FIRR})^{-t} = 0 \tag{4.10}$$

其中，FIRR 为财务内部收益率。

　　财务内部收益率的值域为 $(-1, \infty)$，对于大多数方案来说，$0 < \text{FIRR} < \infty$。

2. 财务内部收益率的计算方法

　　由公式（4.10）可知，求解内部收益率是解以折现率为未知数的多项高次代数方程，当各年的净现金流量不等，且计算期较长时，求解 FIRR 是非常繁琐

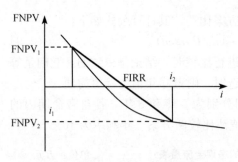

图 4-5　内部收益率内插法示意图

的。常用的 FIRR 求解方法有"内插法"和利用计算机工具求解两种方法。

1）内插法

内插法适用于计算期不长、生产期内年净收益变化不大的项目，又有复利系数表可利用的情况。内插法求解原理如图 4-5 所示。具体求解过程如下：

（1）计算各年的净现金流量。

（2）试算，预先估计两个适当的折现率 i_1 和 i_2，其中 $i_1 < i_2$（为保证 FIRR 的准确度，i_1 与 i_2 之间的差距一般不超过 2%，最大不超过 5%）且 $\text{FIRR}(i_1) > 0$，$\text{FIRR}(i_2) < 0$。如估算的 i_1 和 i_2 不满足这两个条件则要重新估算，直至满足条件为止。

（3）用内插法计算 FIRR 的近似值，公式如下：

$$\text{FIRR} \approx i' = i_1 + \frac{\text{FNPV}_1}{\text{FNPV}_1 + |\text{FNPV}_2|} \times (i_2 - i_1) \tag{4.11}$$

其中，i_1 为插值用的低折现率；i_2 为插值用的高折现率；FNPV_1 为用 i_1 计算的净现值；FNPV_2 为用 i_2 计算的净现值。

【例 4-4】　某项目净现金流量如表 4-4 所示。当基准收益率 $i_c = 12\%$ 时，试用内部收益率指标判断项目的经济性。

表 4-4　项目现金流量表　　　　　　　　　单位：万元

年　末	1	2	3	4	5
净现金流量	−90	28	38	38	38

解：项目净现值计算公式为

$$\text{FNPV} = -90(P/F, i, 1) + 28(P/F, i, 2) + 38(P/A, i, 3)(P/F, i, 2)$$

分别设 $i_1 = 20\%$，$i_2 = 25\%$，计算其各自对应的 FNPV_1 和 FNPV_2

$$\begin{aligned}
\text{FNPV}_1 &= -90(P/F, 20\%, 1) + 28(P/F, 20\%, 2) + 38(P/A, 20\%, 3)(P/F, 20\%, 2) \\
&= -90 \times 0.8333 + 28 \times 0.6944 + 38 \times 2.106 \times 0.6944 \\
&= 0.02（万元）
\end{aligned}$$

$$\begin{aligned}
\text{FNPV}_2 &= -90(P/F, 25\%, 1) + 28(P/F, 25\%, 2) + 38(P/A, 25\%, 3)(P/F, 25\%, 2) \\
&= -90 \times 0.8000 + 28 \times 0.6400 + 38 \times 1.952 \times 0.6400 \\
&= -6.61（万元）
\end{aligned}$$

由公式（4.11）可知

$$\text{FIRR} = 20\% + \frac{0.02}{0.02 + |-6.61|} \times (25\% - 20\%) = 20.02\%$$

由于 FIRR＝20.02%＞i_c＝12%，故项目在经济上是可行的。

2）计算机工具计算法

当项目现金流量相对复杂，利用插值法计算财务内部收益率费时费力，需要经过多次的大量计算才能得到结果时，可借助计算机专业软件进行求解。如 Excel 中就有专门求解 IRR 的函数。

3. 财务内部收益率的经济含义

财务内部收益率可以理解为，在项目的整个寿命期内，如按利率 $i＝$ FIRR 计算，在寿命期结束时，投资恰好被完全回收，即项目在寿命期内始终处于投资未被收回的状况。项目的动态投资回收期等于项目的寿命期。一般来说，项目的财务内部收益率越高，项目的投资效益就越好。

4. 财务内部收益率的适用范围及优缺点

财务内部收益率适用于单方案经济评价，当 FIRR＞i_c，或 FIRR 大于等于实际投资的贷款利率时，则方案是可行的。

财务内部收益率的优点是：首先，它考虑了资金的时间价值，能直观地反映项目投资的最大盈利能力，或最大的利息偿还能力。其次，计算财务内部收益率不像计算财务净现值需要事先设定一个折现率，因此，计算得出的数据更客观。但 FIRR 指标在使用上也有一定的局限性：①只有现金流入或流出的项目，不存在明确经济意义上的 FIRR。②当方案的净现金流量的正负号改变不只一次时，财务内部收益率的计算就会出现多个折现率的情况，此时，内部收益率无法定义。

单独使用 FIRR 进行方案的投资决策，容易使那些投资额大、FIRR 低，但收益总额很大、对国民经济全局有重大影响的方案落选。因此，通常情况下，我们都结合 FIRR 指标跟 FNPV 指标同时对方案进行比较。

（四）动态投资回收期

动态投资回收期（P_t'）是将投资项目每年的净现金流量按基准收益率折成现值后，再推算投资回收期。动态投资回收期就是净现金流量累计现值等于零的时间。计算公式表示如下：

$$\sum_{t=0}^{P_t'} (CI-CO)(1+i_c)^{-t} = 0 \tag{4.12}$$

其中，P_t' 为动态投资回收期；i_c 为基准折现率。

在计算中，通常用与求静态投资回收期相似的"累计计算法"求解动态投资回收期 P_t'，其计算公式为

$$P_t' = \left[\begin{matrix}累计净现金流量现值\\开始出现正值年份数\end{matrix}\right] - 1 + \frac{上年累计净现金流量现值的绝对值}{当年净现金流量现值}$$

$$\tag{4.13}$$

【例 4-5】 如表 4-5.所示，已知基准折现率 $i_c = 10\%$，基准投资回收期为 $P'_c = 4$，试用动态投资回收期判断项目是否可行。

表 4-5 净现金流量表 单位：万元

年 数	0	1	2	3	4	5	6
净现金流量	−100	−20	80	80	80	80	100

解： 根据表 4-5 所给数据画出累计净现金流量表如表 4-6 所示。

表 4-6 累计净现金流量表 单位：万元

年 数	0	1	2	3	4	5	6
净现金流量	−100	−20	80	80	80	80	100
折现系数	1	0.9091	0.8264	0.7513	0.6830	0.6209	0.5645
净现金流量现值	−100	−18.182	66.112	60.104	54.64	49.672	56.45
累计净现值	−100	−118.18	−52.07	8.03	62.67	112.35	168.80

由公式 (4.13) 可得

$$P'_t = 3 - 1 + \frac{|-52.07|}{60.104} = 2 + 0.87 = 2.87（年）$$

$P'_t = 2.87$（年）$< P'_c = 4$（年），故项目可行。

第四节 项目偿债能力分析

偿债能力是反映项目偿还债务的能力，它包含两层含义：一是整个项目的投资回收；二是项目投资构成中借款的偿还，主要是基本建设投资贷款，由固定资产投资借款偿还期表示。这一评价指标是贷款方贷款决策的重要依据。

财务偿债能力通过两个表格（资金来源与运用表和资产负债表）和借款偿还期、利息备付率、偿债备付率等指标来反映。在进行项目偿债能力分析时，计算期内各年采用的预测价格，除考虑相对价格的变化外，还需考虑物价总水平的上涨因素。

一、建设投资国内借款偿还期

借款偿还期（P_d）是反映项目偿债能力的重要指标，它是指项目投产后获得的可用于还本付息的资金来源（利润、折旧、摊销以及其他收益），还清建设投资借款本息所需要的时间，一般以年为单位。计算公式为

$$I_d = \sum_{t=0}^{P_d} R_t \qquad (4.14)$$

其中，I_d 为建设投资国内借款本金及建设期利息；R_t 为可用于还款的资金（税

后利润、折旧、摊销及其他收益）。

实际运用中，借款偿还期可以直接根据资金来源与运用表或借款偿还计划表推算出来，具体计算公式如下：

$$P_d = （借款偿还后出现盈余的年份数 - 1） + \frac{当年应偿还借款额}{当年可用于还款的资金额}$$

(4.15)

使用借款偿还期进行项目偿债能力评价时，用借款偿还期与贷款机构要求的还款期限进行对比，满足要求的，即从项目偿债能力上来讲可行，反之，则不可行。

借款偿还期指标适用于力争尽快偿还贷款的项目，不适用于已经约定偿还借款期限的项目。已经约定好借款偿还期限的项目，应采用利息备付率和偿债备付率指标进行项目偿债能力分析。

二、利息备付率

利息备付率（ICR）是指项目在借款偿还期内，各年可用于支付利息的息税前利润与当期应付利息费用的比值，它主要从付息资金充裕性角度反映项目偿还债务利息的能力。计算公式如下：

$$ICR = \frac{EBIT}{PI}$$

(4.16)

其中，EBIT 为息税前利润（利润总额加上计入总成本费用的利息费用）；PI 为当期应付利息。

利息备付率表示项目的利润偿付利息的保证倍数，利息备付率高，说明利息偿付的保证度大。对于正常运营的项目，利息备付率应当大于 2，利息备付率低于 1，表示没有足够资金偿还利息，项目债务风险很大。

三、偿债备付率

偿债备付率（DSCR）是指项目在借款偿还期内，各年可用于还本付息的资金与当期应还本付息金额的比值。计算公式如下：

$$DSCR = \frac{EBITDA - T_{AX}}{FD}$$

(4.17)

其中，EBITDA 为息税前利润加折旧和摊销；T_{AX} 为企业所得税；FD 为应还本付息金额。

可用于还本付息的资金，包括可用于还款的折旧、摊销和可用于还款的利润等。当期还本付息金额包括当期应还贷款本金及计入总成本费用的利息。正常情况下，偿债备付率应当大于 1，且越高越好，当偿债备付率低于 1 时，说明当年资金来源不足以支付当期债务，需要通过短期借款等方式支付到期债务。

偿债备付率可以按年计算，也可以按整个借款期计算。偿债备付率表示项目可用于还本付息资金偿还贷款本息的保证倍数。对于正常运营的项目，通常分年计算偿债备付率，以便更好地反映项目偿债能力。

四、资产负债率

资产负债率（LOAR）是反映项目所面临的财务风险程度的指标，也就是反映项目利用债权人提供资金进行经营活动的能力，并反映债权人发放贷款的安全程度。分析一个项目的总体偿债能力，主要是为了确定该项目债务本息偿还能力。计算公式如下：

$$LOAR = \frac{负债总额}{资产总额} \times 100\% \tag{4.18}$$

项目的资产负债率越低，说明项目偿债能力越强。但是，资产负债比率的高低还反映了项目利用负债资金的程度，因此该比率水平应适当。过高则项目财务风险变大；过低则降低股本收益率。一般认为，资产负债率的适当水平宜在40%~60%。对于经营风险较高的企业，应选择较低的资产负债率来降低财务风险；对于经营风险较低的企业，资产负债率可相对高一些。

五、流动比率

流动比率是指一定时点上流动资产与流动负债的比率，反映项目流动资产在短期债务到期前可以变为现金用于偿还流动负债的能力。同时也反映了短期债权人的债权，在到期前能够被偿还的保证程度。流动比率可以由资产负债表求得，具体计算公式如下：

$$流动比率 = \frac{流动资产}{流动负债} \times 100\% \tag{4.19}$$

该比率越高，单位流动负债将有更多的流动资产作保障，短期偿债能力就越强。但比率过高，说明项目流动资产利用率低，比率过低，不利于项目获得贷款。因此，一般认为，流动比率一般为 2 左右比较合适。

六、速动比率

速动比率是指项目在很短时间内偿还短期债务的能力。计算公式如下：

$$速动比率 = \frac{速动资产总额}{流动负债总额} \times 100\% \tag{4.20}$$

其中，速动资产＝流动资产－存货。

在流动资产中，现金、应收账款等是变现最快的部分，速动比率越高，短期偿债能力越强。同样，速动比率过高也会影响项目资产利用效率，进而影响项目经济效益。因此，速动比率一般为 1 左右较好。

总结前面的内容，将财务评价指标及其计算公式编制成表 4-7。

表 4-7　财务指标的计算与分析

	指标项目	计算公式	分　析
盈利能力分析	总投资收益率	$ROI = \dfrac{EBIT}{TI} \times 100\%$	高于同行业水平，可行
	资本金净利润率	$ROE = \dfrac{NP}{EC} \times 100\%$	高于同行业水平，可行
	静态投资回收期	$P_t = T - 1 + \dfrac{\left\| \sum\limits_{i=1}^{T-1}(CI-CO) \right\|}{(CI-CO)_T}$	$\leqslant P_c$，可行
	财务净现值	$FNPV = \sum\limits_{t=0}^{n}(CI-CO)_t(1+i_c)^{-t}$	$\geqslant 0$，可行
	财务净年值	$FNAV = FNPV \cdot (A/P, \ i_c, \ n)$	$\geqslant 0$，可行
	财务内部收益率	$\sum\limits_{t=0}^{n}(CI-CO)_t(1+FIRR)^{-t} = 0$	$\geqslant i_c$，可行
	动态投资回收期	$\sum\limits_{t=0}^{P'_t}(CI-CO)(1+i_c)^{-t} = 0$	$\leqslant P'_t$，可行
偿债能力分析	建设投资国内借款偿还期	$I_d = \sum\limits_{t=0}^{P_d} R_t$	$\leqslant$ 合同期限，可行
	利息备付率	$ICR = \dfrac{EBIT}{PI}$	大于 2 较好，低于 1 不利
	偿债备付率	$DSCR = \dfrac{EBITDA - T_{AX}}{FD}$	大于 1 较好
	资产负债率	$LOAR = \dfrac{负债总额}{资产总额} \times 100\%$	40%～60% 为宜
	流动比率	$流动比率 = \dfrac{流动资产}{流动负债}$	2：1 较好
	速动比率	$速动比率 = \dfrac{流动资产总额}{流动负债总额}$	1：1 较好

第五节　财务评价基本报表的编制

财务评价的基本报表包括现金流量表（项目投资现金流量表和项目资本金现金流量表）、利润与利润分配表、资金来源与运用表、资产负债表及外汇平衡表。财务评价基本报表与财务评价指标间的关系如表 4-8 所示。

表 4-8　财务评价指标与财务基本报表的关系

评价内容	基本报表	静态指标	动态指标
盈利能力分析	投资现金流量表	静态投资回收期	财务内部收益率 财务净现值
	资本金现金流量表		资本金财务内部收益率
	投资各方现金流量表		投资各方财务内部收益率
	损益和利率分配表	总投资收益率 资本金净利润率	
偿债能力分析	资金来源与运用表 借款偿还计划表	借款偿还期 利息备付率 偿债备付率	

一、现金流量表的编制

现金流量表是反映项目在计算期内各年发生的现金流入、现金流出和净现金流量的计算表格。按照国家规定，项目现金流量分析分为三个层次：第一个层次为项目投资现金流量分析；第二个层次为项目资本金现金流量分析；第三个层次为投资各方现金流量分析。据此，现金流量表可分为项目投资现金流量表、资本金现金流量表和投资各方现金流量表。现金流量表的主要作用是计算各种静态和动态指标，如财务内部收益率、财务净现值和投资回收期等技术经济指标，对项目进行盈利能力分析。

（一）项目投资现金流量表的编制

项目投资现金流量表是站在项目全部投资的角度，反映在设定项目全部投资均为自有资金的条件下的项目现金流量系统的表格。项目投资现金流量表如表4-9所示。

表 4-9　项目投资现金流量表　　　　　　　　　　单位：万元

序　号	项　　目	合　计	计算期					
			1	2	3	4	…	n
1	现金流入							
1.1	现金流出							
1.2	补贴收入							
1.3	回收固定投资							
1.4	回收流动资金							
2	现金流出							
2.1	建设投资							
2.2	流动资金							

续表

序　号	项　目	合　计	计算期					
			1	2	3	4	···	n
2.3	经营成本							
2.4	营业税金及附加							
2.5	维持运营投资							
3	所得税前净现金流量（1—2）							
4	累计所得税前净现金流量							
5	调整所得税							
6	所得税后净现金流量（3—5）							
7	累计所得税后净现金流量							

计算指标：

项目投资财务内部收益率（%）

项目投资财务净现值（$i_c=$　　%）

项目投资回收期（年）

注：① 本表适用于新设法人项目与既有法人项目的增量和"有项目"的现金流量分析。

② 调整所得税是以息税前利润作为基础计算的所得税，区别于"利润与利润分配表"、"项目资本金现金流量表"和"财务计划现金流量表"中的所得税。

（1）现金流入包括营业收入、补贴收入、回收固定资产余值和回收流动资金。其中，营业收入来自"营业收入、营业税金及附加和增值税估算表"；固定资产余值为"固定资产折旧费估算表"中计算期末固定资产净值；流动资金回收为项目全部流动资金。回收固定资产余值和流动资金均在计算期最后一年。

（2）现金流出包括建设投资、流动资金、经营成本、营业税金及附加和维持营业投资等。如果运营期内需要发生设备或设施的更新费用以及矿山、石油开采项目的拓展费用等（记为维持运营投资），也应作为现金流出。其中，建设投资来源于"建设投资估算表"，包含固定资产投资方向调节税，但不含建设期利息；流动资金来源于"流动资金估算表"中各年流动资金当期增加额；营业税金及附加来自"营业收入、营业税金及附加和增值税估算表"，包含有营业税、消费税、城乡维护建设税和教育费附加。

因为项目投资现金流量表不考虑融资方案的影响，故各项现金流量的估算中都要剔除利息的影响。如采用不含利息的经营成本作为现金流出，而不是总成本费用；流动资金估算、经营成本中的修理费和其他费用估算中都应避免利息的影响。

（3）项目建设期各年的净现金流量为各年现金流入量与现金流出量之差，各年累计净现金利率为本年及以前各年净现金流量之和。

（4）表中"调整所得税"应根据息税前利润乘上所得税税率计算。根据与融资方案无关的要求，息税前利润的计算应剔除利息的影响，包括建设期利息对折旧的影响。但这样将会出现两个折旧和两个息税前利润。简便起见，当建设期利息占总投资比重较小时，可按利润表中的息税前利润计算调整所得税。

所得税前和税后的现金流入量完全相同，但现金流出量略有不同，所得税前分析不将所得税作为现金流出，所得税后分析将所得税视为现金流出。

项目投资现金流量表不考虑项目的融资方案，主要用于方案比选和初步投资决策。如果分析结果表明项目效益符合要求，再考虑融资方案，进一步进行分析；如果分析结果不能满足要求，可修改方案设计，完善项目方案，必要时甚至可以作为放弃方案的依据。

（二）资本金现金流量表

资本金现金流量表是在考虑项目融资方案的基础上，以项目投资者的出资额作为计算依据，从项目权益投资者整体的角度出发，考察项目自有资金盈利能力的表格形式，见表 4-10。

表 4-10　项目资本金现金流量表　　　　　　　单位：万元

序　号	项　　目	合　　计	计算期					
			1	2	3	4	⋯	n
1	现金流入							
1.1	现金流出							
1.2	补贴收入							
1.3	回收固定投资							
1.4	回收流动资金							
2	现金流出							
2.1	项目资本金							
2.2	借款本金偿还							
2.3	借款利息支出							
2.4	经营成本							
2.5	营业税金及附加							
2.6	所得税							
2.7	维持运营投资							
3	净现金流量（1－2）							

计算指标：资本金财务内部收益率（％）

注：① 项目资本金包括用于建设投资、建设期利息和流动资金的资金。
　　② 对外商投资项目，现金流出应增加职工奖励及福利基金科目。
　　③ 本表适用于新设法人项目与既有法人项目的增量和"有项目"的现金流量分析。

（1）资本金现金流量表中现金流入项与"项目投资现金流量表"完全相同。

（2）从项目投资主体的角度看，投资借款是现金流入，但借款作为项目投资时也看作现金流出，二者相抵消，对项目净现金流量无影响，因此，表中投资只有项目自有资金。由于现金流入是项目全部投资所得，所以需要将借款本金偿还及借款利息支付计入现金流出。

资本金现金流量表中的净现金流量表示纳税还本付息后的剩余，计算出的资本金内部收益率反映投资者整体权益的盈利能力，体现了一定的融资方案下，投资者整体获得的权益性收益水平。该指标可用于对融资方案进行比选，是投资者做出融资决策和最终出资决策的依据。

（三）投资各方现金流量表

投资各方现金流量表是分别以投资各方的出资额作为计算基础，反映投资各方投资盈利能力的表格形式，如表 4-11 所示。

表 4-11　投资各方现金流量表　　　　　　　　　　　单位：万元

序　号	项　　目	合　　计	计算期					
			1	2	3	4	···	n
1	现金流入							
1.1	实分利润							
1.2	资产处置收益分配							
1.3	租赁费收入							
1.4	技术转让或使用收入							
1.5	其他现金收入							
2	现金流出							
2.1	实缴资本							
2.2	租赁资产支出							
2.3	其他现金流出							
3	净现金流量（1−2）							

计算指标：投资各方内部收益率（%）
注：本表可按不同投资方分别编制。

投资各方的内部收益率反映了投资各方的收益水平。一般情况下，投资各方按股本比例分配利润和分担亏损及风险，因此投资各方的利益一般是均等的，没必要计算各方的内部收益率。只有在投资者中各方有股权之外的不对等利益分配时，投资各方的收益率才会有差异。此外，不按比例出资和分配的合作经营项目，投资各方的收益率也会有差异。此时，计算投资各方的内部收益率，可以看出投资各方收益的不均衡性是否在合理水平上，有助于促成投资各方达成平等互利的投资方案，进而确定是否值得投资。

二、利润与利润分配表

利润与利润分配表是反映项目计算期内各年的利润总额、所得税及净利润的分配情况，用以计算总投资收益率和项目资本金利润率等静态财务分析指标的表格，如表 4-12 所示。

表 4-12　利润与利润分配表　　　　　　　单位：万元

序号	项目	合计	计算期					
			1	2	3	4	...	n
1	营业收入							
2	营业税金及附加							
3	总成本费用							
4	补贴收入							
5	利润总额（1－2－3＋4）							
6	弥补以前年度亏损							
7	应纳所得税额（5－6）							
8	所得税							
9	税后利润（5－8）							
10	期初未分配利润							
11	可供分配利润							
12	提取法定公积金							
13	可供投资者分配的利润（11－12）							
14	应付优先股股利							
15	提取任意公积金							
16	应付普通股股利（13－14－15）							
17	各投资方利润分配 其中：××方 　　　××方							
18	未分配利润（13－14－15－17）							
19	息税前利润 （利润总额＋利息支出）							
20	息税折旧摊销前利润 （息税前利润＋折旧＋摊销）							

　　按规定，企业发生的年度亏损，可以用下一年度的税前利润等弥补；不足弥补的，可以在五年内继续弥补；仍然不足的，可用税后利润弥补。税后利润按照法定公积金、应付利润及未分配利润等项依次进行。表中法定公积金在税后利润扣除用于弥补损失的金额后按 10% 提取，公积金达注册资金 50% 时可以不再提取。

三、借款还本付息表

　　借款还本付息表（表 4-13）包括两大部分，即各种债务的借款及还本付息和偿还各种债务本金的资金来源。在借款尚未付清的年份，当年偿还本金的资金来源等于本年还本的数额；在借款已经还清的年份，当年偿还本金的资金来源等于或大于本年还本的数额。

表 4-13　借款还本付息表　　　　　　　　　单位：万元

序　号	项　目	合　计	计算期					
			1	2	3	4	…	n
1	借款 1							
1.1	期初借款余额							
1.2	当期还本付息 其中：还本 付息							
1.3	期末借款余额							
2	借款 2							
2.1	期初借款余额							
2.2	当期还本付息 其中：还本 付息							
2.3	期末借款余额							
3	债券							
3.1	期初借款余额							
3.2	当期还本付息 其中：还本 付息							
3.3	期末债务余额							
4	借款和债券合计							
4.1	期初余额							
4.2	当期还本付息 其中：还本 付息							
4.3	期末余额							
计算 指标	利息备付率/（%）							
	偿债备付率/（%）							

　　注：① 本表与"建设期利息估算表"可合二为一。

　　② 本表直接适用于新设法人项目，如有多种借款和债券，不必要时应分别列出。

　　③ 对于既有法人项目，在按有项目范围进行计算时，可根据需要增加项目范围内原有借款的还本付息计算；在计算企业层次的还本付息时，可根据需要增加项目范围外借款的还本付息计算；当简化直接进行项目层次新增借款还本付息计算时，可直接按新增数据进行计算。

　　④ 本表可另加流动资金借款的还本付息计算。

四、资产负债表

　　资产负债表反映项目计算期内各年年末资产、负债和所有者权益的增减及对应关系，以考察项目资产、负债、所有者权益的结构是否合理，用以计算资产负债率、流动比率及速动比率，进行偿债能力分析。资产负债表编制的依据为："资产＝负债＋所有者权益"，如表 4-14 所示。

表 4-14　资产负债表　　　　　　　　　单位：万元

序　号	项　目	合　计	计算期					
			1	2	3	4	…	n
1	资产							
1.1	流动资产总额							
1.1.1	货币资金							
1.1.2	应收账款							
1.1.3	预付账款							
1.1.4	存货							
1.1.5	其他							
1.2	在建工程							
1.3	固定资产净值							
1.4	无形及其他资产净值							
2	负债及所有者权益 (2.4+2.5)							
2.1	流动负债总额							
2.1.1	短期借款							
2.1.2	应付账款							
2.1.3	预收账款							
2.1.4	其他							
2.2	建设投资借款							
2.3	流动资金借款							
2.4	负债小计							
2.5	所有者权益							
2.5.1	资本金							
2.5.2	资本公积							
2.5.3	累计盈余公积							
2.5.4	累计未分配利润							

计算指标：资产负债率（％）

注：① 资产由流动资产、在建工程、固定资产净值和无形及其他资产净值四项组成。流动资产来自"流动资金估算表"；固定资产净值和无形及其他资产净值取自"固定资产折旧费估算表"和"无形及其他资产摊销估算表"。

② 负债包括流动负债和长期负债。流动负债中的应付账款数据来自"流动资金估算表"。流动资金借款和其他短期借款两项流动负债及长期借款均指借款余额，需要根据"资金来源与运用表"中的对应项及相应的本金偿还项进行计算。

③ 所有者权益包括资本金、资本公积金、累计盈余公积金及累计未分配利润。其中，累计未分配利润可直接由"利润及利润分配表"中取得；累计盈余公积金也可以由"利润及利润分配表"盈余公积金项计算各年的累计值，但应根据有无用盈余公积金弥补亏损或转增资本金的情况进行相应调整。资本金为项目投资中累计自有资金（扣除资本溢价），当存在资本公积金或盈余公积金转增资本金的情况时应进行相应调整。资本公积金为累计资本溢价及赠款，转增资本金时应进行相应调整。

第六节　本章小结

　　财务评价是在国家现行财税制度和价格体系的前提下，从项目的角度出发，预测估计项目的财务效益与费用，编制财务报表，计算财务评价指标，分析考察项目财务盈利能力、偿债能力和财务生存能力，据以评价和判定项目在财务上的可行性，为项目的投资决策、融资决策以及银行审贷提供依据。

　　财务评价的主要目标是分析项目的盈利能力、偿债能力和财务生存能力。投资项目财务分析的具体程序为：财务基础数据的搜集；编制财务报表；计算与分析财务评价指标；进行不确定性分析与风险分析；编写财务评价报告。

　　财务分析的主要报表有现金流量表、利润与利润分配表、资产负债表和借款还本付息表等。

　　现金流量表是反映项目在计算期内各年发生的现金流入、现金流出和净现金流量的计算表格。按照不同的计算基础，项目现金流量表分为：项目投资现金流量表、项目资本金现金流量表和投资各方现金流量表。现金流量表的主要作用是计算各种静态和动态指标，如财务内部收益率、财务净现值和投资回收期等技术经济指标，对项目进行盈利能力分析。

　　利润与利润分配表是反映项目计算期内各年的利润总额、所得税及净利润的分配情况，用以计算总投资收益率和项目资本金利润率等静态财务分析指标的表格。

　　借款还本付息估算表是反映项目借款偿还期内借款、还本付息和可用于偿还借款的资金来源情况，用以计算借款偿还期或者偿债备付率和利息备付率指标，进行偿债能力分析的表格。

　　资产负债表反映项目计算期内各年年末资产、负债和所有者权益的增减变化及对应关系，以考察项目资产、负债、所有者权益的结构是否合理，用以计算资产负债率、流动比率及速动比率，进行偿债能力分析。

　　根据是否考虑资金的时间价值，反映项目盈利能力的指标分为静态分析指标和动态分析指标。静态指标主要包括：总投资收益率、项目资本金净利润率和投资回收期等。静态盈利能力指标可根据"建设投资估算表"、"利润与利润分配表"和"现金流量表"中的有关数据计算。动态盈利能力指标主要包括财务净现值、财务内部收益率等指标。这些指标可根据"财务现金流量表"计算得出。

　　项目偿债能力分析，应根据有关财务报表计算反映偿债能力的指标，包括借款偿还期、利息备付率和偿债备付率等。

关键概念

财务评价　基准折现率　财务净现值　财务内部收益率　财务现金流量表
净现金流量

复习思考题

1. 财务分析的主要目标是什么？
2. 财务分析的主要程序是什么？
3. 财务盈利能力分析的主要指标有哪些？
4. 财务净现值指标的优缺点有哪些？
5. 财务净现值与折现率有什么联系？
6. 财务内部收益率有哪些优缺点？
7. 反映项目偿债能力的指标有哪些？
8. 盈利能力分析主要用到哪些财务报表？
9. 某项目第一年初投资 100 万元，第二年初投资 150 万元，第三年投资 200 万元，此后连续 8 年，每年净收 160 万元，残值不计，在基准收益率为 8% 时，试计算项目的财务净现值和财务内部收益率，并判断项目是否可行。

第五章 工程项目资金筹措与资金成本

本章摘要：在工程项目管理中，资金筹措是一项重要内容。资金筹措又称融资，是以一定的渠道为某种特定活动筹集所需资金的各种活动的总称。本章主要介绍资金筹措的渠道、方式以及资金成本的计算方法。通过学习，要求读者理解项目融资的概念及与传统融资的区别，重点掌握资金筹措的方式和各种资金成本的计算。此外，本章简要介绍了项目融资的风险分析，以使读者能对资金筹措有更为全面深刻的理解。

第一节 工程项目资金筹措概述

资金筹措又称融资，是以一定的渠道为某种特定活动筹集所需资金的各种活动的总称。在工程项目的经济分析中，融资可以这样理解：为项目投资而进行的资金筹措行为或资金来源方式。

一、资金筹措的原则

在项目进行融资之前，有必要明确工程项目资金筹措的基本原则。

（一）合理确定资金需求量，力求提高筹资效果

无论通过什么渠道、采取什么方式筹集资金，都应首先确定资金的需求量。这就是说筹集的资金有一个"度"的问题。资金不足会影响项目的正常建设和运营，不利于项目发展；资金过多又会影响资金使用的效率和效果，造成资源的浪费。因此，在实际的工程项目经济分析中，必须采取科学的方法预测和确定项目资金的需求量，尽可能避免资金不足或过剩，提高资金的使用效率。

（二）认真选择资金来源，力求降低资金成本

项目筹措资金可以采用多种融资渠道和方式，而它们的融资难易程度、资金成本和风险也各不相同。但无论采取哪种方式，都需要付出一定的代价，包括资金筹集费用和资金占用费用，这个代价可以理解为筹措资金的机会成本。因此，投资者应从自身实际条件出发，尽可能选择资金来源可靠、资金成本较低的筹措方式。

（三）适时取得资金，保证资金投放需要

筹集资金要有时间上的安排，这取决于投资的时间。合理安排筹资与投资，可以使其在时间上相互衔接，避免取得资金过早而造成资金的闲置或取得资金滞后造成投资机会的耽搁。适时取得资金，可以有效地控制资金成本，尽可能提高资金的利用效率。

（四）适当维持自有资金比例，正确安排举债经营

自有资金即由投资者自身支付的投资额。举债经营即项目通过借债获取资金开展建设和经营活动。举债经营有利有弊，利处在于借款利息可以在所得税前计入总成本费用，对净利润影响不大，因而能够提高自有资金的收益水平。但负债的多少必须与项目的偿债能力相适应，如果负债过多，项目未来的收益不足以偿还债务，这个项目就很难获得债务资金，即使获得资金也会有很大的财务风险，面临丧失偿债能力而破产的危机。因此，项目法人一方面要利用举债经营的积极作用，另一方面又要保持合理的资金结构，以提防财务风险。

二、项目筹措资金的种类

一般来说，资金筹措的种类主要有以下几种。

（一）按照融资的期限，可以分为长期融资和短期融资

长期融资，是指企业为满足因构建固定资产、无形资产或进行长期投资等活动产生的资金需求而筹集的、使用期限在一年以上的融资。长期融资通常采用吸收直接投资、发行股票、发行长期债券或进行长期贷款等方式进行融资。

短期融资，是指企业因季节性或临时性资金需求而筹集的使用期限在一年以内的融资。短期融资一般通过商业信用、短期借款和商业票据等融资方式进行融资。

工程项目的投资主要由建设期投资、建设期投资利息和流动资金三部分构成。对于建设期投资及其利息，由于项目的建设时间较长，这种特性决定了资金应依靠长期融资解决；对于流动资金，一般可分为两类来考虑：

（1）永久性流动资金。这是企业生产经营所必需的、无论业绩高低都要保持的流动资金，一般通过长期融资解决。

（2）临时性流动资金。这是为了应对突如其来的经营利好或者预料之外的企业危机，企业临时性需要的流动资金，这种性质决定其应通过短期融资解决。

（二）按照融资的性质，可以分为权益融资和负债融资

权益融资，是指以所有者的身份投入非负债性资金的方式所进行的融资。权

益融资形成企业的所有者权益和项目的资本金。权益融资在我国项目资金筹措中具有强制性，投资者必须按照我国有关经济法律、法规规定的比例认缴项目资本金，不允许"无本项目"的存在。一般来说，权益融资的特点主要有：

（1）权益融资的资金是一种永久性资金，没有到期日也无需归还。

（2）权益融资的资金没有固定的按期还本付息的压力，项目法人的融资风险较小。

（3）权益融资是负债融资的基础。权益融资占融资总额的比例较高，可以表明项目法人拥有较强的经济实力，这可以为偿债提供保障，减少债权人的顾虑，从而增强项目法人的举债能力。

根据国家有关规定，项目资本金来源可以是货币资金，也可用实物、工业产权、非专利技术、土地使用权作价出资。作为资本金来源的实物、工业产权、非专利技术、土地使用权，必须经过有资质的资产评估机构依照法律、法规进行评估作价，不得故意高估或低估。以工业产权、非专利技术作价出资的比例不得超过投资项目资本金总额的 20%，国家对采用高新技术成果有特别规定的项目除外。

负债融资，是指通过负债方式筹集各种债务资金的融资形式。负债融资是工程项目资金筹措的重要形式，国家规定项目法人在利用负债资金建设项目时，在经营期内必须按时还本付息。负债融资的特点主要体现在：

（1）负债融资在使用上有时间限制，到期必须按时偿还。

（2）无论项目经营好坏，都必须支付债务利息，从而形成项目法人的财务负担。

（3）负债融资的资金成本通常比权益融资低，而且负债融资不会分散项目法人的控制权。

债务资金主要通过在金融市场上进行负债性融资来解决。债务资金按其使用期限可以分为短期债务（一年及一年以下）、中期债务（一年以上至五年）和长期债务（五年以上）。

（三）按照融资的来源不同，可以分为境内融资和境外融资

境内融资包括国内商业银行贷款、政策性银行贷款、发行公司债券、可转换债券、股票及其他产权融资方式。境外融资即利用外资，主要包括成立中外合资经营企业、中外合作经营企业、外商独资企业等国际直接投资融资方式，在海外发行股票、债券、基金等证券融资方式，利用外国政府贷款、国际金融组织贷款、国际商业银行贷款、国际出口信贷、国际融资租赁等信贷融资方式，以及补偿贸易、对外加工装配等方式。

（四）按照不同的融资结构，可以分为传统融资方式和项目融资方式

传统融资方式是指投资项目的业主利用其自身的资信能力为项目安排的融资。在传统方式下，投资者将项目与项目业主作为一个整体看待，以其资产负债情况、盈利水平、现金流量状况等作为依据决定是否投资。

项目融资是指为某种资金需求量巨大的投资项目而筹集资金的活动，以负债作为资金主要来源。在这种融资方式下，项目融资方以项目本身具有的吸引力和项目建成并投入使用后预期的现金流量作为偿债资金的来源，而不是以项目业主的信用或有形资产作为担保来获得贷款；同时，只将项目的资产作为抵押，与项目业主的其他资产没有关联。因此，项目融资具有无追索权或有限追索权的特点，加之项目融资往往需要的资金量非常大，其风险比传统融资方式要大得多。

项目融资是 20 世纪 70 年代兴起的适用于基础设施、能源、公用设施、矿产资源开发和其他大中型项目的一种新型筹资手段。这些项目投资金额巨大，但通常具有良好的市场前景和充足的现金收益，因此对于那些经济快速增长、建设资金缺乏而又具有许多前景良好的投资项目的发展中国家而言，项目融资方式具有重要意义。项目融资以投资项目的产出作为保证，可用较少的资本金获得数额大得多的贷款，可以有效地解决特大项目投资资金不足的问题，这也是项目融资得以广泛发展的重要原因。

由此可见，传统融资和项目融资方式有着很大的不同。通过一个例子，可以更好地理解二者的差异。假设甲公司是一家经营化工、钢铁、地产、旅游等多种行业的集团公司。由于建筑市场繁荣，对钢材的需求量大，甲公司决定新建一家钢铁厂 A，并拟从金融市场上筹集资金。在这种情况下，甲可以采取两种方式：第一种方式，甲以整个集团公司作为担保筹集资金，借来的款项用于钢铁厂 A 的建设，以整个集团公司的收益作为偿债资金的来源。如果钢铁厂 A 的项目投资失败，债权人可以向甲公司提出偿还要求，即债权人对甲公司具有完全追索权。第二种方式，甲公司将借来的资金用于钢铁厂 A 的建设，但仅以项目 A 建成后生产经营的收益作为偿债资金的来源。如果项目 A 投资失败，债权人只能通过清理 A 的资产收回一部分贷款，而不能要求甲公司从别处偿还贷款，即债权人无追索权；或者在签订贷款协议时，只要求甲集团公司把特定的一部分资产作为贷款担保，这时债权人对甲公司具有有限追索权。

可以看出，第一种方式是传统的融资方式，而第二种是项目融资方式。项目融资是将归还贷款资金来源限定在特定项目的收益和资产范围之内的融资方式，项目融资同传统融资的区别如图 5-1 所示。

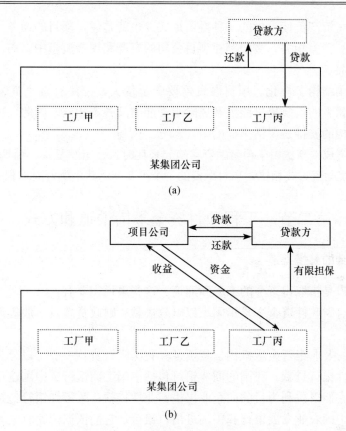

图 5-1　项目融资与传统融资的区别

(a) 传统融资；(b) 项目融资

由此可见，项目融资的主要特点是：

（1）项目导向。项目融资主要依赖于项目本身的现金流量和资产，而不依赖于项目业主或发起人的资信。项目融资通常可以获得高达 60%～70%的贷款比例，贷款期限也可以根据项目的具体需要和经济寿命期来安排，一般比商业贷款期限长。有关实例表明，有些项目贷款期限可达 20 年之久。

（2）有限追索。追索是指在债务人未按期偿还债务时，债权人要求债务人用除抵押资产之外的其他资产偿还债务的权利。可以说，债权人的追索形式和程度大小，是区分传统融资和项目融资的重要标志。

（3）风险分担。进行项目融资的项目通常资金需求量大，具有很大的风险，再加上债权人仅有有限追索权甚至无追索权，这就需要以某种形式将与项目相关的各种风险要素进行分担，以降低债权人的风险。这种分担可以在项目借款人、贷款人和与项目有直接或间接利益关系的其他参与者之间进行。

（4）非公司负债性融资。这是指项目的债务不表现在项目投资者（即项目借款人）的公司资产负债表中的一种融资形式。也就是说，项目的债务偿还只与项目本身的盈利能力相关，被限制在项目公司的资产和现金流量中，而与借款人的公司经营无关。

（5）信用结构多样化。项目融资需要资金量大，往往有多个资金提供方参与，这些贷款者的资金提供能力和风险承受能力又各不相同。因此，用于支持贷款的信用结构的安排是灵活多样的。

（6）融资成本高。由于项目融资实施起来耗时长、组织复杂、前期工作量大，因此，同传统融资方式相比，项目融资的一个主要问题就是融资成本相对较高。

第二节　工程项目资金筹措渠道和方式

一、项目资金的筹措渠道

筹资渠道是指取得资金的来源和通道。这些渠道主要有：

（1）政府财政性资金。是指国家以财政拨款、财政贷款及入股等形式向企业投入的资金。

（2）银行及非银行金融机构信贷资金。我国银行贷款一般可以分为商业银行贷款和政策性银行贷款。我国的商业银行包括中国工商银行、中国建设银行、招商银行等，它们以盈利为目的向企业提供商业性贷款；政策性银行包括中国国家开发银行、中国农业发展银行和中国进出口银行，它们依据国家有关政策，向特定的企业提供政策性贷款；非银行金融机构是指由各级政府主办或民间成立的其他金融机构，主要有信托投资公司、租赁公司、保险公司等。目前，这些金融机构在我国得到了很快的发展，是企业筹集资金的重要渠道。

（3）证券市场资金。这是指企业通过发行股票、债券等金融产品在证券市场上筹集的资金。证券市场一般可以筹集到比银行贷款数额更大的资金，但是对筹资主体的资质要求较为严格，发行股票也会分散上市公司的控制权。同时，债券具有按期计息、按时还本付息的特点，这会给企业的经营带来一定的财务风险。如果这种风险可以得到有效控制，企业就会获得较高的资本金收益率，从而提高资金的使用效率。随着我国现代企业制度的建立和证券市场的不断发展和完善，证券市场已经成为企业筹集资金最主要的渠道之一。

（4）企业内部资金。这是企业税后净利润提取法定盈余公积金并支付股利后的余额，是企业自身的储蓄。通常这部分资金可用来向企业内部追加投资、发展生产。

（5）其他法人单位资金。这是指有闲余资金的企业通过入股、购买债券及各种商业信用等投资到其他企业的资金。它有利于促进企业之间按市场规则建立经济联系，扩大企业的经营范围，实现企业的战略目标。这种资金渠道具有较好的发展前景。

（6）民间资金。这是指社会上的闲散资金，主要存放于个人。企业可以通过发行股票等方式向社会筹集闲散资金。由于我国人民储蓄倾向较强，个人闲散资金较多，如果能够充分利用这部分资金，可以减轻银行贷款的压力，给企业带来充足的资金量，因此这是很有发展前景的一种筹资渠道。由于利用民间资金涉及人民的切身利益，国家必须对筹资企业进行严格的资质审查和监管。

（7）境外资金。境外资金主要包括外国商业银行贷款、外国政府贷款、国际金融机构贷款以及我国企业在证券市场上筹集的国外资金等。此外，还可以利用国外投资者的直接投资形成中外合资企业、中外合作企业、外商独资企业等企业形式。随着我国经济的发展和全球化进程的不断加快，越来越多的外国资本涌入我国，为我带来了充足的资金和先进的生产管理技术。但是，外国资本同样会冲击我国的金融市场，控制我国经济的某些行业领域，因此政府必须对其加以严格监管，利用外资的同时更要警惕风险。

二、项目资金的筹措方式

资金筹措方式是指取得资金的具体形式。目前我国主要的资金筹集方式主要有以下几种。

（一）商业性银行贷款融资

1. 国内商业银行贷款

按照《贷款通则》的规定，我国商业银行贷款有多种分类。根据承担风险的主体不同，可分为自营贷款、委托贷款和特定贷款；根据贷款期限的不同，可分为短期贷款、中期贷款和长期贷款；根据贷款的担保情况，可分为信用贷款、担保贷款、抵押贷款、质押贷款和票据贴现贷款等。

我国制度规定，申请商业性贷款，应当具备产品有市场、生产经营有效益、不挤占挪用信贷资金和恪守信用等基本条件。

2. 国际商业银行贷款

国际商业银行有两种提供贷款的方式：第一种是小额贷款，由一家商业银行独自贷款；第二种是贷款金额较大时，一般由几家甚至几十家商业银行组成银团进行贷款，又称"辛迪加贷款"或国际银团贷款。

"辛迪加贷款"一般由一家或几家声望较高的大银行带头，吸收若干中小银行参加，由牵头银行与各银行协商分配贷款的份额。这种贷款方式可以分散风险，因此对于数额较大的贷款，大多数都采用"辛迪加贷款"的方式。

3. 国际出口信贷

这是指以出口国政府作为后盾，通过银行对出口贸易提供的信贷。世界各国为支持和扩大本国出口，通过对本国出口信贷给予利息补贴并提供担保的方法，鼓励本国商业银行对本国出口商或外国进口商（或银行）提供较低利率的贷款，以解决买方支付的需求。对于出口贸易中金额较大、付款期较长的情况，如成套设备的进口，经常使用出口信贷。

出口信贷按接受对象的不同分为买方信贷和卖方信贷。买方信贷是出口方银行直接向进口商或进口方银行提供的商业信贷。卖方信贷是出口方银行向本国出口商提供的商业信贷，也是出口商向国外进口商提供延期付款的一种信贷方式。

（二）政策性贷款融资

1. 国家政策性银行贷款

国家政策性银行贷款是指我国的政策性银行，包括中国国家开发银行、中国农业发展银行和中国进出口银行发放的贷款。政策性贷款一般期限较长、利率较低，并配合国家有关产业政策的实施，采取各种优惠政策。

中国国家开发银行通过贯彻国家宏观经济政策和发挥宏观调控职能，在关系国家经济发展命脉的基础设施、基础产业和支柱产业等重大项目及配套工程建设中发挥着长期融资的作用。中国农业发展银行以国家信用为基础，承担国家规定的农业政策，通过筹集农业政策性信贷资金为我国农业和农村的经济发展服务。中国进出口银行专营国家政策性出口信贷业务，包括出口卖方信贷和出口买方信贷，主要承担支持我国机电产品和成套设备的出口信贷业务。

2. 外国政府贷款

外国政府贷款是指外国政府向发展中国家提供的长期优惠性贷款。这种贷款具有政府间开发援助的性质，其赠与成分（即与市场条件利率和偿还期相比较而计算出的贷款的优惠程度）一般可达 35％以上。外国政府贷款的特点主要是：第一，期限长、利率低，带有援助性质，一般年利率在 2％～4％，还款期限最长可达 50 年；第二，贷款一般以混合方式提供，即贷款多为出口信贷和政府贷款的混合；第三，贷款一般都限定某种用途，如指定用于某个项目的建设；第四，审批手续较为复杂。

3. 国际金融组织贷款

国际金融组织主要有国际货币基金组织（IMF）、世界银行（WB）、亚洲开发银行（ADB）、泛美开发银行（IDB）、欧洲复兴开发银行（EBRD）等。这些国际金融机构由许多国家政府参加，并向特定的对象国政府提供优惠性的贷款，是一种官方资本来源。目前向我国提供贷款的国际金融机构主要有国际货币基金组织、世界银行和亚洲开发银行等。

（三）债券融资

1. 国内公司（企业）债券

债券融资是建设项目筹集资金的主要形式之一。发行公司债券必须符合法律规定的发行资格。目前我国企业债券融资的法律依据是《企业债券管理条例》，公司债券融资的法律依据是《中华人民共和国公司法》（以下简称《公司法》）。我国《公司法》规定，利用公司债券融资必须是股份有限公司、国有独资公司和两个以上的国有企业或者其他由两个以上的国有投资主体投资设立的有限责任公司。

2. 可转换债券

可转换债券是指在规定期限内的任何时候，债券持有人可以按照发行合同指定的条件把所持债券转换成发行企业的股票的一种债券。可转换债券具有一般债券的特点，它可以在市场上出售，如果股价上涨，持有者可以把它换成股票，从股市中获利；当股价下跌时，持有者可以保留债券以获取利息，避免股市低迷可能带来的损失。与股票和普通债券相比，可转换债券具有很大的灵活性，给投资者带来了更大的选择余地。

3. 国际债券

国际债券是由一国政府、金融机构、企业或国际组织为筹措资金而在国外证券市场上发行的、以某种货币为面值的债券。国际债券也称为海外债券，包括外国债券和欧洲债券，主要形式有一般利率债券、浮动利率债券、固定利率债券、授权债券和复合利率债券等。

4. 海外可转换债券

这是指向国外发行的可转换债券。海外可转换债券也是允许持有人在规定时间内，按规定的价格将债券转换为企业普通股的债券，它具有债券和股票的双重性质。

债券融资的优点是：第一，资金成本低。债券融资的成本一般比股票融资要低，这是因为债券的发行费用较低，而且利息可在所得税前支付。第二，不会分散公司的控制权。债券融资只形成债权债务关系，不涉及企业的股权结构，债券持有人无权干涉企业的经营管理，因而也不会影响企业的控制权。第三，可以发挥财务杠杆的正面作用。无论公司盈利多少，债券持有人只能收回固定的利息，若企业仍有较多收益，可分配给股东或者留在企业用以发展生产。

债券融资的缺点主要是：第一，融资风险高。企业采取债券融资，无论经营业绩好坏都必须按时还款付息，这构成了企业的财务负担。如果企业资产负债率过大就会对企业造成不利影响，甚至有破产的危险。第二，筹资数额有限。我国法律规定企业利用债券筹资有一定的限度，当公司的负债比率超过一定程度后就会使债券筹资的成本迅速上升，可能导致债券发行不出去。第三，限制条件多。企业利用债券融资的资金门槛一般较高，审批时间长，而且资金的用途也有严格的限定。

（四）股票融资

股票融资是指股份有限公司通过在证券市场上发行股票而进行的融资。主要有以下几种方式。

1. A股融资

按照我国有关规定，企业可以发行人民币普通股票（A股）进行融资。A股是股份有限公司发行的无特别权利的股份，也是最基本、最标准的股份。

2. B股融资

B股是在中国证券市场上市的面向境外投资者发行的以人民币计价、外币买卖的特种普通股票。它仅提供给境外或境内的外国投资者用外币参与投资，且只能在外国投资者之间进行转让。我国企业通过发行B股既可以获得长期稳定的境外资本，也能够进入国际市场以吸引境外投资者的投资。

3. 海外上市融资

我国境内企业到海外证券交易所上市，一方面可以方便地筹集国外资金，另一方面也能大大提高我国企业的国际声誉和地位，有利于提高我国民族品牌的世界知名度。这种融资方式是我国证券市场国际化的重大突破，也是本土企业实现全球化经营战略的重要手段。

4. 借壳上市融资

借壳上市融资是指与海外交易所某一上市公司达成协议，双方进行合并，上市公司增发股份并与境内企业换股，境内企业即成为海外上市公司的附属企业，而境内企业的原有股东因换股而持有上市公司的股份。这些新增的股份可在海外交易所上市并转让。

同借壳上市相类似的方法是买壳上市。这是指一些未上市的公司通过收购一些已经上市但规模小、效益差或股价很低的企业的部分或全部股权，重新注入资产和业务，借以取得上市资格。国内一些实力较强、效益较好的国有大中型企业，通过收购香港公司在香港市场上融资，这不仅可以避免内地企业到香港上市时由于制度差异引起的诸多不便，还可以通过香港这一国际金融中心为国内企业引进资金、先进技术和管理经验，为内地企业未来的跨国经营打下基础。

股票融资的优点主要是：第一，股票市场融资可为企业发展提供永久性资金。股票融资的资金没有到期日，也不需要还本付息，这使得企业不必受到债务负担的限制，对维持企业长期稳定发展具有重要意义。第二，发行股票筹资没有固定的股利负担，股利的支付是由公司的经营需要和盈利水平决定，经营波动给公司带来的财务风险较小。第三，股票融资是上市公司获得资金来源的最基本形式，它可以反映公司的实力，并为其他融资方式提供保障，有利于获得其他渠道的资金。第四，股票的预期收益一般较高，这也在一定程度上抵消了通货膨胀的风险，因此相比于债券，发行股票更容易筹集到资金。最后，股票融资有助于提升企业的形象。媒体会给予上市公司更多的关注，因而公司的产品和相关信息能够得到广泛的宣传，这可以大大提升上市公司的知名度，为公司未来的发展打下良好基础。

同时，股票融资也有很大的缺点，主要是：第一，融资费用较高。企业上市需要应对的环节较多，整个过程会与会计师事务所、律师事务所、资产评估师事务所、证券承销商、证券交易所等机构发生大量商务往来，需要支付高昂的中间费用。同时，股利分配是在缴纳所得税之后支付的，没有避税的作用，因此股票融资成本较高。第二，股票比债券的风险大得多，投资者必须做好承受风险的准备，但高风险也往往伴随着高收益。第三，可能会失去公司的控制权。股东购买上市公司的股票就会获得一定的企业控制权，因此上市公司的控制权有分散的风险，对于中小企业而言，其控制权很容易被大股东夺走。第四，上市公司受到的监管更为严格。上市公司必须按规定定期向投资者提供有关企业财务数据、高层变更等重要信息，同时要履行更多的社会责任和义务，受到政府部门和公众的实时监督。

（五）项目融资

项目融资的方式有很多种，如 BOT、ABS、BOOT、PPP 等，下面简要介绍前两种方式。

1. BOT 融资

BOT 是英文 build-operate-transfer 的缩写，即建设-运营-移交。在 BOT 融资方式中，政府将一个基础设施项目承包给私营部门（一般是外商投资机构）的项目公司，并给予项目公司一定期限的特许权，允许其在特许期内进行项目设计、融资、建设和运营。项目公司通过收取项目的使用费或服务费回收投资并取得合理利润。特许期结束后，该项目的所有权将无偿转交给当地政府。BOT 融资方式是政府和国外承包商合作经营项目的一种运作模式，主要用于收费公路、发电厂、污水处理、城市地铁等基础设施项目。

BOT 在 20 世纪 80 年代得到了快速发展，并衍生出许多新形式，如 BOO、BLT、BOOT 等。当前 BOT 在我国的新发展是 TOT 融资方式，主要用于电力行业，是指我国把已经投产的电站移交给外商经营，以电站未来若干年的现金流量为还款来源，一次性从外商处融得一笔资金，用于新电站的建设。

2. ABS 融资

ABS 是英文 asset-backed-securitization 的缩写，即以项目所属的资产为支撑的证券化融资方式。ABS 融资是在 BOT 融资的基础上发展起来的一种证券化的项目融资方式，它以项目所拥有的资产为基础，以项目资产带来的预期收益为还款保证，通过在资本市场上发行债券来募集资金。

ABS 融资由于能够以较低的资金成本筹集到期限较长、规模较大的项目建设资金，因而适用于那些投资规模大、建设周期长、资金回收慢的基础设施项目。在电信、电力、排污、环保、供水等领域的基本设施建设、维护和更新改造中，ABS 融资方式得到了广泛的应用。通过 ABS 方式融资的项目，其收入来源主要是协议合同指定的收入，如高速公路过路费、机场建设费、电力购买合同等。为了保证 ABS 债券有充足的按期还本付息能力，往往由多种不同的资产收入形式共同支撑某个特定项目的 ABS 债券。

（六）其他融资方式

1. 外商直接投资

外商直接投资主要有中外合资经营企业和中外合作经营企业等形式。中外合资企业是由中国投资者和外国投资者共同出资、共同经营、共负盈亏、共担风险的企业，其组织形式是有限责任公司。中外合资企业是一种股权式合营企业，按投资各方的出资比例分担盈利和风险。中外合作企业是由外国公司、企业和其他经济组织或个人同中国的公司、企业和其他经济组织在中国境内共同投资或提供合作条件成立的企业。中外合作企业是一种契约式合营企业，各方的权利和义务如提供合作的条件、利润或产品的分配、风险的分担、经营管理的方式、合同终止后的财产归属等问题，都在各方签订的合同中确定。合作经营的最大特点是合作方式较灵活，中方可以用土地等要素作为合作条件，以解决中方企业资金不足的问题。同时，外方也可在经营一段时间后先行回收投资，这对于外资也有很大的吸引力。

2. 贸易融资

贸易融资主要有补偿贸易和对外加工装配两种方式。补偿贸易是技术贸易、商品贸易和信贷相结合的一种利用外资的融资方式。它以外商直接提供或通过信贷购买设备提供给我国企业，我国企业以该设备或技术生产的产品分期偿还进口设备、技术的价款和利息。补偿贸易的方式主要有直接补偿、间接补偿、综合补偿、劳务补偿等。

对外加工装配是在信贷的基础上，由国外厂商提供原材料、辅助材料、零部件、式样、图案等，加工方根据对方要求的规格、质量、技术标准加工装配成成品和半成品，并按约定的标准收取加工费的一种方式。这是我国最早的对外经济合作方式之一，主要形式有来料加工、来样定做和来件装配。

3. 境外投资基金融资

境外投资基金融资是我国企业利用外资的重要方式之一，主要用于对我国的基础设施建设、基础产业开发、现有企业技术改造进行直接投资，可分为全球基金、地区基金、国家基金等。我国企业利用境外投资基金进行融资，一般是通过在境外发行中国产业投资基金的方式进行，即通过在海外设立并发行中国产业基金，募集到资金后投资于中国的产业项目。

4. 租赁融资

租赁融资是一种以金融、贸易和租赁相结合，以租赁物品的所有权与使用权相分离为特征的一种信贷方式。这种融资方式既不是直接放贷，也不同于传统的财产租赁，而是集融资和融物于一体，兼有金融和贸易双重职能的融资方式。租赁融资有经营租赁、融资租赁、售后租回、举债经营租赁和杠杆租赁等几种具体形式。其中，融资租赁是项目融资常用的方式，即由租赁公司购买承租人选定的设备，再将设备出租给承租人使用，承租人在一定期间内支付租金并最终获得设备的所有权。融资租赁可以在急需产品设备但缺少资金的生产企业和急于销售产品的设备制造商之间起到纽带作用，这适应了今天新技术和新工艺层出不穷、企业设备更新换代不断加快的经济发展趋势。

第三节　资金成本的计算

一、资金成本的概念

资金成本是指项目为筹集和使用资金而支付的费用，包括资金筹集费和资金占用费。资金筹集费是指资金筹集过程中支付的一次性费用，如承诺费、手续费、担保费、代理费等。资金占用费是指使用资金过程中发生的经常性费用，如银行借款利息、股息、债券利息等。资金成本的高低是判断项目融资方案是否合理的重要因素之一。

资金成本一般以相对数表示，以便于比较分析。项目使用资金所负担的费用同筹集资金净额的比率，称为资金成本率，一般将其通称为资金成本。

其定义式为

$$资金成本率 = \frac{资金占用费用}{筹集资金总额 - 筹集资金费用} \times 100\% \qquad (5.1)$$

一般也可用筹措费用率表示筹集资金费用，这是由于筹集资金费用一般与筹集资金总额成正比，因此该定义式可表示为

$$资金成本率 = \frac{资金占用费用}{筹集资金总额 \times (1 - 筹措费用率)} \times 100\% \qquad (5.2)$$

　　资金成本是资金使用者向资金所有者和中介机构支付的资金筹集费和占用费，由于资金的紧缺方和资金的盈余方通常不是一个主体，在经济活动中必然会出现资金紧缺方为了获得资金而发生的资金流动，这是市场经济条件下资金的所有权和使用权分离的结果。

　　资金成本的作用在于：

　　首先，资金成本是评价投资项目可行性的重要经济标准。它是衡量一个项目可行的最低收益率，如果项目的预期收益无法弥补资金成本，这个项目就无法被接受。

　　其次，资金成本是选择资金来源、设计融资方案的依据。融资渠道和方式多种多样，其资金成本也各不相同。资金成本的高低可以作为比较各种融资方式优劣的重要依据，但是不能把它作为唯一依据。

　　再次，资金成本是衡量企业经营业绩的一项重要标准。资金成本是企业从事生产经营活动必须获得的最低收益，因此可以将企业的资金成本与实际利润率相比较。如果实际利润率高于资金成本，可以认为企业的利润能够弥补因筹资而支付的费用，经营业绩较好；反之，企业经营则欠佳，应该加强和改善经营管理，提高经济效益。

二、资金成本的计算

　　前面讲到，资金成本一般以相对数表示，称之为资金成本率，计算公式为

$$K = \frac{D}{P - F} \quad \text{或} \quad K = \frac{D}{P(1 - f)}$$

其中，K 为资金成本率（一般通称为资金成本）；P 为筹集资金总额；D 为资金占用费；F 为筹集资金费用；f 为筹措费用率。

（一）各种融资方式的资金成本

　　各种融资方式的资金成本主要包括通过银行贷款、发行股票或债券等融资方式产生的资金成本。下面仅就几种主要的资金来源来说明其资金成本估算的基本方法。

　　1. 负债融资

　　负债融资的成本就是企业由于占用资金而需要支付的贷款利息。

　　1）银行贷款的融资成本

　　在考虑筹资费用的情况下，银行贷款的成本是指贷款利息和筹资费用。由于贷款利息计入税前成本费用，使得项目应税所得额减少从而少缴纳所得税，因此银行贷款的融资成本可以按照下列公式计算

$$K_l = \frac{I_l(1 - T)}{L(1 - F_l)} \tag{5.3}$$

或 $$K_l = \frac{R_l(1-T)}{1-F_l} \qquad (5.4)$$

其中，K_l 为银行贷款融资成本；I_l 为银行贷款年利息；T 为所得税税率；L 为银行贷款筹资额（借款本金）；F_l 为银行贷款筹资费用率；R_l 为银行贷款年利率。

【例 5-1】 某公司取得四年期长期贷款 3000 万元，年利率 10%，每年付息一次，到期一次还本，筹资费用率为 0.5%，公司所得税税率为 25%，则该项银行长期贷款的资金成本为

$$K_l = \frac{3000 \times 10\% \times (1-25\%)}{3000 \times (1-0.5\%)} = 7.54\%$$

或 $$K_l = \frac{10\% \times (1-25\%)}{(1-0.5\%)} = 7.54\%$$

当银行贷款的筹资费用（主要是借款的手续费）很小时，也可以忽略不计。在不考虑银行贷款筹资费用的情况下，银行贷款的资金成本为

$$K_l = R_l(1-T) \qquad (5.5)$$

其中，各符号意义同上。

2）债券融资成本

企业发行债券的成本主要是指债券利息和筹资费用。同银行贷款一样，企业的债券利息也是在所得税前支付的，这样也起到了抵税的作用。债券融资的成本一般比银行贷款要高，这是因为企业发行债券会发生一部分筹集费用（如发行手续费、注册费、印刷费、上市费等），一般不可忽略。因此，企业实际取得的资金要少于债券的票面金额。债券融资成本的计算公式为

$$K_b = \frac{I_b(1-T)}{B(1-F_b)} \qquad (5.6)$$

其中，K_b 为债券融资成本；I_b 为债券年利息；T 为所得税税率；B 为债券筹资额；F_b 为债券筹资费用率。

若债券溢价或折价发行，为了更精确地计算资金成本，应以其实际发行价格作为债券筹资额。

【例 5-2】 某公司发行面额为 5000 万元的 10 年期债券，票面利率 8%，发行费用率 5%，发行价格为 5500 万元，公司所得税税率为 25%，则该项债券融资的资金成本为

$$K_b = \frac{5000 \times 8\% \times (1-25\%)}{5500 \times (1-5\%)} = 5.74\%$$

【例 5-3】 上例中，其他条件不变，只是发行价格为 4500 万元，则该项债券融资的资金成本为

$$K_b = \frac{5000 \times 8\% \times (1-25\%)}{4500 \times (1-5\%)} = 7.02\%$$

2. 权益资本融资

权益资金的资金占用费是向股东分配的红利，是由所得税后的净利润来支付的，因此并不会减少企业应缴的所得税额，即没有抵税的作用。因此权益资金的融资成本不同于债务资金的融资成本，其主要区别在于计算时不能扣除所得税的因素。

1）普通股资金成本

计算普通股资金成本，通常采用"股利固定增长法"和"资本资产定价模型法"。

采用股利固定增长法时，由于普通股是根据公司每年的盈利情况决定向股东分派的股利，一般认为股利是逐年增长的，因此普通股资金成本的计算公式为

$$K_c = \frac{D_c}{P_c(1 - F_c)} + G \tag{5.7}$$

其中，K_c 为普通股融资成本；D_c 为普通股首期股利额；P_c 为普通股筹资额；F_c 为普通股筹资费用率；G 为普通股股利年增长率。

【例 5-4】 某公司发行总价格为 3000 万元的普通股，筹资费用率为 6%，第一年股利率为 10%，以后每年增长 7%，则该普通股融资的资金成本为

$$K_c = \frac{3000 \times 10\%}{3000 \times (1 - 6\%)} + 7\% = 17.64\%$$

采用资本资产定价模型法时，资金成本的计算公式为

$$K_c = R_c = R_f + \beta_i(R_m - R_f) \tag{5.8}$$

其中，R_c 为普通股成本；R_f 为无风险报酬率；R_m 为平均风险股票必要报酬率；β_i 为第 i 种股票的贝塔系数。

【例 5-5】 某一期间内，证券市场的无风险报酬率为 9%，平均风险股票必要报酬率为 16%。某股份公司普通股的 β 系数为 1.25，则该普通股的资金成本为

$$K_c = 9\% + 1.25 \times (16\% - 9\%) = 17.75\%$$

2）优先股资金成本

公司在筹资时，通常对优先股认购人给以某些优惠条件的承诺，优先股的优先权利最主要的是优先于普通股分得股利。企业发行优先股股票，同债券一样需要按约定的股息率定期支付股息，但是优先股股票没有预定的还本期，而且股息是以税后利润支付的，这是它有别于债券的地方。企业进行股利分配时，首先要支付优先股股利，利润如有剩余才可进行普通股股利的分配。优先股资金成本的计算公式为

$$K_p = \frac{D_p}{P_p(1 - F_p)} \tag{5.9}$$

或
$$K_p = \frac{P_p \times i}{P_p(1 - F_p)} = \frac{i}{1 - F_p} \qquad (5.10)$$

其中，K_p 为优先股融资成本；D_p 为优先股年股利额；P_p 为优先股筹资额；F_p 为优先股筹资费用率；i 为股息率。

【例 5-6】　某公司发行总面额为 2500 万元的优先股，按正常市场价格计算，筹资费用率为 4%，股息年利率为 13%，则优先股的资金成本为

$$K_p = \frac{13\%}{1 - 4\%} = 13.54\%$$

【例 5-7】　上例中，其他条件不变，总发行价格变为 3000 万元，则优先股资金成本为

$$K_p = \frac{2500 \times 13\%}{3000 \times (1 - 4\%)} = 11.28\%$$

3）企业留存盈余成本

企业留存盈余也称企业留存利润，是指企业支付所得税后，未以股利等形式发放给投资者而保留在企业的那部分盈利，包括盈余公积金和未分配利润。这部分资金的所有权属于股东，一般可用于企业发展生产，实质上相当于股东向企业追加的投资。股东将留存收益留用在企业，是想从中获得投资报酬，因此留存盈余也有融资成本，这就是股东失去的把这笔资金用于外部投资的机会成本。留存盈余成本的计算方法与普通股相似，只是不需考虑筹资费用。其计算公式为

$$K_r = \frac{D_c}{P_c} + G \qquad (5.11)$$

其中，K_r 为留存盈余成本；其他符号与普通股计算公式相同。

（二）综合资金成本

以上各项公式只是采取单一的融资方式时资金成本的计算方法，在实际生活中，一个项目为了减少风险通常会丰富融资渠道，获得多种资金来源。由于不同来源的资金其成本也不同，这就需要采用一种能够科学计算多种资金成本的方法。

综合资金成本也称加权平均资金成本，是以各种来源资金在总筹资额中所占比重为权数而形成的资金加权平均成本。其计算公式为

$$K_w = \sum_{j=1}^{n} K_j W_j \qquad (5.12)$$

其中，K_w 为综合资金成本；K_j 为第 j 种来源资金的资金成本；W_j 为第 j 种来源资金占全部资金的比重（权数）；n 为资金来源的种类。

在计算综合资金成本时，可按三个步骤进行：第一步，先计算个别资金成本；第二步，计算出各种资金来源占资金总额的比重即权数；第三步，利用公式

求出综合资金成本。

【例5-8】 某公司建设一座工厂，采取了多种融资方式，其中，银行贷款、债券和股票所占比重为50%、20%、30%，经测算三种融资方式的资金成本分别为5%、6.3%、8.6%，则综合资金成本为

$$K_w = 50\% \times 5\% + 20\% \times 6.3\% + 30\% \times 8.6\% = 6.34\%$$

第四节　融资风险分析

一、融资风险概述

工程项目融资方案分析中，为了使方案达到更好的效果，必须进行融资风险分析。从广义上讲，融资风险包括了项目的系统性风险和非系统性风险。系统性风险是指由那些影响整个市场的因素引起的风险，这类风险涉及所有的对象，不能通过多样化投资、加强内部管理等方式加以规避。非系统性风险是指某一项目所特有的风险，如项目开发阶段的失败、管理层发生严重问题等，这类风险只涉及特定的项目投资对象，可以通过多样化投资来分散。从狭义上讲，融资风险包含了资金供应风险、利率风险、汇率风险、现金性融资风险和收支性融资风险。下面着重介绍狭义的融资风险。

（一）资金供应风险

资金供应风险，也称为出资能力风险，是指融资方案在实施过程中，由于预定的项目投资人及贷款人出资能力出现问题，导致资金无法落实、建设工期拖长、工程造价升高、原定投资效益目标难以实现的风险。主要风险有：

第一，原定筹资额全部或部分落空；

第二，原定发行股票、债券的计划不能实现；

第三，既有项目法人融资项目由于企业经营状况恶化，无力按照原定计划出资；

第四，其他资金不能按照建设进度足额及时到达。

项目所在国家的经济、法律、政治环境的变化可能会导致项目吸引力的变化，从而带来投资人出资的风险。

（二）利率风险

利率风险是指因为市场利率变动而给项目融资带来一定损失的风险，主要表现在市场利率的非预期性波动而给项目资金成本所带来的影响。利率水平随着金融市场情况而变动，如果融资方案中采用浮动利率计息，则应分析贷款利率变动的可能性及对项目造成的风险和损失。

（三）汇率风险

汇率风险，是指项目因汇率变动而遭受损失或预期收益难以实现的可能性。对于任何一个项目来说，只要在融资活动中运用到外币资金，都有可能因汇率变动而使融资成本提高或生产收益下降，形成外汇风险。汇率风险包括人民币对各种外币币值的变动风险和各种外币之间比价变动的风险。

（四）现金性融资风险

现金性融资风险是指在特定时点上，现金流出量超出现金流入量而产生的到期不能偿付债务本息的风险。现金性融资风险是由于资金短缺、债务的期限结构与现金流入的时间结构不相配而引起的，表现为预算与实际不符出现的支付危机或者资本结构安排不当。

（五）收支性融资风险

收支性融资风险是指企业在收不抵支情况下出现的不能偿还到期债务本息的风险。收支性融资风险意味着企业经营失败，将面临破产或者清算。

二、融资风险的规避

为了防范资金供应风险，应当做好资金来源可靠性分析，选择那些资金实力强、既往信用好、风险承受能力强的投资者。

为了防范利率风险，应对未来利率的走势进行认真分析，以选择应采用浮动利率还是固定利率。如果预计未来利率可能下降，应采取浮动利率；如果未来利率可能上升，应采用固定利率。

投资项目利用外资的数额较大时，应该对外汇汇率的趋势进行分析，以确定借用何种外汇币种以及采用何种币种结算。合理地降低汇率风险，可以采用以下几种具体方式：

第一，汇率封顶，即在正式签署贷款合同或提取贷款前，项目公司与债权人协商约定一个固定的汇率最高值，还款时，债务人以不超过已协商约定的汇率最高值进行换汇还款。

第二，货币利率的转换，即为降低借款成本或避免将来还款的汇价和利率风险，将一种货币的债务转换为另一种货币的债务。

对于现金性融资风险，应该注重资产占用与资金来源间的合理期限搭配，做好现金流量的安排。理论上认为，如果借款期限与借款周期能与生产经营周期相匹配，企业就总能利用借款来满足其资金需要。

对于收支性融资风险，可以从以下几个方面进行规避：

第一，优化资本结构，从总体上减少收支风险。收支风险大，主要是由于资本结构安排不合理造成的。因此，优化资本结构，可以从两个方面入手：一是从静态上优化资本结构，增加企业权益资本的比重，降低总体上的债务风险；二是在动态上，从资产利润率与负债利率的比较入手，根据需要与负债的可能，自动调节其债务结构，加强财务杠杆对企业筹资的自我约束。

第二，实施债务重组，降低收支性融资风险。企业在面临破产时，可以与债权人协商，实施必要的债务重组，争取在新的资本结构上扭亏为盈。

第三，在融资上，通过灵活地调整利率，在一定程度上能减少资金成本，从而减轻其利息支付的压力。在项目融资中，降低利率风险最主要的是采取利率互换的方式，互换就是用项目的全部或部分现金流量交换与项目无关的另一组现金流量。作为项目投资者，如果根据项目现金流量的性质，将部分或全部的浮动利率贷款转换成固定利率贷款，在一定程度上可以减少利率风险对项目的影响。

第五节　本章小结

在投资项目管理的整个周期中，一个重要的环节是项目资金的筹措问题。资金筹措又称融资，是以一定的渠道为某种特定活动筹集所需资金的各种活动的总称。在项目进行融资之前，有必要明确工程项目资金筹措的基本原则，主要有合理确定资金需求量、认真选择资金来源、适时取得资金、适当维持自有资金比例等。筹措的资金有多种分类：按照融资的性质，可以分为权益融资和负债融资；按照融资的来源不同，可以分为境内融资和境外融资；按照融资的期限，可以分为长期融资和短期融资；按照不同的融资结构，可以分为传统融资方式和项目融资方式等。

传统融资方式是指投资项目的业主利用其自身的资信能力为项目安排的融资。项目融资是指为某种资金需求量巨大的投资项目而筹集资金的活动，以负债作为资金主要来源。在项目融资方式下，项目融资方以项目本身具有的吸引力和项目建成并投入使用后预期的现金流量作为偿债资金的来源，而不是以项目业主的信用或有形资产作为担保来获得贷款。与传统的融资方式相比，项目融资是一种新兴的融资方式，其采用 BOT、ABS 等具体形式，广泛应用于大型基础设施工程，具有项目导向、有限追索、风险分担、非公司负债性融资、信用结构多样化、融资成本高等特点。

筹资渠道是指取得资金的来源和通道。这些渠道主要有政府财政性资金、银行及非银行金融机构信贷资金、证券市场资金、企业内部资金、其他法人单位资金、民间资金以及境外资金等。资金筹措方式是指取得资金的具体形式，目前我国主要的资金筹集方式有商业性银行贷款融资、政策性贷款融资、债券融资、股票融资、项目融资，以及其他融资方式如外商直接投资、贸易融资、境外投资基金融资、租赁融资等。工程项目资金的筹措渠道和筹集方式多种多样，并处在不断地更新和发展中。在实际中，应根据筹措资金的数量和企业实力具体选择适合的融资方式。

资金成本是指项目为筹集和使用资金而支付的费用，包括资金筹集费和资金占用费。资金筹集费是指在资金筹集过程中支付的一次性费用，如手续费等；资金占用费是指在使用资金过程中发生的经常性费用，如银行贷款利息等。资金成本一般以相对数表示，以便于比较分析，资金成本的高低是判断项目融资方案是否合理的重要因素之一。资金占用费用同筹集资金净额的比率，称为资金成本率，一般将其通称为资金成本。计算资金成本应对各种单一融资方式进行计算，包括银行贷款的资金成本、债券资金成本、普通股资金成本、优先股资金成本、企业留存盈余成本等，以及计算它们的综合资金成本。

在分析资金成本时，还要进行融资的风险分析。这些风险是指系统性风险和非系统性风险，具体主要有资金供应风险、利率风险、汇率风险、现金性融资风险和收支性融资风险等。为了防范资金供应风险，应当做好资金来源可靠性分析；为了防范利率风险，应分析未来利率的走势，以选择应采用浮动利率还是固定利率；为了防范汇率风险，应该对外汇汇率的趋势进行分析，以确定借用何种外汇币种以及采用何种币种结算；对于现金性融资风险，应该注重资产占用与资金来源间的合理期限搭配，做好现金流量的安排；对于收支性融资风险，应该优化资本结构，实施债务重组以及通过灵活地调整利率来减少资金成本。做好风险的防范工作，可以合理有效地回避风险，实现资金使用的最佳效果。

关键概念

融资长期融资　负债融资　权益融资　股票融资　债券融资　项目融资有限追索　BOT　ABS　资金成本

复习思考题

1. 资金筹措的原则有哪些？
2. 何为权益性融资和负债性融资？其特点是什么？
3. 试述传统融资方式与项目融资方式的区别。
4. 项目融资的特点有哪些？
5. 股票融资和债券融资的优缺点是什么？
6. 各种资金成本应如何计算？
7. 融资风险有哪些表现形式？

第六章　工程方案的比较与选择

本章摘要：在工程实践中，我们很多时候会遇到多个方案，而从这些方案中选出适当方案的过程就是多方案的比较与选择的过程。多方案的比较，首先是分析方案的关系类型，然后根据相应的类型选择恰当的方法进行比较选择。本章介绍了互斥方案、独立方案和相关方案等几种类型的多方案的比较方法。

第一节　工程方案的类型

在进行工程方案的比较和选择时，首先应该明确工程方案之间的关系，然后才能考虑用适宜的评价指标和评价体系对方案进行比较和选择。备选方案之间关系的不同决定了所采用评价方法的不同。

一、互斥方案

互斥方案又可以称为排他性方案、对立型方案、替代型方案等。它是指相互关联、相互排斥的方案，即一组方案中的各个方案彼此可以相互替代，采纳方案中的某一方案，就会自动排斥这组方案中的其他方案。一般来说，工程技术人员遇到的多为互斥型方案。

例如，在某条高速公路上的某一点修建一过街通道，可以考虑修建过街天桥，也可以考虑修建地下通道，在这两种方式中，如果只能选择一种方式，那么就必须放弃另外一种方式；或者在某块土地上建设一栋有确定用途的建筑物，规划要求只能有一种，住宅楼、写字楼或者酒店，如果只能选择一种用途，则必须拒绝其他用途。上述两个例子中的方案之间的关系就是互斥关系。

二、独立方案

独立方案是指方案的采纳与否只受自身条件的制约，在一系列方案中，这一方案的接受并不影响其他方案的接受，即方案之间互不干扰，经济上互不相关。独立方案的特点是诸方案之间没有排他性，各个方案的现金流量是独立的。

独立方案的选择可能出现两种情况：

第一种是无资源限制条件的，即可利用的资源足够多，这时方案的选择和单方案的经济评价方法相同。

第二种是有资源限制条件的。在不超出资源限制的条件下，选择出最佳的方案组合。这种约束条件下，独立关系转化为一定程度的互斥关系，这样可以参照互斥型方案的比较方法选择出最佳方案。

三、相关方案

相关方案是指在各个工程方案之间，其中某一个方案的采用与否会对其他方案的现金流量带来一定的影响，进而影响其他方案的采用或拒绝。

相关方案可以分为以下几种情况：

第一种是某些方案的接受是另一些方案接受与否的前提条件，前者叫做前提方案，后者被称为从属方案；第二种是在一组方案中，若已经接受了其中的一种方案，则其他的方案就变得无足轻重；第三种是在一组方案中，某一种方案的接受有助于其他方案的接受，方案之间存在着相互依存的关系。

大体上，相关方案可以分为相互依存型方案、现金流相关型方案和混合型方案等。

四、多方案之间的可比性

在对不同的方案进行比较选择之前，必须要考虑这些方案在经济上的可比性。可比性体现在以下几个方面。

（一）资料和数据的可比性

对各方案数据资料的搜集和整理的方法要统一，采用的定额标准、工程量清单、价格水平、计算范围、计算方法等应该一致。

实践中，比较方案一般都有具体的费用和收益的数据，如果不具体，特别是当替代方案是一个假定方案的时候，则可以采用平均水平数据。确定分析计算的范围是保证数据可比性的一个重要方面。确定计算范围，即规定方案经济效果计算的起始点和终点。方案的比较必须以相同的经济效果计算范围为基础，才具有可比性。经济分析同时也要考虑不同时期不同价格的影响，如果忽视不同时期价格变化，那么分析的结果就会有偏差。一般常采用某一年的不变价格进行技术经济分析计算。

（二）同一功能的可比性

任何方案都是为了达到一定的目标而提出的，参与比选的众多方案的一个共同点就是预期目标的一致性，也就是方案产出功能的一致性。

当然，功能绝对相同的方案是很少的，只要基本功能趋于一致，就可以认为它们之间具有可比性。

（三）时间可比性

一般来说，实际工作中所遇到的互斥方案具有相同的寿命期，这是两个互斥方案必须具备的一个基本可比性条件。但是，也会遇到寿命期不同的方案需要比较的情况，理论上来说是不可以比较的，这时候就需要对方案的寿命按一定的方法进行调整，使它们具有可比性。

第二节　互斥型方案的比较

在方案互斥的条件下，只要方案的投资额在规定的范围内，各个方案都可以参加评选。对于评选的方案，经济效果评价包括两个方面的内容：一是考察各个方案自身的经济效果，即进行绝对效果检验；二是考察哪个方案最优，即进行相对效果检验。两种检验的目的和作用不同，缺一不可。

互斥方案按照寿命是否相同的标准可以分别划分为两个部分：一是寿命期相同；另一种是寿命期不相同。下面将分别介绍它们的比选方法。

根据方案分类和投资方案比选的原则和要求，互斥型方案进行经济评价比较时可以采用下列方案比较方法（图 6-1）。

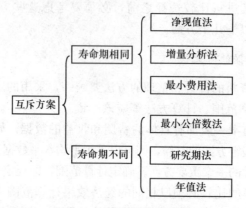

图 6-1　互斥方案比选方法

一、寿命期相同方案的比较和选择

寿命期相同的互斥方案进行比较选择，计算期通常设定为其寿命期，可以根据不同情况选用净现值法、增量分析法和最小费用法。

（一）净现值法

净现值法的基本步骤主要有：第一步，首先计算各个备选方案的净现值，检验各个方案的绝对经济效果，去掉 FNPV<0 的方案；第二步，对绝对经济效果合格的方案，比较其净现值，以净现值最大的方案为最优方案。

【例 6-1】　现有 A、B、C 三个互斥方案，其寿命期内各年的净现金流量见表 6-1，假定投资发生在年初，已知 $i=10\%$，试用净现值法选出最佳方案。

表 6-1　互斥方案 *A*、*B*、*C* 的净现金流量表　　　　　　　单位：万元

方案	0	1~10
A	−3800	454
B	−2418	674
C	−2345	697

$$FNPV(A) = -3800 + 454 \times (P/A, 10\%, 10)$$
$$= -3800 + 454 \times 6.1446 = -1010.35(万元)$$
$$FNPV(B) = -2418 + 674 \times (P/A, 10\%, 10) = 1723.46(万元)$$
$$FNPV(C) = -2345 + 697 \times (P/A, 10\%, 10) = 1937.79(万元)$$

A 方案的净现值小于零，故应该舍去；*B* 和 *C* 方案的净现值都大于零，应从其中挑选合适的方案，由于 *C* 方案的净现值大于 *B* 方案的净现值，所以应该选择 *C* 方案。

（二）增量分析法

投资额不同的互斥方案比选的实质是判断增量投资的经济合理性，即投资大的方案相对于投资小的方案多投入的资金能否带来满意的增量收益。显然，若投资增量能带来满意的效益增量，则投资大的方案优于投资小的方案；若投资增量不能带来满意的增量效益，则投资小的方案就优于投资大的方案。增量分析法是通过计算方案的差额净现金流的净现值或内部收益率，来对各个方案进行优选的。

1. 差额净现值法

具体方法是将参选方案按投资额的大小排序，并增设一个方案。当基础方案可靠时，把基础方案和投资额最小的方案进行比较，计算投资增额净现值，若投资增额净现值大于零，则选择投资大的方案作为下一个基础方案；若投资增额净现值小于零，则选择投资小的方案作为下一个比较的基础方案，依此类推，最后保留的方案即为最优方案。

即：$\Delta FNPV(A-B) = FNPV(A) - FNPV(B)$

若 $\Delta FNPV(A-B) \geqslant 0$，表明增量投资可以接受，投资大的方案经济效果好；相反，若 $\Delta FNPV(A-B) < 0$，增量投资不可以接受，表明投资小的方案效果好。

【例 6-2】　仍然以【例 6-1】为例，采用增量净现值法，进行方案比选。

第一，先把各个方案按照投资额从小到大排序，并增设一个基础方案 *E*。*E* 方案是假设已有的资金投放在其他的机会上，也可以获得基准收益率。

第二，计算方案 *B* 与维持现状方案 *E* 的投资增额净现值。

$\Delta FNPV(B-E) = -2418 + 674 \times (P/A, 10\%, 10) = 1723.46(万元)$

由于 $\Delta FNPV(B-E) > 0$，说明方案 B 优于方案 E，应保留方案 B 作为下一个基础方案。差额净现值大于零，说明增加的投资是合理的。

第三，以方案 B 作为基础方案，C 与其比较。

$$\Delta FNPV(C-B) = -2345 - (-2418)$$
$$+ (697 - 674) \times (P/A, 10\%, 10) = 214.33(万元)$$

由于 $\Delta FNPV(C-B) > 0$，说明再增加投资是合理的，所以抛弃方案 B，以方案 C 为下一个基础方案。

第四，计算方案 C 和方案 A 的投资增额净现值。

$$\Delta FNPV(A-C) = -3800 - (-2345)$$
$$+ (454 - 697) \times (P/A, 10\%, 10) = -2948.14(万元)$$

由于 $\Delta FNPV(A-C) < 0$，说明再追加投资是不合理的，因此与方案 A 相比，方案 C 是最优的方案。

第五，得出结论，方案 C 为最优方案。

由此可以看出，用净现值法和差额净现值法分析比选方案得出的结论是完全一致的。

值得注意的是，差额净现值指标只能反映增量现金流的经济性，不能反映各方案自身的经济性，所以差额净现值只能够用于方案的比较，不能仅根据 $\Delta FNPV$ 的大小判断方案的取舍。也就是说，通过增量分析法选出的最优方案只有它自身的净现值大于零，才是可行的方案。

2. 差额内部收益率法

所谓差额内部收益率，简单地说就是两方案增量净现值等于零时的折现值。它的一般表达式为

$$\Delta FNPV = \sum_0^n \left[(CI - CO)_{2t} - (CI - CO)_{1t} \right] \times (1 + \Delta IRR)^{-T} = 0 \quad (6.1)$$

其中，$(CI-CO)_{2t}$ 为投资大的方案的第 t 年净现金流量；$(CI-CO)_{1t}$ 为投资小的方案的第 t 年净现金流量；$(CI-CO)_{2t} - (CI-CO)_{1t}$ 为第 t 年两方案净现金流量之差；IRR 为差额内部收益率。

差额内部收益率法的判别标准为：$\Delta IRR > I_0$（基准折现率），说明投资增量是合理的，则投资大的方案为优；相反 $\Delta IRR < I_0$ 时，说明投资增量是不合理的，则投资小的方案为优。

【例 6-3】 有两个互斥方案 A、B，其寿命期相同，有关数据见表 6-2，假定投资是年初投入，设基准收益率 $i = 15\%$，试用差额内部收益率法比较和选择最优可行方案。

表 6-2　互斥方案 A、B、C 的净现金流量表　　　　单位：万元

方　案	投　资	年收入	年支出	残　值	寿命期/年
A	50	15	5	2	10
B	60	22	8	0	10

首先，运用财务净现值法，进行方案比较。

$$\text{FNPV}(A) = -50 + (15-5) \times (P/A, 15\%, 10) + 2 \times (P/A, 15\%, 10) = 10.66 > 0$$

$$\text{FNPV}(B) = -60 + (22-8) \times (P/A, 15\%, 10) = 10.26 > 0$$

由此可以确定两个方案都是可行方案，由于 $\text{FNPV}(A) > \text{FNPV}(B)$，所以应该选择方案 A。

其次，计算 B 方案较 A 方案的差额投资内部收益率，进行方案比选。

$$-(60-50) = [(22-15) - (8-5)] \times (P/A, \Delta\text{IRR}, 10) - 2 \times (P/F, \Delta\text{IRR}, 10) = 0$$

得出 $\Delta\text{IRR} = 13.76\% < 15\%$ 说明方案 B 增加投资是不合理的，应该选择方案 A。

（三）最小费用法

最小费用法是现值法的一种特殊情况，包括费用现值法和费用年值法，这里只介绍费用现值法。

在一些工程项目中，其产生的效益很难估计或者很难用货币衡量，如基础设施工程、教育投资或者环保项目，对于这样的方案进行比选时，可以假设各个方案的收益是相同的，对各个方案的费用进行比较，以费用最小者为最优方案。费用现值法就是指利用此方法所计算出的净现值只包括费用部分，即只计算各个备选方案的费用现值，并进行对比，以费用现值最低的方案为最佳方案。

其表达式为

$$\text{PC} = \sum_0^n \text{CO}_t (1+i)^{-t} = \sum_0^n \text{CO}_t (P/F, i, t) \tag{6.2}$$

二、寿命期不同方案的比较和选择

寿命期不同和寿命期相同的互斥方案，在经济效果的评价内容和评价程序方面是一样的，通常都要进行绝对效果检验和相对效果检验。但是，由于寿命期不同的项目在时间上没有可比性，所以在进行比较之前要先进行调整。

按照分析期的不同，寿命期不同的互斥方案的比选主要有最小公倍数法、研究期法和年值法。

（一）最小公倍数法

最小公倍数法，也称方案重复法，是以各投资方案寿命期的最小公倍数作为

进行方案比选的共同的计算期，并假设各个方案在这个共同的计算期内重复进行，对各个方案计算期内各年的净现金流量进行重复计算，直至与共同的计算期相等。求出计算期内各个方案的净现值（或费用现值），净现值较大（或费用现值较小）的为最优方案。

最小公倍数法基于重复更新假设理论，主要包括两个方面：

第一，较长时间内，方案可以连续地以同种方案进行重复更新，直到多方案最小公倍数寿命期；

第二，替代更新方案与原方案相比较，现金流完全相同，延长寿命后的方案现金流量以原方案寿命周期重复变化。

【例 6-4】 有 A、B 两个互斥方案，A 方案的寿命期为 4 年，B 方案的寿命期为 6 年，其现金流量如表 6-3 所示。$I=10\%$，试比较两个方案。

表 6-3 A、B 互斥方案的净现金流量 单位：万元

年 末	0	1	2	3	4	5	6
A	−50	30	30	30	30	—	—
B	−40	20	20	20	20	20	20

比例中 A 方案的寿命期为 4 年，B 方案的寿命期为 6 年，其最小公倍数为 12 年，为了比选方便，则以 12 年为计算期。在这期间，A 方案重复实施了 3 次，B 方案重复实施了 2 次，见表 6-4。

表 6-4 调整后 A、B 方案的现金流量 单位：万元

年 末	0	1~3	4		6	7	8	9~12
A	−50	30	30					
			−50	30	30	30	30	
							−50	30
B	−40	20	20	20	20			
					−40	20	20	20

计算两个方案 A、B 的净现值：

$$FNPV(A) = -50 - 50 \times (P/F, 10\%, 4) - 50 \times (P/F, 10\%, 8)$$
$$+ 30 \times (P/A, 10\%, 12) = 96.93(万元)$$

$$FNPV(B) = -40 - 40 \times (P/F, 10\%, 6) + 20 \times (P/A, 10\%, 12)$$
$$= 73.69(万元)$$

由于 A 方案的净现值大于 B 方案的净现值，即 FNPV (A)＞FNPV (B)，所以方案 A 是最优方案。

（二）研究期法

研究期法，是指针对寿命期不相等的互斥方案，直接选取一个适当的分析期作为各个方案共同的计算期，在此计算期内对各个方案的净现值进行比较，以净现值最大的方案为最优方案。

在使用研究期法时，分析期的选择视具体情况而定，主要有以下三类：

方法一，以寿命最短方案的寿命为各个方案共同的服务年限，令寿命期较长方案在共同服务年限末保留一定的残值；

方法二，以寿命期最长方案的寿命为各个方案共同的服务年限，令寿命较短方案在寿命终止时，以同种固定资产或其他新型固定资产进行更替，直至达到共同服务年限为止，期末可能存在一定的残值；

方法三，统一规定方案的计划服务年限，计划服务年限不一定同于各个方案的寿命。在达到计划服务年限前，有的方案或许需要进行固定资产更替；服务期满时，有的方案可能存在残值。

下面以方法一为例介绍研究期法。

【例 6-5】　有两个互斥方案 A、B，其净现金流量如表 6-5 所示，$i = 10\%$，试用研究期法进行比较。

表 6-5　*A、B* 方案的净现金流量　　　　　　　　单位：万元

方案	1	2	3~5	6	7	8
A	−60	−45	40	52		
B	−110	−80	70	70	70	90

以 A、B 两个方案中寿命期短的方案的寿命期为计算期，即 6 年，分别计算计算期为 6 年时 A、B 两个方案的净现值：

$$
\begin{aligned}
FNPV(A) =& -60 \times (P/F,10\%,1) - 45 \times (P/F,10\%,2) \\
& + 40 \times (P/A,10\%,3) \times (P/F,10\%,2) \\
& + 52 \times (P/F,10\%,6) = 68.92(万元)
\end{aligned}
$$

$$
\begin{aligned}
FNPV(B) =& [-110 \times (P/F,10\%,1) - 80 \times (P/F,10\%,2) \\
& + 70 \times (P/A,10\%,5) \times (P/F,10\%,2) + 90 \times (P/F,10\%,8)] \\
& \times (A/P,10\%,8) \times (P/A,10\%,6) = 77.70(万元)
\end{aligned}
$$

由于 B 方案的净现值大于 A 方案的净现值，即 $FNPV(B) > FNPV(A)$，因此 B 方案为最优方案。

（三）年值法

在对寿命期不相同的方案进行比选时，年值法是最简单的方法，当参加比选

的方案数目众多时，尤其是这样。该方法是通过分别计算各工程方案净现金流量的等额年值，并进行比较，以等额年值大于零且最大的方案为最优方案。

净年值的计算公式为

$$NAV = FNPV(A/P, i, n) \qquad (6.3)$$

需要注意的是，当互斥方案的寿命期相同时，净现值法和年值法的结论是完全一致的。但对于寿命期不相同的互斥方案，年值高的方案不一定净现值也高，所以不能直接对方案寿命期的净现值进行比较，只能用方案寿命期的年值进行比较。

【例 6-6】　有两个互斥方案 A、B，其寿命期分别为 6 年和 4 年，各自现金流量如表 6-6 所示。试用年值法进行比选（i=10%）。

表 6-6　A、B 方案的净现金流量　　　　　　　单位：万元

方　案	0	1	2	3	4	5	6
A	−2000	600	600	600	600	600	600
B	−1000	480	480	480	480		

先求两个方案的净现值：

　　　　FNPV(A) =− 2000 + 600 × (P/A, 10%, 6) = 613.2（万元）

　　　　FNPV(B) =− 1000 + 480 × (P/A, 10%, 4) = 521.5（万元）

再求 A、B 方案的年值：

　　　　NAV(A) = FNPV(A) × (A/P, 10%, 6) = 140.8（万元）

　　　　NAV(B) = FNPV(B) × (A/P, 10%, 4) = 164.5（万元）

由于 NAV(B)＞NAV(A)＞0，因此，B 方案是最优的方案。

第三节　独立方案的比较

独立方案是指被比选的各个方案的现金流量是独立的，不具有相关性。任何一个方案的采纳与否都不影响其他方案的接受。独立型方案一般有两种情况：无资源限制情况和有资源限制情况。

一、无资源限制的情况

如果运行方案所需的资源足够多，则独立型方案的比选只需要考虑各个方案自身的经济性，只要方案本身 FNPV≥0 或 IRR≥i，方案就是可行的。

二、有资源限制的情况

如果独立型方案运行所需要的资源是有限的，不能满足所有方案的需要，则

要在资源约束的条件下选择项目组合，以达到收益最大化。在资源有限的条件下进行独立型方案的比选有两种方法：方案组合法和净现值率排序法。

（一）方案组合法

方案组合法是工程经济分析的传统方法，是指在有资金约束的条件下，将相互独立的方案组合成投资总额不超过投资限额的组合方案。这样，在有资金约束条件下，独立方案的比选可以通过方案组合法转化成了互斥方案的比较和选择，其评价步骤如下：

第一，分别对各独立方案进行绝对效果检验，排除 FNPV$<$0 或 IRR$<i$ 的方案；

第二，对通过绝对效果检验的方案，列出不超过总投资限额的所有组合方案，则这些方案组合之间具有相斥的关系；

第三，将各个组合方案按初始投资额大小顺序排列，按互斥方案的比较原则，选择最优的方案组合。一般情况下，常用净现值最大作为最优方案组合选择的准则。

【例 6-7】　有 A、B、C 三个独立方案，寿命期均为 10 年，现金流量如表 6-7 所示。基准收益率 $i=10\%$，投资资金限额为 1100 万元，试做出最优投资决策。

表 6-7　A、B、C 方案的现金流量　　　　　　　　单位：万元

方　案	初始投资	年净收益	寿　命
A	200	50	10
B	500	95	10
C	600	120	10

A、B、C 三个方案的净现值都大于零，从自身的经济性来看都是可行的，但是由于资金限制，三个方案不能同时实施，只能选择一个或者两个方案。具体步骤如下：

（1）列出所有不超过资金限额的组合方案。

（2）对每个组合方案中独立方案的现金流量进行叠加，作为组合方案的现金流量，并将组合方案按投资额从小到大排列。

（3）按组合方案的现金流量计算各个方案的净现值。

（4）净现值最大的方案为最优组合方案。

计算过程如表 6-8 所示。

表 6-8　组合方案的现金流量及净现值　　　　　　单位：万元

序　号	组合方案	初始投资	年净收益	寿命期/年	净现值	结　论
1	A	200	50	10	107.23	
2	B	500	95	10	83.73	
3	C	600	120	10	137.35	
4	$A+B$	700	145	10	190.96	
5	$A+C$	800	170	10	244.58	最佳
6	$B+C$	1100	215	10	221.08	

经计算，$A+C$ 为最佳组合方案，因此最佳决策是选择 A、C 方案。

在有资源限制条件下运用方案组合法进行比选，其优点是在各种情况下均能保证获得最佳组合方案，缺点是在方案数目较多时，计算比较麻烦。

（二）净现值率排序法

净现值率排序法是指在有资源限制的条件下，将净现值率大于或者等于零的各个方案的净现值率按大小排序，并以此分配资源，直至资源限额分配完为止的一种比选方法。

净现值率（NPVR）大小说明方案单位投资所获得的超额净效益的大小。用净现值率评价互斥方案时，当对比方案的投资额不同，且有明显的差异时，先淘汰 NPVR<0 的方案，对余下的方案，选择净现值率较大的方案。具体步骤是：

第一，首先计算各个项目的净现值（NPV）；

第二，计算各个项目的净现值率（NPVR），排除 NPVR<0 的方案；

第三，按净现值率由大到小排序；

第四，按净现值率排序选择方案，直至所取的方案投资总额最大限度地接近或者等于投资限额为止。

【例 6-8】　企业有六个相互独立的投资机会，数据如表 6-9 所示。如果企业只能筹集到 35 万元资金，并且基准收益率 $i=14\%$，企业应该选择哪些投资项目加以组合？

表 6-9　六个投资项目的有关数据　　　　　　单位：万元

投资机会	初始投资	寿命/年	年净收益
A	10	6	2.87
B	15	9	2.93
C	8	5	2.68
D	21	3	9.50
E	13	10	2.60
F	6	4	2.54

计算出各个方案的 FNPV 和 NPVR，并按 NPVR 从大到小排序，则如表
6-10 所示。

表 6-10　按 NPVR 排序求解最佳投资机会组合　　　　　单位：万元

投资机会	初始投资	FNPV	NPVR	排序	累计投资额
F	6	2.57	0.418	1	6
C	8	1.83	0.229	2	14
A	10	1.57	0.157	3	24
D	21	2.37	0.113	4	超额
E	13	0.56	0.043	5	
B	15	−0.54	−0.036	淘汰	

由上表可以看出：F、C、A，总投资为 24 万元，净现值总额为 5.91 万元，
还有 11 万元的投资没有利用。但是如果加上 D，投资总额就会超出范围，所以
选择方案为 F、C、A；但是，如果去掉方案 A，换做方案 D，则总投资为 35 万
元，净现值总额为 6.71 万元大于 5.91 万元，35 万元的投资得到充分利用，故
方案组合 F、C、D 为最优组合。

上述例子可以看出净现值率排序方法的优点是计算简便。缺点是由于进行净
现值率排序后进行方案组合有时会使得资金不能得到充分利用，因此不能保证得
到最优组合。

第四节　相关方案的比较

相关型方案是指一个方案的接受与否会影响其他方案的经济效果或决策。相
关型方案包括相互依存型方案、现金流相关型方案和混合相关型方案。

一、相互依存型方案的比选

在多方案比选时，当某一个方案的实施要求以另一个方案的实施为条件时，
这两个方案之间具有相互依存性，称为相互依存型方案。在进行比选时，常将相
互依存的两个方案组合成新的方案组，再与其他方案进行比选，确定最优决策。

【例 6-9】　现有 A、B、C、D 四个方案，寿命期均为 5 年，各个方案的投资
及现金流量如表 6-11 所示，其中 A、B、C 互斥，D 方案的采用与否取决于是否
采用 A 方案，基准收益率 $i=10\%$，试做出最优决策。

表 6-11　方案的投资及现金流量　　　　　　　单位：万元

方　案	A	B	C	D
投资（第一年初）	100	140	160	200
年净收益	40	50	70	80

由于方案 A 和方案 D 是相互依存型方案，所以可以合并成一个新的方案 AD 考虑，投资为 300 万元，年净收益为 120 万元。原问题就转化为在 A、B、C、AD 四个方案中选择最优方案。

计算各个方案的净现值：

$$FNPV(A) = -100 + 40 \times (P/A, 10\%, 5) = 51.6(万元)$$

$$FNPV(B) = -140 + 50 \times (P/A, 10\%, 5) = 49.5(万元)$$

$$FNPV(C) = -160 + 70 \times (P/A, 10\%, 5) = 105.4(万元)$$

$$FNPV(AD) = -200 + 80 \times (P/A, 10\%, 5) = 154.9(万元)$$

根据净现值最大原则，方案 AD 为最优方案。

二、现金流相关型方案的比选

方案间的现金流具有相关性又不完全互斥时，该方案称为现金流相关型方案。这种方案比选的步骤是：首先确定各个方案之间现金流量的关系，然后对各个方案进行重新组合，令各个组合方案之间形成互斥关系，最后利用互斥方案的比选方法进行决策。

由于现金流相关型方案最终可以转换成互斥型方案，其比选方法可以在转化为互斥型方案以后利用互斥方案的方法进行比选，在此不再赘述。

三、混合型方案的比选

混合型方案是实际工作中最常遇到的问题。混合型方案分为有资金约束和无资金约束两种。当无资金约束时，只要从各互斥方案中选择净现值大于零且最大的方案即可；当有资金约束时，可以采用混合项目互斥组合法。

互斥组合法的基本思路是：由于各个方案的现金流量之间相互影响，对现金流量之间具有正的影响的方案，等同于独立方案看待，对相互之间有负的影响关系的方案等同于互斥方案看待。根据方案之间的关系，把方案组合成互斥的组合方案。将所有可行的方案列举出来就可以用前述的互斥方案的方法来评价选定最好的方案组合。

由于穷尽了所有可能的组合，混合项目的互斥组合法总能够保证得到已知条件下的最优组合（即总净现值最大的组合）。但是，当独立项目个数较多时，或者每个互斥项目内的互斥方案数目较多时，其组合方案数目将十分庞大。如果用 X 表示相互独立的项目数量，Y_j 表示第 j 个独立项目中相互排斥的方案个数，则可以组合成的互斥方案个数为

$$Y = \prod_1^X (Y_j + 1) = (Y_1 + 1)(Y_2 + 2) \cdots (Y_X + 1) \tag{6.4}$$

【例 6-10】 某公司有 A、B 两个投资对象，它们之间是相互独立的。每个

投资对象各有两种互斥方案，数据如表 6-12 所示。基准折现率 $i=10\%$，各个方案的寿命期都为 8 年。当投资限额为 60 万元时，如何选择方案。

表 6-12 各个方案的现金流量   单位：万元

投资对象	方案	投资额	年收益
A	A_1	30	9
	A_2	40	11.3
B	B_1	20	4.4
	B_2	30	6

该投资项目可以分解成九个互斥方案，如表 6-13 所示。

表 6-13 混合项目的互斥组合表   单位：万元

组合号	方案组合				总投资	累计年净收益	累计 FNPV
	A_1	A_2	B_1	B_2			
1	0	0	0	0	0	0	0
2	0	0	0	1	30	6	2.01
3	0	0	1	0	20	4.4	3.47
4	0	1	0	0	40	11.3	20.28
5	1	0	0	0	30	9	18.01
6	0	1	1	0	60	15.7	23.76
7	0	1	0	1	70	17.3	超过资金限额
8	1	0	0	1	60	15	20.02
9	1	0	1	0	50	13.4	21.49

按照题意，如果投资限额为 60 万元，则最优组合为 A_2+B_2，累计 FNPV 为 23.76 万元。

第五节 本章小结

实际工作中，备选方案之间存在多种相互关系。在进行方案的比较和选择时，首先应该明确方案之间的相互关系，然后才能考虑用什么方法对方案进行比较和选择。通常，备选方案之间存在三种关系：互斥关系、独立关系和相互相关关系。

在经济分析中，互斥方案的比较选择问题是用得较多的。比选方案时要注意首先进行绝对效果检验，在各个方案可行的基础上，进行方案的相对效果检验。互斥方案分为寿命期相同的互斥方案和寿命期不同的互斥方案两类。对于寿命期相同的互斥方案可以采用净现值法、增量分析法和最小费用法三种方法。对于寿命期不同的互斥方案在比较之前要先确定相同的计算期。

对于独立型方案，比选的关键是资金对所有项目是否构成约束。如果没有资金约束，那么方案的比选方法和单个方案的比选方法大致相同，如果有资金约束，可以采用方案组合法和净现值率排序法。

相关方案可以分为相互依存型方案、现金流相关型方案和混合型方案。

关键概念

互斥方案　独立方案　相关方案　差额内部收益率　最小费用法　研究期法投资增额净现值　方案组合法

复习思考题

1. 互斥方案比较时，对寿命期不同的方案处理方法有哪些？
2. 互斥方案比较的增量分析法指标有哪些？
3. 有资金约束的独立方案有哪些评价方法？
4. 互斥方案 A、B、C 的净现金流量如表 6-14 所示，选择哪个方案合适（基准收益率 $i=10\%$）

表 6-14　方案 A、B、C 的净现金流量表　　　　单位：万元

方案	0	1	2	3	4	5	6
A	−500	200	200	200	200	200	250
B	−160	−180	180	180	180	180	200
C	−100	40	40	40	40	40	45

5. 三个互斥方案 A、B、C，寿命期不同，各自的净现金流量如表 6-15 所示，试进行方案比选。基准收益率 $i=15\%$。

表 6-15　方案 A、B、C 的净现金流量表　　　　单位：万元

方案	0	1	2	3	4	5	6
A	−100	40	40	40	40		
B	−140	70	70	70	70		
C	−250	70	70	70	70	70	70

6. 三个独立方案 A、B、C，寿命期均为 10 年，期初投资和每年净收益如表 6-16 所示，当投资限额为 8000 万元时，求最优方案组合。（$i=10\%$，单位：万元）

表 6-16　方案 A、B、C 的投资与收益表　　　　单位：万元

方案	A	B	C
投资	2000	3750	4000
净收益	420	680	750

第七章 设备更新的经济分析

本章摘要：本章介绍了设备磨损，设备经济寿命期及其确定方法，分析了设备更新方案的比选及设备租赁的经济分析。通过本章的学习，要求学生了解设备磨损的类型、概念及各种磨损的区别和补偿方式；了解设备的经济寿命期，掌握设备经济寿命期的确定方法；掌握设备更新方案的经济分析及设备租赁的经济分析，并能灵活地进行方案的选择。

设备是现代企业生产的重要物质和技术基础，是扩大再生产的重要生产资料。众所周知，设备在生产运行过程中，其部件必然会有所磨损，由新变旧。另外，随着科学技术的进步，产品的更新换代，设备到了一定时期必然要进行更新。因此，设备的合理更新是现代化生产管理的重要内容，直接关系到企业和国家经济建设的发展。作为企业，对设备整个运行期间的技术经济状况进行分析是至关重要的。

第一节 设备更新的概述

设备是固定资产的重要组成部分，是现代工业生产和城市运行的重要技术要素和物质手段，设备的质量、技术水平和效率是一个国家工业化水平的重要标志，是判定一个企业技术更新能力、产品开发能力的重要标准，也是国家经济发展的物质技术基础。设备在其运行中会发生磨损，使得我们对设备更新需要有一个全面的了解。

一、设备更新

设备更新是指采用新的设备去替代技术性能落后、经济效益差的原有设备。设备更新是设备综合管理系统中的重要环节，是对有形磨损和无形磨损进行的综合补偿，是企业走内涵型扩大再生产道路的重要手段之一。

广义的设备更新是指补偿设备的综合磨损，包括大修理、设备更换、设备更新和设备现代化改装。

狭义的设备更新是指新设备更换旧设备。本节讨论的是狭义的设备更新。

就实物形态而言，设备更新使用新设备替换陈旧落后的设备；就价值形态而言，设备更新是指使设备的价值或功能得到恢复。

二、设备的磨损

设备在使用和闲置过程中都会发生磨损，磨损是设备陈旧落后的主要原因。设备磨损分两种形式，即有形磨损和无形磨损。

（一）有形磨损

有形磨损又称物质磨损，是指设备在外力作用下，或在自然放置过程中零部件发生磨损、震动、疲劳、生锈等现象，致使设备的实体产生磨损。

设备的有形磨损按其形成原因分为两种情况：

第一种有形磨损，是指设备在使用过程中，由于各种外力作用（如摩擦磨损、机械磨损、热损伤）使零部件产生实体磨损，导致零部件尺寸形状和精度的改变，直至损坏。这种磨损会使设备精度降低，劳动生产率下降。

第二种有形磨损，是指设备在闲置过程中，由于自然力的作用而生锈、腐蚀、老化，丧失了工作精度和使用价值。这种磨损与生产中的使用无关，甚至在一定程度上还同使用程度成反比，因此，设备闲置或封存不动同样也会产生这种磨损。设备闲置时间越长，第二种有形磨损量会越大，设备最终将失去使用价值。降低第二种有形磨损的有效措施是加强维护、保养和管理。

（二）无形磨损

设备在使用或闲置过程中除了产生有形磨损以外，还会遭受无形磨损。

无形磨损又称精神磨损，是指由于科学技术的进步而不断出现性能更加完善、生产效率更高的设备，使得原有设备价值相对降低的现象。

设备的无形磨损按其成因也可分为两种情况：

第一种无形磨损，是指由于科学技术的进步，设备制造工艺的不断改进，成本不断降低，劳动生产率不断提高，导致设备的市场价格降低了，现有设备价值相对降低。这种无形磨损不会影响现有设备的使用。

第二种无形磨损，是指由于科学技术的发展，社会上不断出现结构更加先进，技术更加完善，经济更加合理的设备，使原有设备显得陈旧落后。第二种无形磨损不仅使原有设备价值降低，而且使原有设备局部或全部丧失其使用价值。

设备在使用中，既要遭受有形磨损，又要遭受无形磨损，所以设备所受的磨损是双重的、综合的，这两种磨损都引起设备原始价值贬值，这就是设备的综合磨损。

三、设备的补偿

有形磨损和无形磨损导致的设备使用价值绝对或相对的降低，需要及时、合理地予以补偿，从而恢复设备的使用价值。

　　设备磨损的形式不同，磨损补偿的方式也不同，设备磨损的补偿方式有设备修理、原型设备更新、新型设备更新和设备技术改造四种。当设备发生有形磨损，如果磨损具有可消除性，既可以通过设备修理予以局部补偿，也可以进行原型设备更新；如果磨损不可消除，只能进行原型设备更新。当设备出现无形磨损，如果属于第一种无形磨损，将促使原型设备更新时间提前；如果属于第二种无形磨损，一方面可以对设备进行现代化技术改造，是设备磨损的改革性补偿，另一方面，也可以通过新型设备更新，彻底实现设备的革命性完全补偿。

　　设备磨损形式与其补偿方式的相互关系如图 7-1 所示。

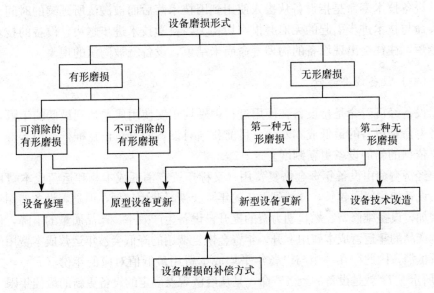

图 7-1　设备磨损形式与其补偿方式的相互关系

第二节　设备经济寿命期的确定

　　由于设备磨损的存在，设备的使用价值和经济价值都将逐渐减少，最终消失，因此，设备具有一定的寿命。正确确定设备的寿命，有助于提高企业的经济效益。

一、设备的寿命

　　从不同的研究角度，设备具有不同的寿命，含义也不尽相同。

（一）设备自然寿命

　　设备自然寿命又称物理寿命，是指设备从投入使用，到因物质磨损不能继续使用、报废为止所经历的时间。自然寿命由设备的有形磨损所决定，与使用状况及维修保养的情况密切相关，通过良好的维修保养可以延长设备的物理寿命。

（二）设备折旧寿命

设备折旧寿命也叫折旧年限，是按照财政部门规定提取折旧费，从设备开始使用到设备的账面价值接近于零所经历的时间。在我国，设备的折旧年限由国家统一规定，但建筑业中的大型施工机械的折旧是通过台班费中提取的。

（三）设备技术寿命

设备技术寿命是指设备从投入使用到因技术落后而被淘汰所延续的时间。技术寿命与技术进步引起的无形磨损密切相关，科学技术进步越快，设备的技术寿命越短，往往会出现设备的物理寿命尚未结束，设备就被淘汰的现象。

（四）设备经济寿命

设备经济寿命是指设备在使用过程中平均年度使用成本达到最低的年限，即经济寿命是设备的最低成本寿命。目前我国对设备的更新正在推行以经济寿命为主要依据的新的设备更新制度。

经济寿命由设备年资金恢复费用（又称年资产消耗成本）和运营成本费用决定。设备使用年限越长，分摊到每年的年资金恢复费用越低，但随着设备使用年限的增加，设备维修费、燃料动力费的提升，设备生产效率、产品质量的下降，使得单位产品的年运营成本费用上升。年资金恢复费用的降低会被年运营成本费用的增加所抵消，因此存在一个与设备年平均成本费用最低值对应的年份（T^*），如图7-2 所示。T^* 就是设备的经济寿命，是从经济观点确定的设备更新的最佳年限。设备按经济寿命进行更新，可以确保使用设备的年平均成本费用最低。

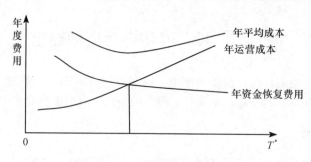

图 7-2　设备年成本费用曲线

资金恢复费用是指设备初始费用扣除设备弃置不用时的估计残值分摊到设备使用各年上的费用。用 K_0 表示设备原始价值，K_l 表示估计残值，n 代表服务年限，则设备的资金恢复费用可用下式进行计算。

不考虑资金的时间价值，即静态时：

$$资金恢复费用 = \frac{K_o - K_l}{n} \tag{7.1}$$

考虑资金的时间价值，即动态时：

$$资金恢复费用 = K_o(A/P, i, n) - K_l(A/F, i, n) \tag{7.2}$$

二、设备经济寿命的确定

经济寿命期的确定主要有两种计算方法，一种是不考虑资金时间价值，称为静态计算；另一种是考虑资金时间价值，称为动态计算。

（一）经济寿命期的静态计算

（1）假定随着设备使用年限的延长，设备劣化过程是均匀的，即年平均成本呈线性增长，设备投产后最终残值为常数。设备经济寿命静态计算公式为

$$C_t = C_o + W_t = C_o + (T-1)\lambda \tag{7.3}$$

其中，C_t 为设备使用到第 t 年的运营成本；C_o 为设备初始运行成本；T 为设备使用年限；λ 为设备每年劣化值增长量。

设备的年度费用的计算公式为

$$\begin{aligned}
AC_t &= \frac{1}{T}(K_o - K_l) + \frac{1}{T}\sum_{t=1}^{T} C_t \\
&= \frac{1}{T}(K_o - K_l) + \frac{1}{2}(T-1)\lambda + C_o
\end{aligned} \tag{7.4}$$

其中，K_o 为设备的原始价值；K_l 为设备的残值，是常数。

AC_t 是使用年限 T 的函数，为了求得 AC_t 最小值的 T^*，其表达式可以通过对上式进行求导，即

$$\frac{d(AC_t)}{dT} = \frac{2}{\lambda} - \frac{1}{T^2}(K_o - K_l)$$

令

$$\frac{d(AC_t)}{dT} = 0$$

则有

$$T^* = \sqrt{\frac{2(K_o - K_l)}{\lambda}} \tag{7.5}$$

设备在寿命期时的年度费用为

$$AC_t = \frac{1}{T^*}(K_o - K_l) + \frac{\lambda}{2}(T^* - 1) + C_o \tag{7.6}$$

【例 7-1】 某建筑公司新购置一台车床原值为 8000 元，预计净残值为 500 元，预计自然寿命为 15 年，该车床第一年初时运行成本为 1000 元，以后每年的劣化值增量为 500 元，计算该车床的经济寿命，并求经济寿命时该车床的年度费用。

解： 根据题意得，$K_o = 8000$，$K_l = 500$，$\lambda = 500$，则由公式（7.5）得

$$T^* = \sqrt{\frac{2(K_o - K_l)}{\lambda}} = \sqrt{\frac{2 \times (8000 - 500)}{500}} = 5.47(年)$$

由公式（7.6）得，经济寿命时该车床的年度费用为

$$AC_t = \frac{1}{T^*}(K_o - K_l) + \frac{\lambda}{2}(T^* - 1) + C_o$$

$$= \frac{1}{5.47} \times (8000 - 500) + \frac{500}{2} \times (5.47 - 1) + 1000 = 3488.62(元)$$

（2）如果设备的年度费用是变化的，找不到可信的 λ，且年末估计残值也是变化的，此时对设备的经济寿命可以通过逐年计算不同使用年限的运营成本相互比较而得。

用计算公式表示为

$$AC_t = \frac{1}{T}(K_o - K_t) + \frac{1}{T}\sum_{t=1}^{T} C_t \tag{7.7}$$

其中，K_t 为第 T 年末设备残值；其余符号与式（7.3）、（7.4）同。

【例 7-2】 有一台车床，原始价值为 60 000 元，其自然寿命为 7 年，每年的使用费和年末残值估计见表 7-1，不考虑利息，试计算车床的经济寿命。

表 7-1　车床每年的费用　　　　　　　　　　　　单位：元

	1	2	3	4	5	6	7
年度运营成本	10 000	12 000	14 000	18 000	23 000	28 000	34 000
年末残值	30 000	15 000	7500	3750	2000	2000	2000

解： 已知 $K_o = 60\,000$，为计算方便，按照公式（7.7）中各项内容列表计算车床的经济寿命，计算过程见表 7-2。

表 7-2　车床经济寿命计算过程　　　　　　　　　　单位：元

年　份	K_t	C_t	$\dfrac{(K_o - K_t)}{T}$	$\sum_{t=1}^{T} C_t$	$\dfrac{\sum_{t=1}^{T} C_t}{T}$	AC_t
1	30 000	10 000	30 000	10 000	10 000	40 000
2	15 000	12 000	22 500	22 000	11 000	33 500
3	7500	14 000	17 500	36 000	12 000	29 500
4	3750	18 000	14 063	54 000	13 500	27 563
5	2000	23 000	11 600	77 000	15 400	27 000*
6	2000	28 000	9667	10 5000	17 500	27 167
7	2000	34 000	8286	13 9000	19 857	28 143

从表 7-2 的计算可知，第 5 年时车床的年度费用最低，因此，该车床的经济寿命为

$$T^* = 5(年)$$

车床经济寿命时的年度费用为

$$AC_t = 27\,000(元)$$

（二）经济寿命期的动态计算

考虑资金的时间价值，则设备的年度费用计算公式如下：

$$AC_t = K_o(A/P,i,T) - K_l(A/F,i,T) + \Big[\sum_{t=1}^{n} C_t(1+i)^{-t}\Big](A/P,i,T)$$

$$(7.8)$$

【例 7-3】 用例 7.2 的数据资料，考虑资金利息，若基准折现率为 6% 时，计算车床的经济寿命。

解： 按照公式（7.8）所列各项内容列表计算车床的经济寿命。计算过程见表 7-3。

表 7-3　车床经济寿命的计算过程　　　　　　单位：元

年 份	1	2	3	4	5	6	7
K_t	30 000	15 000	7500	3750	2000	2000	2000
C_t	10 000	12 000	14 000	18 000	23 000	28 000	34 000
$K_o\ (A/P,\ 6\%,\ t)$	63 600	32 724	22 446	17 316	14 244	12 204	10 746
$K_t\ (A/F,\ 6\%,\ t)$	30 000	7281	2356	857	355	287	238
$C_t(1+6\%)^{-t}$	9434	10 680	11 755	14 258	17 187	19 739	22 612
$\sum C_t(1+6\%)^{-t}$	9434	20 114	31 869	46 127	63 314	83 052	105 664
$\sum C_t(1+6\%)^t(A/P,6\%,t)$ $(A/P,\ 6\%,\ t)$	1000	10 970	11 922	13 312	15 031	16 893	18 925
AC_t	43 600	36 413	32 012	29 771	28 920	28 810*	29 432

由表 7-3 可知，第 6 年时车床的年度费用最低，最低成本为 28 810 元，故该车床的经济寿命为 6 年。

第三节　设备更新的经济分析

设备更新决策的正确与否直接影响企业的经济效益，为了正确地进行设备更新，必须以经济效果作为决策的判断依据。设备更新经济分析包括更新最佳时期及更新方案比选两方面。更新最佳时期取决于设备经济寿命的确定。本节通过简

述设备更新方案比选的特点和原则，重点介绍设备不同更新方案的比选。

一、设备更新方案比选特点和原则

（一）特点

设备更新方案比选的基本原理和评价方法与互斥方案的比选相同，但在实际比选中，有以下两个特点：

第一，在考虑设备更新方案的比较时，通常假定设备产生的收益是相同的，因此是对各方案的费用进行比较。

第二，由于不同设备方案的寿命可能不尽相同，通常利用年度费用（相当于净年值）进行比较。

（二）原则

设备更新方案的比较还应遵循下面三条原则。

第一，不计沉没成本。

过去购买设备的支出或过去决策所支付的费用，不会被未来的决策所改变。因此，在进行方案比选时，拟更新设备的价值按目前的实际价值计算，而不管其原值或目前折旧余额是多少。

第二，买卖双方均衡。

该原则是指既不能像传统工程经济学那样按没有旧设备条件去分析卖旧设备好还是买新设备好，也不应按有旧设备一方的直接现金流进行比选，而应同时考虑买卖双方，并考虑机会成本使之实现均衡来决定是否更新。

第三，逐年滚动比较。

该原则是指在确定现有设备最佳更新时间时，应首先计算现有设备的剩余经济寿命，然后利用逐年滚动计算的方法进行比较。

二、设备更新方案比选

（一）寿命不同的设备更新方案的比选

设备更新方案比选实际上是对原设备继续使用，还是用新设备更换原设备的方案比较选择。方案选择的原则是从经济角度分析方案的经济合理性。在设备更新分析中，不同的设备往往有各自的使用年限和寿命，不同的使用年限方案分析中一般考虑时间上的可比性。具体步骤如例 7-4 所示。

【例 7-4】　假定某个建筑工程公司现有一台正在使用的土方工程机械 A，目前残值估计为 2000 元，预计该机械还可使用 5 年，年营运成本为 1000 元，第 5

年末的残值为零。拟需要改进或更新该机械以提高生产能力。现提出两个方案：

方案甲：5年后用机械B代替机械A。机械B的原始价值估计为10 000元，寿命期估计为10年，残值为零，年运营成本为600元。

方案乙：现在就用器械C来代替机械A，机械C的原始价值为7000元，寿命估计也为10年，残值为零，每年运营成本为800元。

若 $i=10\%$，试进行方案的比选。

解：根据已知条件，画出两方案的现金流量图，如图7-3所示。

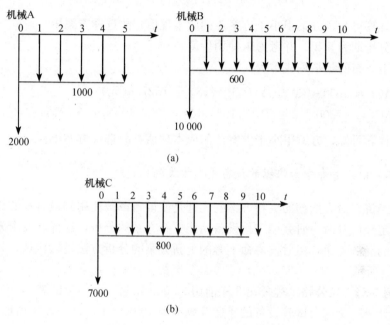

图7-3　甲、乙两方案的现金流量图
(a) 方案甲；(b) 方案乙

方法一：年度费用法。

两方案的年平均成本分别为

$$AC_1 = \{[600(P/A,10\%,10)+1000](P/F,10\%,5)+1000(P/A,10\%,5) + 2000\}(A/P,10\%,15) = 1878.9(元)$$

$$AC_2 = 800+7000(A/P,10\%,10) = 1938.9(元)$$

方案甲的年度费用低于方案乙，故选择方案甲。

方法二：分析期法。

选分析期为10年，并考虑未使用价值。

方案甲的成本现值为

$$PC_1 = 2000 + 10\,000(P/A,10\%,5)$$
$$+ [600 + 10\,000(A/P,10\%,10)](P/A,10\%,5)(P/F,10\%,5)$$
$$= 1\,103\,251(元)$$

机械 B 此时的现值为

$$10\,000(A/P,10\%,10)(P/A,10\%,5) = 6167.63(元)$$

方案乙的成本现值为

$$PC_2 = 7000 + 800(P/A,10\%,10) = 11\,915.68(元)$$

经计算可知，方案甲小于方案乙的成本现值，故选择方案甲。

选分析期为 5 年，并考虑未使用价值。

两个方案的年平均成本为

$$AC_1 = 1000 + 2000(A/P,10\%,5) = 1527.6(元)$$
$$AC_2 = [7000 + 800(P/A,10\%,10)](A/P,10\%,5) = 3134.34(元)$$

经计算可知，方案甲小于方案乙的成本现值，故选择方案甲。

（二）以经济寿命为依据的设备更新方案的比选

以经济寿命为依据的更新方案的比选是使设备都被使用到最有利的年限，也就是选定经济寿命为研究期进行设备功能更新方案的分析，这样就要求先计算出各方案的经济寿命，然后按寿命不等的更新方案的分析方法进行比选。具体步骤如例 7-5 所示。

【例 7-5】 某公路工程公司 3 年前用 20\,000 元购买了一套试制的土工试验设备，估计下一年这台试验设备的年运营成本为 10\,000 元，以后逐年增加 500 元，现在又试制了一套新设备，其原始价值为 12\,000 元，年运营成本估计第一年为 9000，以后逐年增加 900 元，新设备的使用寿命估计为 15 年。由于两套设备都是试制产品，任何时候的残值都为零，若基准收益率为 10\%，该工程公司是否进行设备更新。

解：题目中 3 年前用 20\,000 元购买的原设备是沉没成本，分析计算时不考虑在内。

两套设备"任何时候残值都为零"说明旧设备的现在购买费用和将来的残值都为零，新设备的残值为零。由此，两套设备的现金流量如图 7-4 所示。

根据图 7-4（a）可计算旧设备的年平均使用费用为

$$AC_1 = 10\,000 + 500(A/G,10\%,n)$$

要使 AC_1 最小，只有 $n=1$ 时 AC_1 最小，此时年度费用为

$$AC_1 = 10\,000(元)$$

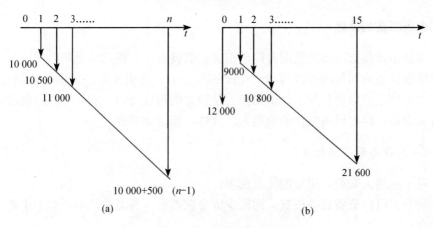

图 7-4　新旧设备现金流量图

（a）旧设备；（b）新设备

根据图 7-4（b）可计算新设备的年平均使用费用为

$$AC_2 = 9000 + 900(A/G, 10\%, t) + 12\,000(A/P, 10\%, t)$$

新设备经济寿命的计算过程见表 7-4。

表 7-4　新设备的经济寿命计算过程　　　　　　　　单位：元

n	1	2	3	4	5	6	7	8	9
第 1 年运营成本	9000	9000	9000	9000	9000	9000	9000	9000	9000
900 $(A/G, 10\%, t)$	0	428.6	842.9	1243.1	1629.1	2001.2	2359.4	2704.1	3035.2
12 000 $(A/G, 10\%, t)$	13 200	6914.4	4825.2	3786	3165.6	2755.2	2464.8	2248.8	2083.2
AC_2	22 200	16 343	14 668	14 029	13 795	13 756	13 824	13 953	14 118

从表 7-4 中的计算可知，新设备的经济寿命是 6 年。

$$AC_2 = 13\,756\ （元）$$

结论：旧设备在其经济寿命时的年度费用低于新设备在其经济寿命时的年度费用，因此，选择旧设备而放弃设备更新。

第四节　设备租赁的经济分析

企业在生产经营中，有时由于资金紧张，除自行购买外，还采用租赁的方式取得设备。

一、设备租赁的概述

设备租赁是指设备的使用者向出租者租借设备，在规定的租期内支付一定租金以换取设备使用权的经济活动。在设备租赁中，出租人可以是设备的制造者，也可以是独立的租赁公司。如果出租人是独立的租赁公司，它必须先向制造商购买有关设备，再把设备交付给承租人，这样，租赁才有效。

(一) 设备租赁的优点

对于承租人来说，租赁的优点在于：

第一，可以节省设备投资，用较少资金获得生产急需的设备，对中小企业比较适合；

第二，加速设备更新，避免技术落后带来的风险；

第三，可以保持资金的流动状态，防止呆滞，也不会使企业资金负债状况恶化；

第四，保值，既不受通货膨胀也不受利率波动影响；

第五，手续简便，设备进货速度快等。

(二) 设备租赁的缺点

对于承租人来说，租赁的缺点在于：

第一，承租人对租用设备无所有权，只有使用权，故不能处置设备，也不能用于担保、抵押贷款；

第二，租赁设备的总费用比购置设备费用高，因为租金中包含着出租人的管理费用和边际利润；

第三，长年支付租金，形成长期负债；

第四，租赁合同规定严格，不管企业的现金流量和经营状况如何，都要按照合同支付租金，毁约要赔偿损失，罚款较多等。

二、租赁的方式

设备租赁主要有两种方式，分别是经营租赁和融资租赁。

(一) 经营租赁

经营租赁，又称运行租赁，是指由出租方根据承租方的需求，与承租方签订租赁合同，在合同期内将设备有偿交给承租方，承租方按合同规定，向出租方支付租赁费的一种租赁业务。这种方式带有临时性，因而租金较高。承租者往往用这种方式租赁技术更新较快、租期较短的设备，如临时短期使用的车辆、设备和仪器。

经营租赁一般由设备所有者（出租人）负责设备的维修、保养与保险，租赁的期限往往短于设备的寿命期。这种租赁形式，承租人不需要获得租用设备的所有权，只是负担相应租金来取得设备的使用权，承租人可以不负担设备无形磨损的风险，可根据市场的变化决定设备的租赁期限。

（二）融资租赁

融资租赁，又称财务租赁，这是一种在实质上转移与资产所有权有关的全部风险和报酬的租赁方式。租赁总额通常足够补偿全部设备成本，租赁双方承担确认的租期和付费的义务，不得任意终止和取消租约。租约期满后，租赁设备的所有权无偿或低于其余值转让给承租人，租赁期中的设备维修、保养和保险等费用均由承租人负责。融资租赁是一种融资和融物相结合的方式，主要解决企业大型贵重的设备和长期资产的需要。

融资租赁有多种形式，主要包括以下几种。

1. 简单融资租赁

简单融资租赁即由承租人选择需要购买的租赁物件，出租人通过对租赁项目风险评估后出租租赁物件给承租人使用。在整个租赁期间承租人没有所有权但享有使用权，并负责维修和保养租赁物件。出租人对租赁物件的好坏不负任何责任，设备折旧在承租人一方。

2. 杠杆融资租赁

使用这种租赁方式时，出租人自筹租赁设备购置成本的 20%～40% 的资金，其余 60%～80% 的资金由银行或财团等以贷款形式提供，但出租人拥有设备的法定所有权。这样，在很多工业发达国家，出租人按其国家税法规定就可享有按设备的购置成本金额为基础计算的减税优惠。但是，出租人需将设备的所有权、租赁合同和收取租金的权利抵押给银行或财团，以此作为其取得贷款的担保，每期租金由承租人交给提供贷款的银行或财团，由其按商定比例扣除偿付贷款及利息的部分，其余部分交出租人处理。

3. 委托融资租赁

委托租赁是指融资租赁项目中的租赁物或用于购买租赁物的资金是由一个或多个法人机构提供的信托财产。租赁公司以受托人的身份同作为委托人的这些法人机构订立由后者将自己的财产作为信托财产委托给租赁公司以融资租赁方式运用和处分的信托合同。该融资租赁项目的风险和收益全部归委托人，租赁公司则依据该信托合同的约定收取由委托人支付的报酬。租赁公司同出卖人之间的买卖合同以及同用户企业之间的融资租赁合同和自担风险的融资租赁业务中的同类合同毫无差别。

4. 项目融资租赁

承租人以项目自身的财产和效益为保证，与出租人签订项目融资租赁合同，出租人对承租人项目以外的财产和收益无追索权，租金的收取也只能以项目的现金流量和效益来确定。出卖人（租赁物品生产商）通过自己控股的租赁公司采取这种方式推销产品，扩大市场份额。通讯设备、大型医疗设备、运输设备甚至高速公路经营权都可以采用这种方法。

其他融资租赁的方式还包括返还式租赁，又称售后租回融资租赁；融资转租赁，又称转融资租赁等。

三、设备租赁的经济分析

设备租赁的经济分析实际上是对设备租赁和设备购买两个互斥方案的比选。在前面关于互斥方案的比选中，我们介绍了 NPV 法、增量分析法、最小费用法、年值法等。运用这些方法，最主要是要确定租赁或购买的现金流量，然后再通过对现金流量进行折现后做出决策的。

采用设备租赁方案，就没有折旧费，租赁费用可以直接计入生产成本，其现金流量为

$$净现金流量 = 营业收入 - 经营成本 - 租赁费用 - 税率$$
$$\times (营业收入 - 经营成本 - 租赁费用) \qquad (7.9)$$

而在相同条件下，购置设备方案的净现金流量为

$$净现金流量 = 营业收入 - 经营成本 - 设备购置费 - 税率$$
$$\times (营业收入 - 经营成本 - 折旧费) \qquad (7.10)$$

由以上两式可以看出，当租赁费等于折旧费时，区别仅在于税金的大小。当采用平均年限法折旧时，租赁费高于折旧费，因此所付的税金较少，有利于企业。

【例 7-6】 某工程公司施工需要增加一台设备，试用期为 10 年，残值为零。如果购置一次投资 200 万元，年运营费 8 万元；如果租赁此设备则每年需支付租金 30 万元，年利率为 10%，试用经济分析的方法对方案进行决策。

解：用 NPV 法进行分析与比较：

$$NPV_{购} = 200 + 8(P/A, 10\%, 10) = 249.16(万元)$$
$$NPV_{租} = 30(P/A, 10\%, 10) = 184.34(万元)$$

因 $NPV_{购} > NPV_{租}$，所以租赁设备较经济，可节约 64.82 万元。

【例 7-7】 某企业急需一台设备，其购买费用为 40 000 元，可使用 10 年，期末残值为 4000 元。如果租赁这种设备，每年初需缴纳租赁费 6400 元，运营成本每年都是 1500 元。政府规定的所得税税率为 33%，年末纳税。采用平均年限法折旧，基准收益率为 10%，那么该企业是该采取设备租赁方案还是设备购买方案。

解：用年度费用法进行比较，只比较年度费用差异的部分。

如果企业租赁设备，则年费用的差异部分为

$$AC_1^* = 6400 \times (1 + 10\%) - 6400 \times 33\% = 4928(元)$$

如果企业购买设备，其年购买费用为

$$AC_2 = (40\,000 - 4000)(A/P, 10\%, 10) + 4000 \times 10\% = 6258(元)$$

$$年折旧费 = (40\,000 - 4000) \div 10 = 3600(元)$$

则设备购买方案年费用的差异部分共计为

$$AC_2^* = 6258 - 3600 \times 33\% = 5070(元)$$

因为 $AC_1^* < AC_2^*$，所以选择租赁设备方案为最优。

第五节　本　章　小　结

本章所涉及的内容是设备更新的经济分析。介绍了设备更新的概念、磨损形式、补偿方式、设备的寿命及其确定、设备更新和设备租赁的经济分析。

设备更新是指采用新的设备去替代技术性能落后、经济效益差的原有设备。设备磨损分两种形式，即有形磨损和无形磨损。有形磨损是指设备在外力作用下，或在自然放置过程中零部件发生磨损、震动、疲劳、生锈等现象，致使设备的实体产生磨损。无形磨损是指由于科学技术的进步而不断出现性能更加完善、生产效率更高的设备，使得原有设备价值相对降低的现象。设备磨损的形式不同，磨损补偿的方式也不同，设备磨损的补偿方式有设备修理、原型设备更新、新型设备更新和设备技术改造四种。

设备的寿命包括设备的自然寿命、折旧寿命、技术寿命和经济寿命。经济寿命是指设备在使用过程中平均年度使用成本达到最低的年限，即经济寿命是设备的最低成本寿命。设备寿命对设备更新的经济分析有重要意义。经济寿命期的确定主要有两种计算方法，一种是不考虑资金时间价值，称为静态计算；另一种是考虑资金时间价值，称为动态计算。应重点掌握其求解过程。

设备更新决策的正确与否直接影响企业的经济效益，为了正确地进行设备更新，必须以经济效果作为决策的判断依据。设备更新经济分析包括更新最佳时期及更新方案比选两方面。设备更新方案的比选可分为寿命不同的设备更新方案的比选及以经济寿命为依据的设备更新方案的比选。设备更新方案的比选的基本原理和评价方法与互斥方案相同，主要采用 NPV 法，增量分析法，最小费用法，年值法等。在实际比选中，还应注意设备方案比选的特点和原则。

设备租赁是指设备的使用者向出租者租借设备，在规定的租期内支付一定租金以换取设备使用权的经济活动。对于承租人来说，设备租赁有其自身的优缺点，在实际工作中，还需谨慎抉择。在租赁方式上，设备主要有经营租赁和融资租赁两种租赁方式。经营租赁，是指由出租方根据承租方的需求，与承租方签订租赁合同，在合同期内将设备有偿交给承租方，承租方按合同规定，向出租方支付租赁费的一种租赁业务。融资租赁，是一种在实质上转移与资产所有权有关的全部风险和报酬的租赁方式。融资租赁有多种形式，主要包括简单融资租赁、杠杆融资租赁、委托融资租赁及项目融资租赁等。对于设备租赁的经济分析实际上是对设备租赁和设备购买两个互斥方案的比选。

关键概念

设备更新　有形磨损　无形磨损　设备的经济寿命　资金恢复费用　设备租赁　经营租赁　融资租赁

复习思考题

1. 什么是设备的有形磨损和无形磨损？如何补偿这些磨损？

2. 设备的寿命分为几种？各自的含义是什么？

3. 设备的经济寿命有什么意义？如何确定？

4. 设备更新的特点和原则有哪些？

5. 简述设备租赁的含义、类型。

6. 某设备购置费用为 60 000 元，其使用成本第一年为 20 000，此后每年比上一年递增 5000，求该设备的经济寿命期及寿命期时的年度费用。（假设利息和残值都为零）

7. 一台设备原值为 16 000 元，自然寿命为 7 年，每年年末残值和使用费用资料见下表，试分别按静态和动态的年度费用法来确定设备的最佳更新期。（$i=10\%$）

表 7-5　设备每年年末残值和年使用费用表

年　份	1	2	3	4	5	6	7
使用费用	2000	2500	3500	4500	5500	7000	9000
年末残值	10 000	6000	4500	3500	2500	1500	1000

8. 某企业需要某种设备，其购置费为 20 000 元，预计使用 10 年，残值为 2000 元。这种设备也可以租到，每年租赁费为 3000 元。两种方案的运营成本都是每年 2000 元。政府规定的所得税率是 33%，采用平均年限法折旧。若基准收益率是 12%，试问：企业应采用租赁融资还是采用购置设备？

第八章 不确定性与风险分析

本章摘要： 本章介绍了如何对项目进行不确定性分析与风险分析，主要包括如何进行盈亏平衡分析、敏感性分析、概率分析以及决策树分析。通过本章的学习，学生应了解为什么要进行不确定性与风险分析，掌握概率树分析和决策树分析的方法，并要求能够画出概率树分析图和决策树分析图。重点掌握盈亏平衡分析和敏感性分析的步骤和具体方法，并能够灵活运用。

在项目的经济评价中，我们主要使用的是预测或者估算的数据，但是由于未来的经营环境和项目自身状况均有可能发生变化，所以，这些数据与实际数据存在一定程度上的误差，为了消除这些误差对投资者决策的影响，就需要进行不确定性分析和风险分析。不确定性与风险分析主要包括盈亏平衡分析、敏感性分析、概率树分析和决策树分析。

第一节 不确定性与风险

一、不确定性与风险的含义

（一）不确定性与风险的定义及联系

不确定性是由在决策的各个方面和包含在有效决策分析的概念部分的不完全的认知或随机变化所引起的。不确定性源于无法预测未来的事件（如十年以后的利率是多少）或者对真实过程的有限的认识。奈特在其名著《风险、不确定性和利润》一书中强调：风险是指可度量的不确定性，不确定性指不可度量的风险。从这个定义可以看出，风险和不确定性既有联系又有区别。从本质上说，风险就是一种不确定。风险是一种人们可知其概率分布的不确定性，人们可以根据过去推测未来的可能性；而不确定性则意味着人类的无知，因为不确定表示着人们根本无法预知没有发生过的将来事件，它是全新的、唯一的、过去从来没有发生过的。

（二）风险的特性

风险是指未来结果是不确定的，但未来结果出现的可能，即概率分布是已知或可以估计的。风险具有以下几个特性。

1. 风险的客观性

风险的客观性是指风险的发生是不以人的意志为转移的，是独立于人的意识之外而客观存在的。人们只能在一定的时间和空间内改变风险存在和发生的条件，降低风险发生的频率和损失的大小，但却不能彻底消除风险。

2. 风险的普遍性

风险的普遍性是指风险是普遍存在的，风险存在于社会、企业、个人生活的方方面面，也就是说人或人类社会组织没有绝对的安全。

3. 风险的统计性

通过对大量风险事故的观察，我们会发现其往往会有一定的规律性。运用统计学方法可以比较准确地反映出风险的规律性。

4. 风险的不确定性

虽然风险是客观存在的，但就某一具体风险而言，它的发生是偶然的、不确定的。这主要表现为：风险事故是否发生不确定、何时发生不确定、发生的后果影响程度与范围不确定等。

二、不确定性与风险的来源

一个投资项目的不确定性与风险主要来自两个方面：一是项目自身的不确定性；二是项目所处环境的不确定性。具体地讲，有下列几方面的来源：

(1) 政治、经济环境的变化所引起的政策变化，如价格政策、税收政策、货币信贷政策、产业政策、产品政策、科技政策等的变化。

(2) 市场供求情况在不断变化，对这种变化很难做出精确的预测。

(3) 技术在不断进步，新产品、新技术不断出现。

(4) 通货膨胀及其他随机因素等。

(5) 投资项目的规划、设计、分析与评价所依据的原始数据（如产品销售量、产品价格、成本、投资额、建设周期等），都是对项目未来情况的预计和估算，是一种事前分析。而往往情况是千变万化的，预测结果与项目实施后实际情况很可能出现误差，即预测结果存在不确定性。

三、工程经济学中进行不确定性分析的原因

在项目的经济评价中，我们主要使用的是预测或者估算的数据，但是由于未来的经营环境和项目自身状况均有可能发生变化，所以，这些数据与实际数据存在一定程度上的误差，为了消除这些误差对投资者决策的影响，就需要进行不确定性分析和风险分析。准确地说，风险分析是指分析工程项目在其环境中和寿命期内自然存在的、导致经济损失的变化；而不确定性分析是对项目风险大小的分析，即分析工程项目在其存在的时空内自然存在的、导致经济损失之变化的可能性及其变化程度。

虽然从定义上来看，不确定性分析和风险分析有一定区别，但是，在工程项

目经济评价中,把二者区分并无太大的实际意义,因此,一般习惯于把二者结合起来,统称为不确定性分析。在工程项目经济评价中,不确定性分析主要包括盈亏平衡分析、敏感性分析、概率分析、决策树分析等。对工程项目进行不确定性分析的方法和内容要在考虑了工程项目的类型、特点、决策者的要求、相应的人力财力以及项目对国民经济的影响程度等条件下来选择。一般来讲,盈亏平衡分析只适用于工程项目的财务评价,而敏感性分析和概率分析则可以同时用于财务评价和国民经济评价。

第二节 盈亏平衡分析

盈亏平衡分析(break even analysis)又称为量本利分析、临界分析,是指根据项目正常生产年份的产品产量(或销售量)、变动成本、固定成本、产品价格和销售税金等数据,确定项目的盈亏平衡点 BEP(break-even point),即盈利为零时的临界值。也就是说,在盈亏平衡点上,营业收入等于总成本费用和税收之和,正好盈亏平衡。

总成本费用包括可变成本和固定成本。可变成本是指会随着产量变动而变动的成本,而固定成本是指不随产量而变动的成本。在盈亏平衡点的计算中,可变成本主要包括原材料、燃料、动力消耗、包装费和计件工资等。固定成本主要包括工资(计件工资除外)、折旧费、无形资产及其他资产摊销费、修理费和其他费用。

盈亏平衡分析主要包括线性盈亏平衡分析和非线性盈亏平衡分析两种。线性盈亏平衡分析由于其计算简单,容易掌握,所以比非线性盈亏平衡分析用得更广泛。

一、线性盈亏平衡分析

在对项目进行盈亏平衡分析中,如果项目的收益和成本均为产量的线性函数,就是线性盈亏平衡分析。

(一)假设条件

线性盈亏平衡分析主要是基于以下假设:

(1)产品的产量与销售量是一致的。

(2)单位产品的价格保持不变,营业收入是销售量的函数。

(3)成本分为固定成本和变动成本,其中固定成本与产量无关,而变动成本是产量的正比例函数。

(4)所采用的数据都来自于项目正常生产年份。

（二）线性盈亏平衡分析的计算方法

1. 线性盈亏平衡分析的基本公式

（1）营业收入公式：$S = P \times Q$　　　　　　　　　　　　　　　　　（8.1）

其中，S 为年营业收入；P 为产品价格；Q 为达产期产量或销售量。

（2）年总成本费用公式：$C = F + V \times Q$　　　　　　　　　　　　（8.2）

其中，C 为年总成本费用；F 为年固定成本；V 为单位产品变动成本；Q 为达产期产量或销售量。

为了求出盈亏平衡点，只需让营业收入＝总成本费用＋税收即可。即

$$P \times Q = F + V \times Q + T \times Q \qquad (8.3)$$

其中，T 为单位产品税收（包括单位产品的增值税和销售税金及附加）

2. 盈亏平衡产量（或销售量）Q_{BEP} 的计算方法

盈亏平衡产量（或销售量）就是当项目达到盈亏平衡时的产量，它表明企业不发生亏损时必须达到的最低限度的产量，也就是说项目保本时的产量。

由 $P \times Q = F + V \times Q + T \times Q$，可得出

$$Q_{BEP} = \frac{F}{P - V - T} \qquad (8.4)$$

3. 盈亏平衡生产能力利用率（R_{BEP}）的计算方法

盈亏平衡生产能力利用率就是盈亏平衡时的产量（或销售量）占企业正常年份销售量的比例。所以它的计算就可以利用上述盈亏平衡产量的计算结果求出。

$$R_{BEP} = \frac{Q_{BEP}}{Q} = \frac{F}{(P - V - T)Q} \qquad (8.5)$$

其中，Q_{BEP} 表示盈亏平衡产量；Q 表示正常生产年份的产量。

4. 盈亏平衡价格（P_{BEP}）的计算方法

盈亏平衡价格就是盈亏平衡时的产品价格。

由 $P \times Q = F + V \times Q + T \times Q$，得

$$P_{BEP} = \frac{F}{Q} + V + T \qquad (8.6)$$

5. 盈亏平衡单位变动成本（V_{BEP}）的计算方法

盈亏平衡单位变动成本是指盈亏平衡时的单位变动成本的大小。

由 $P \times Q = F + V \times Q + T \times Q$，得

$$V_{BEP} = P - T - \frac{F}{Q} \qquad (8.7)$$

（三）线性盈亏平衡分析图

根据营业收入、税收、总成本费用和产量的关系可以做出坐标图，如图 8-1

（盈亏平衡分析图）所示。

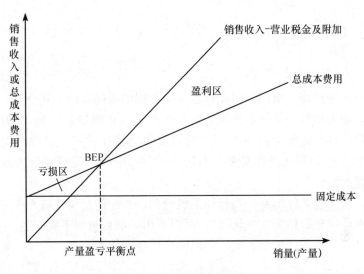

图 8-1　盈亏平衡分析图

在图 8-1 中，营业收入线（如果营业收入和成本费用都是按含税价格计算的，营业收入中还应减去增值税）与总成本费用线的交点即为盈亏平衡点，这一点对应的产量即为 Q_{BEP}，也可换算为 R_{BEP}（盈亏平衡生产能力利用率）。

（四）盈亏平衡点计算的意义

盈亏平衡产量与项目设计的生产能力之间的差距越小，说明项目的风险越大，项目越容易受生产（销售）水平变化的影响。盈亏平衡产量越低，说明项目适应市场变化的能力和抗风险能力越强。

盈亏平衡生产能力利用率可以用来反映项目的经营安全率（经营安全率＝1－盈亏平衡生产能力利用率），如果经营安全率大于30%，说明项目的经营安全性较好，如果经营安全率小于30%，则说明项目的经营安全性较差。

其他盈亏平衡点的意义也都是和盈亏平衡产量大致相同，盈亏平衡价格越低，盈亏平衡单位变动成本越高，说明项目的抗风险能力越强。

【例 8-1】 某工程项目年达产期的产量为 20 万吨，已知单位产品的销售价格为 500 元/吨，单位税金为 150 元/吨，单位变动成本为 200 元/吨，年固定成本为 1500 万元，试对该项目进行盈亏平衡点分析

解： 由题设条件可得，$Q=20$，$P=500$，$T=150$，$V=200$，$F=1500$

$$Q_{BEP} = \frac{F}{P-V-T} = \frac{1500}{500-200-150} = 10（万吨）$$

$$R_{BEP} = \frac{Q_{BEP}}{Q} = \frac{10}{20} = 50\%$$

$$P_{BEP} = \frac{F}{Q} + V + T = \frac{1500}{20} + 200 + 150 = 425(元 / 吨)$$

$$V_{BEP} = P - T - \frac{F}{Q} = 500 - 150 - \frac{1500}{20} = 275(元 / 吨)$$

通过以上的计算，可以得出项目不发生亏损的条件有以下几个：

第一，如果项目的其他条件不变，若年产量（年销量）达到 10 万吨，也就是达到项目设计生产能力的 50% 时，项目就不会发生亏损。由此可得出项目的经营安全率大于 30%（经营安全率＝1－50%＝50%），说明项目的抗风险能力还是比较强的。

第二，若其他条件不变，项目如果想盈利，必须使销售价格大于 425 元/吨。而项目的实际销售价格为 500 元/吨，可以看出，项目盈利不成问题。

第三，若其他条件保持不变，项目的单位变动成本为 275 元时，项目就可不赢不亏。而项目的实际单位变动成本仅为 200 元，说明项目可以轻松盈利，抗风险能力较强。

二、非线性盈亏平衡分析

（一）非线性盈亏平衡分析的概念

线性盈亏平衡假设营业收入是产量的线性函数，但是在实际生产经营过程中，随着项目产销量的增加，市场上产品的单位价格就要下降，所以，产品的营业收入与销售量之间、成本费用与产量之间未必呈线性关系。当产品的营业收入与销量之间、成本与销量之间不成线性关系时，我们就要使用非线性盈亏平衡分析。

（二）非线性盈亏平衡分析的基本原理

确定非线性盈亏平衡分析点的基本原理与线性盈亏平衡点相同，即使营业收入＝总成本（为了计算方便，忽略税收），求出盈亏平衡点，只不过这时盈亏平衡点可能不止一个。为了更加直观地理解非线性盈亏平衡分析，可以画出非线性盈亏平衡分析图。如图 8-2 所示：图中有两个盈亏平衡点 Q_1 和 Q_2，当 Q 在 Q_1 和 Q_2 之间是盈利区，当 $Q < Q_1$ 或 $Q > Q_2$ 时，项目就处于亏损区。Q_{MAX} 是最大盈利点。

（三）非线性盈亏平衡分析的应用

非线性关系有很多种，这里介绍一个最简单的营业收入和总成本（税收忽略

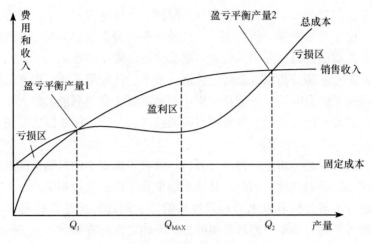

图 8-2　非线性盈亏平衡图

不计）都是产量的二次函数，即

$$TR(Q) = A_1Q^2 + B_1Q + C_1 \tag{8.8}$$

$$TC(Q) = A_2Q^2 + B_2Q + C_2 \tag{8.9}$$

其中，$TR(Q)$ 为营业收入；$TC(Q)$ 为总成本；A_1、B_1、C_1、A_2、B_2、C_2 均为系数。

根据盈亏平衡点的基本原理：$TR(Q) = TC(Q)$

代入后，得 $A_1Q^2 + B_1Q + C_1 = A_2Q^2 + B_2Q + C_2$

整理，得 $(A_1 - A_2)Q^2 + (B_1 - B_2)Q + C_1 - C_2 = 0$

解这个一元二次方程，就能求出盈亏平衡产量。

【例 8-2】　某项目的营业收入与产量的关系是 $TR(Q) = 2Q^2 - 50Q - 2500$（产量单位：万吨），总成本与产量的关系式：$TC(Q) = 3Q^2 - 250Q + 5000$，求以产量表示的盈亏平衡点。

解：令 $TR(Q) = TC(Q)$，得 $2Q^2 - 50Q - 2500 = 3Q^2 - 250Q + 5000$

整理得 $Q^2 - 200Q + 7500 = 0$

$$(Q - 50)(Q - 150) = 0$$

解这个方程得，$Q_1 = 50$，$Q_2 = 150$

所以，能使本项目达到盈亏平衡分析的产量有两个，即：产量为 50 万吨和产量为 150 万吨，本项目若想盈利，就要把产量控制在 50 万吨～150 万吨。

三、盈亏平衡分析的局限性

通过盈亏平衡分析可以粗略地衡量项目的风险，了解产量、成本和营业收入之间的关系。但是盈亏平衡分析也有其局限性，具体体现在以下几个方面：

第一，由于盈亏平衡分析特别是线性盈亏平衡分析是建立在一系列假设条件上的，如果假设条件与实际出入很大，那么分析结果很难准确。

第二，盈亏平衡分析仅仅是讨论价格、成本、产量等不确定因素的变化对工程项目盈利水平的影响，却不能从分析中判断项目实际盈利能力的大小。

第三，盈亏平衡分析虽然能对项目的风险进行分析，但难以定量测度风险的大小。

第四，盈亏平衡分析是一种静态分析，没有考虑资金的时间价值因素和项目计算期的现金流量的变化，因此，其计算结果和结论是比较粗略的。

尽管盈亏平衡分析有以上的局限性，但是它的计算方法比较简单，使用方便，所以盈亏平衡分析是一种较常用的分析不确定性的方法。

第三节　敏感性分析

在评价项目时所使用的数据均是估计的数据，这些数据可能会随着未来经济环境而发生相应的变化，进而使净现值、内部收益率、投资回收期等指标发生变化，敏感性分析就是用来衡量这种变化的。概括地说，敏感性分析就是在确定性分析的基础上，进一步分析不确定性因素对投资项目的最终经济效果指标（如净现值、内部收益率等）的影响及其影响程度，找出敏感性因素，确定其敏感程度，预测项目可承担的风险。

一、敏感性分析概述

在对项目进行敏感性分析时，我们通常改变一种或多种不确定性因素的数值，计算其对项目效益指标的影响，通过计算敏感度系数和临界点，估计项目效益指标对它们的敏感程度，进而确定关键的敏感因素。

根据每次进行敏感性分析所考虑的变动因素的数目不同，敏感性分析分为单因素敏感性分析和多因素敏感性分析。单因素敏感性分析是指每次只改变一个因素的数值来进行分析，估算单个因素的变化对项目效益产生的影响；多因素敏感性分析则是同时改变两个或两个以上因素进行分析，估算多个因素同时发生变化的影响。为了找出关键的敏感性因素，通常多进行单因素敏感性分析。所以下面以单因素敏感性分析为例介绍一下敏感性分析的有关内容。

二、单因素敏感性分析的计算步骤

单因素敏感性分析一般按照下列步骤进行。

（一）确定具体的要进行敏感性分析的经济评价指标

进行敏感性分析时，经济评价指标的选取要根据项目的特点和实际需要来确定。一般选择能够反映项目的经济效益的综合性评价指标，如净现值、内部收益率、投资回收期等。但要注意，不确定性分析是建立在确定性分析的基础上的，所以敏感性分析的经济评价指标的选取不能超出确定性分析时所使用的经济评价指标的范围。

（二）确定具体的不确定性因素，并设定这些不确定性因素的变动范围

不确定性因素是指那些在投资项目经济评价中，对项目效益有一定影响的基本因素。敏感性分析中，只需选择对项目效益影响较大、比较重要的不确定性因素进行分析即可。在进行不确定性因素选择时，需要依据下列两条原则：第一，预计在可能的变动范围内，该因素的变动将会极大地影响项目投资效益；第二，对在确定性分析中所采用的该因素的数据来源的可靠性、准确性把握不大。一般来说，不确定性因素主要选择投资额、产品价格、产品产销量、经营成本等。

不确定性因素的变化幅度一般选择 5%、10%、20%，其中选 10% 的居多。

（三）计算各个不确定性因素对经济评价指标的影响程度

确定不确定性因素的敏感程度通常有两种方式：绝对测定法和相对测定法。在进行敏感性分析时，我们通常是把两种方法结合起来运用，一般计算敏感度系数和临界点。

1. 敏感度系数

敏感度系数是项目的经济评价指标变化的百分率与不确定因素变化的百分率之比。敏感度系数越高，表明项目效益对该不确定性因素敏感程度越高，这说明应该重视该不确定性因素对项目效益的影响。

$$敏感度系数 = \frac{项目经济评价指标变化的百分率}{不确定性因素变化的百分率} \times 100\% \qquad (8.10)$$

2. 临界值

临界值也称临界点，它是指不确定性因素的极限变化，即该不确定性因素使项目内部收益率等于基准收益率或者说使净现值等于零时的变化百分率，临界值也可以用该百分率对应的具体数来表示。

临界点的高低与设定的基准收益率有关，对于同一个投资项目，随着设定基准收益率的增大，临界点就会变低。而在一定的基准收益率下，临界点越低，说明该因素对项目效益指标影响越大，项目对该因素越敏感。

(四) 确定敏感性因素

在对选取的不确定性因素进行敏感性分析后，可对其进行分类。若该因素小幅度的变化就能引起经济评价指标发生很大的变化，也就是敏感度系数较大，则为敏感性因素；若该因素即使发生很大的变化，对项目的经济评价指标的影响也不是很大，则说明该因素为非敏感因素。在敏感性分析中，我们的任务就是找出那些敏感度系数大的敏感性因素。

(五) 提出敏感性分析的结论和建议

结合确定性分析与敏感性分析的结果，我们可以粗略预测项目可能的风险，进而寻找控制风险的相应对策。如果进行敏感性分析的目的是对不同的投资方案进行比选，一般应选择敏感度小、承受风险能力强、可靠性大的方案。

三、单因素敏感性分析图

敏感性分析图可以帮助我们更加直观地看出不确定性因素的变化对项目经济评价指标的影响程度。

画敏感性分析图时，首先，选择横纵坐标，横坐标一般为不确定性因素（图8-3 中选择的是销售收入、经营成本、投资额）的变化率，纵坐标为项目的经济评价指标（在图 8-3 中选择的是 IRR），一般选择内部收益率或净现值；其次，根据敏感性分析的计算结果做出各个不确定性因素的变化曲线，其中与横坐标相交角度大的因素为敏感性因素；最后，在坐标图上找出使内部收益率等于基准收益率或者是净现值等于零的横坐标的对应点，做出标记，这个交点处的横坐标就是临界点（如图 8-3 中 C_1、C_2、C_3）。

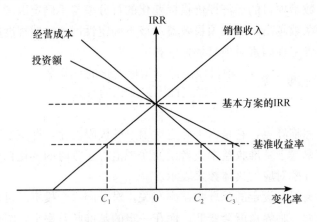

图 8-3　敏感性分析图

四、敏感性分析的局限性

敏感性分析在一定程度上就各种不确定因素的变动对方案的经济效果的影响作了定量描述，这有助于投资者了解方案的不确定性程度，确定在决策过程中及方案实施过程中需要重点研究与控制的因素，对提高方案经济评价的可靠性具有重要意义。但是，敏感性分析也有其局限性，它虽然可以指出项目经济评价指标对各个不确定因素的敏感程度，找出敏感因素，但它不能说明不确定性因素发生变动的情况的可能性是大是小，没有考虑不确定因素在未来发生的概率，而这种概率是与项目的风险大小密切相关的。若要进一步明确不确定性因素的变化对未来项目经济评价指标影响的可能性，还需要作概率分析。

【例 8-3】　某项目估算的各年的现金流量见表 8-1。

表 8-1　现金流量表　　　　　　　　　　　单位：万元

年　份	0	1~9	10
总投资	14 000		
营业收入		7000	7000
经营成本		4000	4000
期末资产残值收入			800
净现金流量	−14 000	3000	3800

设基准收益率为 10%，以投资额、营业收入、经营成本三个因素作为不确定性因素，使其分别变动±10%，不考虑企业所得税，对这三个因素作敏感性分析。

解： 选择净现值作为敏感性分析的经济评价指标。

首先，计算出该项目的净现值。

$NPV = -14\,000 + 3000 \times (P/A, 10\%, 9) + 3800 \times (P/F, 10\%, 10) = 4724.14$（元）

由于 NPV>0，所以该项目从财务上是可行的。

然后，对该项目进行敏感性分析。

第一，如果总投资增加 10%，计算出净现值；

第二，如果总投资减少 10%，计算出净现值；

第三，如果营业收入增加 10%，计算出净现值；

第四，如果营业收入减少 10%，计算出净现值；

第五，如果经营成本增加 10%，计算出净现值；

第六，如果经营成本减少 10%，计算出净现值。

计算结果如表 8-2 所示。

表 8-2　敏感性分析表

序　号	调整项目			分析结果		
	总投资	营业收入	经营成本	NPV/万元	平均+1%	平均−1%
0				4742.14		
1	+10%			3342.14	−2.95%	
2	−10%			6142.14		2.95%
3		+10%		9043.33	9.07%	
4		−10%		440.94		−9.07%
5			+10%	2284.31	−5.18%	
6			−10%	7199.96		5.18%

从敏感性分析表中可以看出，当其他因素不变时，总投资增加 10%，净现值下降 2.95%；当其他因素不变时，营业收入减少 10%，净现值下降 9.07%；当其他因素不变时，经营成本增加 10%，净现值下降 5.18%。因此，可以看出，在这三个不确定性因素中，净现值对营业收入的敏感度最高，其次为经营成本，最不敏感的因素为总投资。

再次，画出敏感性分析图，这样可以帮助我们更加直观地了解净现值对哪种因素更加敏感。

当其他因素不变时，令 NPV=0，求出营业收入和营业收入变化率为

$$营业收入 = 6228.27(万元)$$

$$变化率 = \frac{6228.27 - 7000}{7000} = -11.02\%$$

当其他因素不变时，令 NPV=0，求出总投资及其变化率为

$$总投资 = 18\,742.14(万元)$$

$$变化率 = \frac{18742.14 - 14\,000}{14000} = 33.87\%$$

当其他因素不变时，令 NPV=0，求出经营成本及其变化率为

$$经营成本 = 4771.73(万元)$$

$$变化率 = \frac{4771.73 - 4000}{4000} = 19.29\%$$

根据上述计算结果画出敏感性分析图，如图 8-4 所示。

从图 8-4 可以看出，当营业收入下降 11.02% 时，净现值变为零，如果下降幅度超过 11.02%，则项目由可行变为不可行；当总投资增加 33.87% 时，净现值变为零，如果增加幅度超过 33.87%，项目由可行变为不可行；当经营成本增加 19.29% 时，净现值变为零，如果增加幅度超过 19.29%，则项目由可行变为不可行。此外，由图中直线的斜率也可知营业收入是最敏感因素，总投资是最不敏感因素。

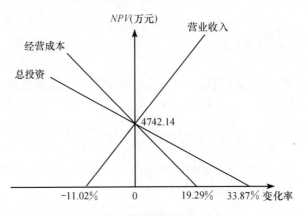

图 8-4　敏感性分析图

最后，根据敏感性分析结果和敏感性图，提出建议。由上述分析可知，营业收入是最敏感的因素，因此，从项目决策的角度来讲，应该对产品价格作进一步更准确的估算。因此，从项目风险的角度来说，如果未来产品营业收入发生不利变化的可能性较大，则意味着该方案的风险也较大。

第四节　概　率　分　析

一、概率分析的概念

概率分析是根据主客观经验，估算构成项目方案的某些主要参数或评价指标，如年净收益、净现值等，未来在一定范围内可能发生变动的概率，然后运用概率论和数理统计的数学方法，来评价方案的经济效果和风险。概率分析是为了弥补敏感性分析的不足，它主要是通过计算项目经济评价指标的期望值、累计概率、标准差及离差系数等来反映方案的风险程度。

概率分析方法很多，常用的方法是计算项目净现值的期望值大于等于零时的累计概率。

二、概率分析的方法

（一）期望净现值和标准差的计算

1. 期望净现值的计算

期望净现值就是在不同情况下净现值与其相对应概率的乘积之和。用公式表示为

$$E(\text{NPV}) = \sum_{i=1}^{n} \text{NPV}(i) \times P(i) \tag{8.11}$$

其中，$E(\text{NPV})$ 为期望净现值；$\text{NPV}(i)$ 为第 i 种现金流量下的净现值；$P(i)$ 为第 i 种情况发生的概率。

2. 标准差的计算

标准差是用来度量随机变量与其均值（期望值）之间偏离程度的，一般用来衡量投资方案风险的大小。计算公式为

$$\sigma = \sqrt{\sum_{i=1}^{n}[\text{NPV}(i) - E(\text{NPV})]^2 \times P(i)} \qquad (8.12)$$

【例 8-4】 某项目投资方案的净现值及其概率分布如表 8-3 所示，计算该方案的期望净现值和方差。

表 8-3　净现值和概率分布表

净现值/万元	33	35	40	42	45
概率	10%	20%	30%	25%	15%

解： 根据期望净现值的公式，该方案的期望净现值为

$E(\text{NPV}) = 33 \times 10\% + 35 \times 20\% + 40 \times 30\% + 42 \times 25\% + 45 \times 15\%$
$= 39.55(万元)$

根据标准差的公式，可得出该方案的标准差为

$$\sigma = \sqrt{\sum_{i=1}^{n}[\text{NPV}(i) - E(\text{NPV})]^2 \times P(i)} = 3.8$$

（二）概率分析的步骤

（1）选取概率分析中需要考虑的不确定性因素，如投资额、营业收入、经营成本等。

（2）根据历史资料或经验估计不确定性因素的概率分布情况，也就是说其数值变化的几种情况，并确定每种情况发生的概率。这里要注意每种不确定性因素可能发生情况的概率之和必须等于1。

（3）分别求出各种可能发生情况的净现值，然后求出期望净现值。

（4）计算出 NPV ≥ 0 的累计概率。

（5）对概率分析结论进行说明。

三、概率分析的具体运用

【例 8-5】 某投资方案的净现金流量见表 8-4，其营业收入和经营成本可能发生的变化及其相应的概率见表 8-5，试对该投资方案进行概率分析并求净现值非负的概率，设基准折现率为 10%。

表 8-4　投资方案的现金流量表　　　　　　　　　　　单位：万元

年　份	0	1	2	3	4
总投资	6000				
营业收入		1500	4500	7000	8000
经营成本		1200	2000	3200	3500
期末残值收入					500
净现金流量	−6000	300	2500	3800	5000

表 8-5　营业收入与经营成本的变化概率表

概率　　变化幅度 因素	+20%	0	−20%
营业收入	30%	50%	20%
经营成本	40%	40%	20%

解：

（1）根据题意，我们可以确定要分析的不确定性因素为营业收入和经营成本。

（2）利用上述概率分布做出概率树图如图 8-5 所示。

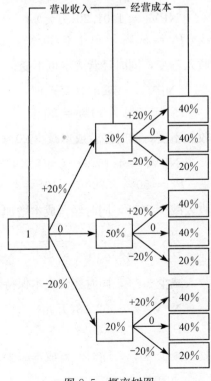

图 8-5　概率树图

（3）分别计算各种情况下的净现值及其概率。

第一种情况：营业收入增加 20%，同时经营成本增加 20%；

$$
\begin{aligned}
NPV_1 =& -6000 + [1500 \times (1+20\%) - 1200 \times (1+20\%)] \times (P/F, 10\%, 1) \\
&+ [4500 \times (1+20\%) - 2000 \times (1+20\%)] \times (P/F, 10\%, 2) \\
&+ [7000 \times (1+20\%) - 3200 \times (1+20\%)] \times (P/F, 10\%, 3) \\
&+ [8000 \times (1+20\%) - 3500 \times (1+20\%) + 500] \\
&\times (P/F, 10\%, 4) = 4262.39(万元)
\end{aligned}
$$

$$P_1 = 30\% \times 40\% = 12\%$$

第二种情况：营业收入增加 20%，同时经营成本不变；

$$NPV_2 = 5770.10(万元)$$

$$P_2 = 30\% \times 40\% = 12\%$$

第三种情况：营业收入增加 20%，同时经营成本减少 20%；

$$NPV_3 = 7227.81(万元)$$

$$P_3 = 30\% \times 20\% = 6\%$$

第四种情况：营业收入不变，同时经营成本增加 20%；

$$NPV_4 = 1101.20(万元)$$

$$P_4 = 50\% \times 40\% = 20\%$$

第五种情况：营业收入不变，同时经营成本也不变；

$$NPV_5 = 2608.1(万元)$$

$$P_5 = 50\% \times 40\% = 20\%$$

第六种情况：营业收入不变，同时经营成本减少 20%；

$$NPV_6 = 4116.62(万元)$$

$$P_6 = 50\% \times 20\% = 10\%$$

第七种情况：营业收入减少 20%，同时经营成本增加 20%；

$$NPV_7 = -2060.00(万元)$$

$$P_7 = 20\% \times 40\% = 8\%$$

第八种情况：营业收入减少 20%，同时经营成本保持不变；

$$NPV_8 = -552.28(万元)$$

$$P_8 = 20\% \times 40\% = 8\%$$

第九种情况：营业收入减少 20%，同时经营成本减少 20%；

$$NPV_9 = 955.43(万元)$$

$$P_9 = 20\% \times 20\% = 4\%$$

（4）计算净现值为非负的概率。

$$P(\text{NPV} \geqslant 0) = 1 - P(\text{NPV} \leqslant 0) = 1 - (8\% + 8\%) = 84\%$$

由此可以看出，该投资方案净现值为非负的概率为 84%，具有很高的可靠性，也就是说该投资方案的抗风险能力非常强。

第五节　决策树分析

一、决策树的含义

在作投资决策时，我们要进行的第一个决定就是要不要投资这个项目，如果决定投资这个项目，我们还要决定如何投资，投资多少等问题。决策树就是用来解决这个问题的。决策树分析是一种利用概率分析原理，并用树状图描述各阶段备选方案的内容、参数、状态及各阶段方案的相互关系，实现对方案进行系统分析和评价的方法。

二、决策树的基本形式

在决策树分析中，一般用方框表示决策点，从决策点画出的每一条直线代表一个方案，叫做方案枝；用圆代表机会点，从机会点画出的每条直线代表一种自然状态，叫做概率分枝；用三角形表示可能结果点，代表各种自然状态下的可能结果。任何决策点上的方案及机会点上的收益结果都必须满足两个条件：一是方案或收益结果的互斥性（即：只能选择其中之一）；二是方案或收益结果的详尽性（即：到达任何一个决策点或机会点时，必须选择一个方案或某个事件必须发生）。决策树中的方框、圆和三角形都要进行编号，编号的顺序从左到右，从上到下。它的基本形式如图 8-6 所示。

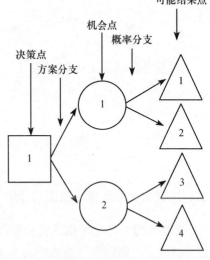

图 8-6　决策树的基本形式图

【例 8-6】　某公司拟建一个工厂，方案 1：建一个大厂，投资 400 万元，使用期为 10 年；方案 2：建一个小厂，投资 180 万元，使用期也为 10 年。其方案在不同市场需求情况下的盈利状况即概率如表 8-6 所示。

表 8-6　项目需求表

市场需求情况	概　率	盈利状况/万元	
		大厂	小厂
市场需求大	0.7	120	50
市场需求小	0.3	—40	20

解：根据题设条件画出决策树，如图 8-7 所示。

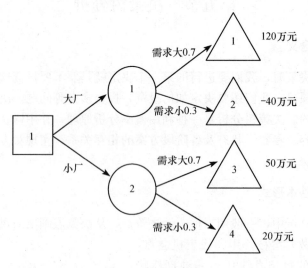

图 8-7　项目决策图

计算各种情况下的期望值

　　　点 1：$0.7 \times 120 \times 10 + 0.3 \times (-40) \times 10 - 400 = 320$（万元）

　　　点 2：$0.7 \times 50 \times 10 + 0.3 \times 20 \times 10 - 180 = 230$（万元）

比较两个方案的期望值可知建大厂的期望值更高，为 320 万元，所以应选择建大厂。

三、决策树在多阶段投资项目评价中的应用

【例 8-7】　某公司拟开发一种新产品，预计市场需求情况的概率：销路好的概率为 0.6，销路不好的概率为 0.4。为了开发这种新产品，公司的投资决策部门设想了三种方案：方案一，建一个新车间，使用期为 10 年；方案二，对现有设备进行更新改造，既维持原来生产，又组成新产品的生产线，使用期为 10 年；方案三，前期与方案二相同，如果市场需求量大，三年后进行扩建，项目使用期 7 年。该企业的必要收益率为 10%。有关数据见表 8-7。

表 8-7　项目收益表

方　案	投资额		年收益/万元			
	当　前	3 年后	前 3 年		后 7 年	
			销路好	销路不好	销路好	销路不好
1	240		80	−20	80	−20
2	120		30	20	30	20
3	120	180	30	20	90	20

解：（1）根据题设条件，画出决策树，如图 8-8 所示。

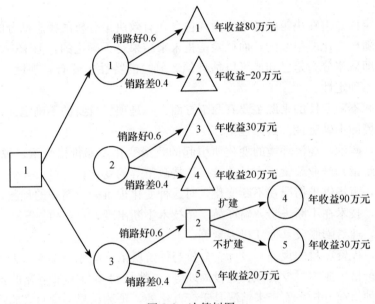

图 8-8　决策树图

（2）计算各机会点的期望净现值。

机会点 1 的期望净现值

$$80 \times (P/A, 10\%, 10) \times 0.6 + (-20) \times (P/A, 10\%, 10) \times 0.4 - 240 = 5.78(万元)$$

机会点 2 的期望净现值

$$30 \times (P/A, 10\%, 10) \times 0.6 + 20 \times (P/A, 10\%, 10) \times 0.4 - 120 = 39.76(万元)$$

机会点 4 的期望净现值（扩建）

$$90 \times (P/A, 10\%, 7) \times (P/F, 10\%, 3) - 180 \times (P/F, 10\%, 3) = 193.96(万元)$$

机会点 5 的期望净现值（不扩建）

$$30 \times (P/A, 10\%, 7) \times (P/F, 10\%, 3) - 0 = 109.73(万元)$$

比较机会点 4（扩建）、机会点 5（不扩建）的期望净现值，应该舍去不扩建的决策；

机会点 3 的期望净现值

$$[193.96 + 30 \times (P/A, 10\%, 3)] \times 0.6 + 20 \times (P/A, 10\%, 10) \times 0.4 - 120 = 90.3(万元)$$

（3）比较各个方案的期望净现值，由选择期望净现值最大的方案可知应选择方案 3。

第六节 本 章 小 结

不确定性是由在决策的各个方面和包含在有效决策分析的概念部分的不完全的认知或随机变化所引起的，而风险是指未来结果是不确定的，但未来结果出现的可能，即概率分布是已知或可以估计的。风险的特性主要有客观性、普遍性、统计性、不确定性。

风险和不确定性的来源主要有两个方面：一是项目自身的不确定性；二是项目所处环境的不确定性。具体包括：

第一，政治、经济环境的变化所引起的政策变化，如价格政策、税收政策、货币信贷政策、产业政策、产品政策、科技政策等的变化；

第二，市场供求情况在不断变化，对这种变化很难做出精确的预测；

第三，技术在不断进步，新产品、新技术不断出现；

第四，通货膨胀及其他随机因素等。

第五，投资项目的规划、设计、分析与评价所依据的原始数据（如产品销售量、产品价格、成本、投资额、建设周期等），都是对项目未来情况的预计和估算，是一种事前分析。而未来情况是千变万化的，预测结果与项目实施后实际情况很可能出现误差，即预测结果存在不确定性。

盈亏平衡分析（break even analysis）又称为量本利分析、临界分析，是指根据项目正常生产年份的产品产量（或销售量）、变动成本、固定成本、产品价格和销售税金等数据，确定项目的盈亏平衡点 BEP（break-even point），即盈利为零时的临界值。盈亏平衡分析主要包括盈亏平衡产量、盈亏平衡生产能力利用率、盈亏平衡价格和盈亏平衡单位变动成本的计算。

敏感性分析就是在确定性分析的基础上，进一步分析不确定性因素对投资项目的最终经济效果指标（如净现值、内部收益率等）的影响极其影响程度，找出敏感性因素，确定其敏感程度，预测项目可承担的风险。敏感性分析侧重于对最敏感的关键因素及其敏感程度进行分析，通常是分析单个因素变化，有时也会分析两个因素或多个因素的变化概率分析是根据主客观经验，估算构成项目方案的某些主要参数或评价指标，如年净收益、净现值等，未来在一定范围内可能发生变动的概率，然后运用概率论和数理统计的数学方法，来评价方案的经济效果和风险。决策树分析是一种利用概率分析原理，并用树状图描述各阶段备选方案的内容、参数、状态及各阶段方案的相互关系，实现对方案进行系统分析和评价的方法。概率分析和决策树分析主要是计算投资方案的期望净现值。

关键概念

不确定性　　风险　　盈亏平衡点　　敏感度系数　　概率树　　决策树

复习思考题

1. 不确定性和风险的区别和联系。
2. 什么是盈亏平衡分析，它有哪几种表现形式？
3. 盈亏平衡分析的局限性体现在哪几个方面？
4. 单因素敏感性分析的步骤。
5. 什么是敏感度系数和临界值，如何根据它们来选择敏感性因素。
6. 简述概率分析的原理。
7. 简述决策树分析的方法。

第九章　公共项目经济评价

本章摘要：本章主要介绍了公共投资的概念、特点，分析了公共项目评价的内容与方法。通过本章内容的学习，学生应了解公共项目的特点、公共项目的决策目标，掌握公共项目评价的基本原则、目标与程序，重点掌握公共项目评价的内容、评价方法和指标体系的建立。

公共项目是指提供公用物品的项目，项目产出具有非竞争性和非排他性，这类项目一般来说没有直接财务收入，但具有为公众提供服务的效益。公共项目评价是根据项目预期的目标，在技术可行性的基础上，对拟实施项目的经济效益的可行性与社会效益的合理性进行分析论证，做出综合性评价，为项目的科学决策提供可靠的依据。

第一节　公共投资项目的基本含义

一、公共投资项目概念

关于公共项目的概念有两个层面的含义。广义上，凡由政府出资、筹划或决策的项目均为公共项目；狭义上，公共项目主要指投入或部分投入各类财政性资金的项目。

本书将政府投资项目按照产出的性质，将公共（公用）事业投资项目界定为由政府（包括政府属性的各类投资公司和资产经营公司）出资或决策的公共项目、准公共项目和上述竞争性项目，属于广义的含义范畴内。

公共项目是指提供公用物品的项目，项目产出具有非竞争性和非排他性，这类项目一般来说没有直接财务收入，但具有为公众提供服务的效益，如防洪治沙、国防建设、水利、义务教育、公共卫生以及国家的立法、执法和行政所必需的各类建设项目，如公检法司、工商、税务、海关和城镇化建设等。

准公共项目是指提供准公用物品的项目，项目产出具有一定的竞争性和排他性（如收费道路和城市公用事业），但收费往往不足以反映消费者的支付意愿；有些产品或服务涉及人们的基本需要，并有一定正的外部效果，有必要给予补贴而低价供应，如基本生活用水、排水、公共交通等市政项目。

竞争性项目是指提供私用物品的项目，多数具有盈利性，项目绝大部分效益来自直接的财务收入。这类项目的投资和运营主要通过市场竞争，项目本身的性质决定项目能吸引民间投资，具有经营性（能通过产出的收入回收投资）的特征，并以盈利为投资的主要目标。然而，一些对国家经济命脉有重要影响的产业，如能源生产与储备、通信和基础性战略性工业项目等，国家也必须对其发展有主要控制权，即使按照市场经济股份制企业的运作模式，国家对这些行业的新建与改扩建项目也应有相当比例的控股权。此外，由于规模经济的要求，无法实现充分竞争的自然垄断属性项目也属于政府投资和决策的范围。

二、公共项目的特点

（一）工程项目的产出为非私有产品

公共物品的特征是非竞争性和非排他性，即公共物品可以集体消费，而且是免费消费。比如广播、公共电视等。准公共物品是介于私有品与公共品之间的一些物品。例如，收费公路可以集体使用，但却将不付费者排除在外。政府投资项目的产出或服务一般都是准公共品或公共品。

（二）工程项目有较大的外部效应

外部效应是指项目投资对其他生产者的有利或不利影响。政府投资项目由于具有较大的社会影响，因此项目外部效应较大。例如，某投资主体兴建了一座水电站，他可以通过发电获取收益，而下游居民也能从电站大坝的修建中获得减少洪水灾害的收益。这种收益尽管可能很大，但是下游居民却是免费获得的。

（三）工程项目的目标与竞争性项目的目标不同

竞争性项目的投资主体一般为企业，因此提高项目运营效率、降低成本、增加收益是竞争性投资的主要目标。而政府投资项目的投资主体一般为政府，政府的基本目标有两个：效率与公平。效率目标是指促进社会资源的有效配置，促进国家或地区的经济增长；公平目标是促进社会福利的公平分配，普遍改善人民的福利水平。政府投资项目往往同时具有以上两个目标。

（四）工程项目的成本与收益构成复杂

由于政府投资项目具有较强的外部效应，因此项目的经济效益，除了项目直接收到的内部效益外，还涉及项目对外部社会环境发生的间接影响。而且有些很重要的外部影响难以用货币来衡量，从而削弱了项目支出与回报之间的内在联系，导致项目管理者（政府机构）对所办政府投资项目投资效果关心不够，同时也缺乏对项目事前、事后的有力监督。

三、公共项目决策目标

(一) 涉及的主要领域

公共项目的主要决策主体是政府。政府投资决策的目标不像厂商那样单纯，它具有多重性。政府投资决策目标可用社会效益最大化这一指标来概括。但是什么才是社会利益最大化，却不能从社会内部得到统一的答案。因为社会是由不同的阶级、阶层、团体和不同行为偏好的人在一定规则下组成的。这些不同集团和不同行为的人，不仅在社会地位等方面有差异，在经济利益方面更是有比较尖锐的矛盾。在社会产品总量一定的条件下，一部分人多分了，另一部分人就得少分。所以，如何公平合理地分配国民收入，每个集团都有对自己最有利的标准。要在这些不同利益关系的集团和不同行为偏好的人们之间求得统一的社会利益，在现实中几乎做不到。其结果是政府投资决策目标不可能单纯化。即使不考虑社会各集团之间的利益差异，仅就政府承担的多重社会责任来看，投资决策目标也不可能是单纯的。如经济发展、社会稳定、国家安全、生态保护和社会公平等，也许这些都服从社会利益最大化，但是这些目标往往是相互矛盾的。比如为了达到社会稳定和公平目标，往往会损害经济发展与效率；而要追求较快的经济发展，则要牺牲公平等。因此，政府投资决策目标应在不同利益团体和国家的多重责任中进行权衡。另外，不同时期，国家工作重点不同，政府投资决策标准会有所差异，但是关注项目的社会影响这一点是相同的，尤其是在可持续发展的经济系统中，维持良好的生态环境，促进资源有效、合理利用，维护社会公正，促进代际间公平是政府的主要职责。

(二) 政府通过投资公共项目对社会经济干预的目标

1. 满足国家战略发展的需要

国家投资首选方向是对国家发展有至关重要作用的战略性项目。这些项目为当前和今后提高国家在世界市场的竞争力、占领高科技产品的前沿阵地、保卫国土安全等方面发挥重要作用。

2. 满足社会可持续发展的需要

保持国家经济建设快速、持续、健康地发展，需要社会各个方面协调发展，如教育、卫生、文化等产业，同时，在不超出维持生态系统涵容能力的情况下，改善人类的生活质量。

3. 保证社会公平

公平是社会各阶层、各群体的共同要求。国家必须为各类群体提供公平生存与发展的机会。当经济发展使一部分群体受益的时候，要避免或防止使过多的群体受损，或要对受损群体给予合理的补偿。必要时，政府通过项目投资缓解区域或社会群体间的社会经济发展差距。

4. 关注弱势群体的发展

社会成员发展不平衡是客观存在的，持续提高社会全体公民的生活水平、实现共同富裕是政府的责任。政府需要通过投资项目或在项目投资时考虑为弱势群体提供最低生活质量保障。

第二节　公共项目评价体系构成

一、公共项目评价的概念

公共项目评价是根据项目预期的目标，在技术可行的基础上，对拟实施项目的经济效益的可行性与社会效益的合理性进行分析论证，做出综合性评价，为项目的科学决策提供可靠的依据。评价工作包括基于微观经济效益的财务评价、基于宏观经济效益的国民经济评价和非经济效益的社会评价等相互补充、相互衔接的评价体系。

公共项目的评价是政府及公共部门进行公共管理的必要手段，其主要作用有：

（1）有助于保证国家经济、社会发展目标的实现。

（2）有利于协调宏观发展目标与资源有限性的矛盾。

（3）可靠的项目评价是提高决策水平和效益的重要保证。

（4）有利于在定性、定量的基础上评价公共管理部门的业绩，监督政府及公共部门的公共管理行为。

二、公共项目评价的内容

项目评价是投资决策的必要条件，所以，项目评价报告的内容应结合公共项目自身的特点和性质，公共项目评价的主要内容包括以下几个方面。

（一）公共项目立项评价

公共项目的立项评价即项目实施的必要性分析，主要包括公共项目宏观必要性和微观必要性分析。其中，公共项目实施的宏观必要性主要是指项目实施是否与国家的规划、政策相符，其对国家与社会的经济作用和意义；项目实施的微观必要性主要是通过市场调查和市场预测来进行的，即预测项目提供产品和服务有无市场需求作保证，这是公共项目决策的基本前提。具体可以从公共项目的立项背景、立项理由、立项目标和立项意义等方面进行论证评价。

（二）公共项目运行过程评价

公共项目的运行过程评价是指对项目运行过程中的运行程序、运行状况、运行机制、运行效果以及预期目标与结果之间的符合程度等的评价。主要内容包括以下两个方面。

1. 项目建设与生产条件评价

项目的建设条件主要是指水文地质、地形、气象是否有利于环境保护和城镇地区规划。

项目的生产条件是指原材料、燃料、动力供应是否有保证，交通运输、通讯设施是否方便，基础配套设施（如文化、医疗、娱乐）是否齐全等。

通过评价项目的建设生产条件来选择合适的厂址、地点。

2. 项目技术与工程工艺评价

首先，分析项目建设基本方案是否合理、配套，是否协调一致，是否有利于效率的提高和能源的节约。

其次，分析项目所用工艺、技术、设备是否先进、经济合理、实用适用。具体表现为是否属于明文规定淘汰和禁止使用的技术、工艺、生产能力；是否有利于科技进步、能源节约、效率提高；是否有利于产品的质量升级换代。

（三）公共项目经济评价

公共项目的经济评价是指对于项目各种经济特性的分析和评价，可以分为反映微观经济效益的财务评价和宏观经济效益的国民经济评价。

公共项目实施的财务分析，即从公共项目本身出发，分析公共项目的投入支持、投入方式以及公共项目的产出能力。公共项目的产出能力表现为能提供多少公共产品和公共服务。

公共项目投资经济效益主要不是体现在它的盈利上，而是体现在其社会效果上，即对国家、地区、部门经济发展所产生的作用和影响，如区域经济平衡、社会保障体系的完善等方面。所以国民经济评价是公共项目评价的关键，是经济评价的主要组成部分。从质的规定性来看，它是指资源消耗与社会需要的满足之间的关系；从量的规定性来看，就是用一定的资源消耗获取满足社会需要的实用价值和其他有用效果。只要两者之间的对比关系是有效的（即一定的代价获得最大的社会效益）、经济的（即在获取一定的社会收益下所付出的代价最小），公共投资项目就值得投资建设。对于公共项目来说，如果国民经济评价结论可行，但财务评价结论不可行，应重新考虑方案，必要时可提出经济优惠措施的建议，使项目具有财务生存能力。

（四）公共项目社会评价

公共项目的社会评价主要从公共项目对环境的影响和社会的影响来进行。环境影响评价主要是评价公共项目对自然资源、生态环境的作用和影响，如城市环境质量的改善、水污染的控制、自然资源的可持续开发等方面。社会影响评价主要是评价公共项目对社会治安、科技进步、文化整合、合法性等方面的作用和影响。

由于公共项目的建设与实施对于一个地区乃至一个国家的发展与布局、资源的配置等都有较大的影响，因此，对公共项目评价已成为公共项目评价工作的必不可少的一部分。合理评价公共项目与社会发展、生态环境的关系，有利于提高公共项目的经济效益，实现预期的发展目标。

（五）公共项目的不确定性与风险评价

一般来说，对各种项目的评价方法都是建立在一定的假设前提之上的，都是按照假定的项目数据进行评价的。事实上这种项目的假定并不是完全准确的，一个项目所处的技术、经济、社会等环境都是不确定的，所以在公共项目的评价过程中必须充分考虑到各方面的不确定性因素，同时还应该进一步分析和评价由此造成的项目风险。

影响公共项目建设的不确定因素主要来源包括：政府对项目主观认识上的局限性、项目市场环境和价格的变动、项目工艺技术方案的变动、项目工期与预算资金的变化、项目经济寿命的变动、项目所用外汇的波动、国内外各种政策和法规的变化及其他诸如自然、战争、突发事件等。正确分析和评价项目的不确定性因素，有利于提高各种项目评价结论的可靠性和有效性，了解项目投资和效益变化发展的可能性。

由于上述不确定因素的存在，公共项目存在的风险主要有自然风险、技术风险、经济风险、市场风险、财务风险、政治风险、社会风险和管理风险等。公共项目大都为关系国际民生的大项目，其投资风险巨大。如果公共项目在工程建设中应用先进的科学技术和管理方法，其劳动生产率将成千成百倍地提高，特别是一些高新技术的应用将给项目带来巨大的附加价值；如果项目决策正确合理，方案先进可行，将不仅仅取得巨大的社会经济效益，还将为公众创造方便、舒适和安逸的生活环境；但是，如果项目决策不科学，事先没有充分考虑各种风险，那么带给国家和地区的将不仅是巨大的生产力和社会经济效益，还将是沉重的财政负担，资源环境的破坏和污染，甚至是整个生态系统的严重失衡、人类生存环境的毁灭。因此在公共项目评价中必须积极开展项目风险分析与评价，通过各种方法去充分识别、科学度量和深入分析、评价项目的各种风险，进行全过程的风险管理。

（六）公共项目的后评价

公共项目后评价是指在公共项目立项或注入资金后的确定时间，由项目相关主体的某一方或委托第三方执行，对项目立项、决策、设计、实施直到实现运营或完成项目的已发生活动全过程及其成果、影响和绩效的考察和总结，从而判断项目预期目标的实现程度的一种评价程序。

公共项目的后评价旨在找出项目实践的成功或失败的原因，总结经验教训，及时有效地反馈有关信息，提出改进建议，从而为提高项目的实际效果和制定有关的项目计划服务，为以后相关项目的决策提供借鉴。因此，公共项目后评价是全面提高项目决策和项目管理水平的必要和有效手段。

三、公共项目评价的目标与程序

（一）公共项目评价的目标

1. 经济增长目标

由于市场机制存在不足，迫使政府必须对经济进行干预与管理，使经济运行重新恢复良性循环状态。政府的经济职能主要是对社会经济进行指导，培育和完善市场机制，实行宏观控制，为企业服务和对社会经济活动进行监督。对国民经济进行宏观调控，搞好基础设施建设，创造良好的经济发展环境，使国民经济协调稳定地发展。我国用于衡量经济增长的主要指标有国民收入和社会纯收入。

2. 收入分配目标

经济发展一方面包括经济的增长，另一方面还应包括在改进生产结构、改善收入分配状况，特别是消除贫困现象，为所有公民提供和改善基本生活条件，增进社会福利水平等方面所取得的进展。因此，仅从项目对经济增长目标的贡献来衡量公共项目是不够全面的，尤其是随着我国改革开放的进一步深化，地区间、阶层间的贫富差距日益加大，必须通过项目投资建设，调整和完善收入分配结构。因此，在公共项目评价时，应考虑项目投产后对地区、阶层和集团间的收入再分配的影响，检验项目的收入分配是否符合国家经济政策与分配原则，并使其尽可能与国家发展目标相一致。

3. 劳动就业目标

人力资源是所有经济资源中最宝贵的经济资源。增加和创造新的就业机会，可充分利用生产潜力，同时还可为失业人员提供稳定的收入来源，从而有利于消除贫困，改善社会收入分配状况。因此在项目评价中，既要把增加就业目标看做是发展生产和实现经济增长目标的手段，也要把增加就业看做是实现经济发展中的收入分配目标的一种手段。当把促进经济增长和改善收入分配作为经济评价的两个目标时，实质上已经包含了对就业目标的考虑。

4. 资源利用效率目标

效率目标是政府的重要目标，主要是指促进社会资源的有效配置。政府投资项目的主要领域应是市场机制失灵的基础设施项目和纯公益性项目。政府在市场失灵的政府投资领域，可以弥补市场机制的不足，促进全社会资源配置效率的提高。许多发展中国家由于长期的储蓄不足和外汇短缺，为了发展本国经济，在一段时间内对发达国家依赖性较强。因此，对这些国家来说，减少对外国的依赖，增强本国竞争力，有利于提高本国资源的利用效率和防止外资对本国资本的挤出效应。

5. 满足社会需要目标

经济学的基本问题是资源的稀缺性与人类需求的无限性之间的矛盾。因此要研究如何有效配置资源，以更好地满足人类社会的需要。基于可持续发展观的公共项目评价既要使人类社会的各种需要得到满足，个人得到充分发展，同时又要保护资源和生态环境，不对后代的生存和发展构成威胁。

(二) 公共项目评价的程序

公共项目评价的程序受限于项目周期的各个阶段，一般可以分为以下几个步骤。

1. 确定评价目标，分析评价范围

根据公共项目建设的目标和功能、国家或地区的社会发展目标，对主要社会因素进行分析研究，找出项目对社会各方面可能产生的影响，选出项目应当评价的目标。

对公共项目应当评价的目标进行分析时要确定哪些是主要目标，哪些是次要目标，各种影响可能波及的空间范围以及时间范围。空间范围一般是项目建设所在的区域及相邻的区域。有的项目涉及多省、市的较广地域。时间范围一般是项目的寿命期或预测可能产生影响的年限。

2. 选择评价指标，确定评价基准

根据评价目标与范围，选择评价指标，包括各种效益与影响的定量分析与定性分析指标。只要项目涉及的指标，均应纳入评价内容。

收集项目影响区域现有社会经济、自然资源利用、自然与生态环境、社会人文情况及其他社会环境因素的资料，并预测在项目影响时间范围内可能变化的情况等社会基础情况，作为评价的基准。

3. 制定备选方案，开展预测评价

根据项目的目标、不同的建设地点、不同资源、不同的工艺技术路线等提出若干可供选择的方案（或经济评价中已提出的不同建设方案），并采取拜访、座谈等方式征求项目影响区域范围内，特别是周围地方政府和公众的意见。

根据调查、预测资料，对每一备选方案进行定量与定性的分析评价。其一般步骤为：

（1）对备选方案进行预测，计算各项经济和社会效益与社会影响指标。通过分析历史统计资料、社会发展趋势，以及同类项目的历史经验等资料，采用适宜的科学预测方法进行预测，预测社会基础情况与项目的各种社会效益及其影响的情况，对比"有"和"无"项目实施的不同情况，从而计算出各项定量指标的数据。

（2）对各种不能定量的影响进行定性分析，判断各种定性分析指标对社会发展目标的影响，及其与当地社会环境相互影响的程度。

（3）分析各种定量与定性分析指标的重要程度，对各种效益与影响排序，并找出若干较重要的指标深入研究，制定必要的能减轻不利影响的措施。

（4）进行综合分析评价。采用多目标综合评价法或矩阵分析总结评价法求得各方案的综合社会效益。

4.选出最优方案，进行论证总结

将各方案的综合效益进行比较，选出最优方案。在比较综合效益时，要注意比较效益或影响较大、特别是影响重大的单项指标。或者是只比较重要的指标，选出最优方案得出评价结论。对最优方案的不利影响及存在的问题提出补救措施与解决办法，并估算各项补偿费用与措施费，作为社会费用，计入项目总投资中。

根据项目的具体情况，召开不同规模的专家论证会，将选出的最优方案提交专家论证，充分吸收专家意见，必要时对方案予以修改、调整。

将上述内容写成报告，提出项目综合评价和是否可行的评价结论，作为项目评价报告（包括经济评价和社会评价），上报项目审批单位。

5.实施公共项目，做出项目后评价

通过可行性论证之后，项目可以开展具体的实施过程。在实施之后，即可对公共项目的全过程，主要是项目的各方面绩效进行评价。

在我国，这种绩效评价可以分为自评阶段、行业或地方初审阶段、正式后评价阶段和成果反馈阶段四个阶段。

四、公共项目评价的方法

（一）西方公共项目评价的主要方法

西方公共项目经济评价的方法，从原理上看，就是社会效用分析方法。第二次世界大战以后，各资本主义国家的国有化程度有了一定的提高，公共项目投资不断增加。由于公共项目和私人项目目标不一致，显然不能把对私人项目财务评价的方法应用于公共项目评价。因而从 20 世纪 50 年代开始，形成了一种评价公共项目的方法，那就是社会费用效益分析方法。它在形式上同财务评价方法是一致的，因为两者都是对投资利益进行评价。但由于投资性质及投资目标截然不同，因而投资利益构成及利益的估价方法也就不同。在公共项目评价中，用影子价格来衡量经济效益及经济费用。

（二）我国公共项目评价的方法

我国公共项目评价的方法，是从研究公共投资项目评价发展起来的。公共投资项目的评价包括反映微观经济效益的财务评价、宏观经济效益的国民经济评价和非经济效益影响的社会评价等。1993 年国家计划委员会和建设部联合发布的《建设项目经济评价方法和参数》（第二版）对投资项目财务评价和国民经济评价的必要性，经济评价的内容、方法都作了比较详细的说明。这一方法作为规范的投资项目评价方法在项目可行性研究实际中被广泛采用，也包括在公共项目的可行性研究中的采用。但这一方法只涉及项目的经济效益评价问题，没有关于社会效益评价的内容。2006 年《建设项目经济评价方法与参数》（第三版）增加了公共项目财务分析和经济费用效益分析的内容，促进了我国公共项目评价工作整体水平的提高。

我国的社会评价内容虽然没有进入正式的投资项目评价规范中，但由于我国是社会主义国家，对项目的社会效益一直比较重视。例如，我国对社会效益明显的水利工程、铁路、交通等，一直十分重视，建设了许多大型骨干工程。对于环境保护问题，1979 年即已立法。近几年在开展项目国民经济评价的实际工作中，已有一些项目进行了社会效益评价，在有些部门的国民经济评价方法中，简要规定了社会效益评价的内容。

（三）基于可持续发展观的公共项目评价

公共项目投资决策的目标不同于竞争性项目以追求利润的最大化为目标那样简单，公共项目投资决策目标是社会效益最大化。由于项目服务的社会成员的价值观和行为偏好的不同，社会效益最大化在公共项目中的实现是比较困难的。社会项目投资决策目标往往不是唯一的，体现在经济发展、社会稳定、国家安全、生态保护、社会公平等不同方面。但在维持良好的生态环境，促进资源有效、合理利用，维护社会公正，促进国际间公平等方面，是能够为社会所共同接受的。

传统的发展理论以经济系统作为分析对象，无视资源稀缺对经济发展的制约，乐观地认为技术进步可以消除资源稀缺对经济发展的制约。可持续发展理论以经济和生态系统的复合体即生态经济系统为分析对象，追求生态经济系统总体效益最大化。在项目评价方法中，公共项目的发展目标相对于竞争性项目的发展目标，更容易接受可持续发展的基本思想。可持续发展包括生态可持续性、经济可持续性和社会可持续性三个方面。

生态可持续性是指生态系统内部生命系统与环境系统之间的持续转换和再生能力，即自然生态过程永续的生产力和持久的变换能力，从而使生态资本存量通过生态再生产的各个循环环节和合成与分解的转换机制能够达到保持或增加，至少不减少。只有这样，才能使生态环境资源适应经济社会不断发展的需要。维护环境总体状态的相对稳定与协调关系，从而使经济增长和经济发展保持在环境资源承载力的限度内，促进生态潜力的积蓄速度超过经济潜力的增长速度，实现生态资本存量至少不下降或有所提高。

经济可持续性是指要求国民经济系统保持它的产出水平大于或等于它的历史平均值的能力。而且增长既重视数量的增加，又重视质量的改善，提高效率，增进效益，从而保证国民经济持续、稳定、协调的发展。现代经济的发展表明：经济可持续性的主要动力是科技进步，它与投入机制相互作用决定着经济的可持续程度。科技进步机制使得经济效益提高，推动经济发展，提高经济效益水平；投入机制使总产量增加，增大经济资本量或物质资本量，增强经济实力或经济潜力。所以，经济可持续本质上是经济（或物质）资本存量增加的表征，是经济发展对生态和社会可持续发展所具有的经济适应性。

社会可持续性从社会学角度可以表述为：当发展能够保障当今社会多因素、多结构的全面协调发展时，能够为未来社会多因素、多结构的全面协调发展提供基本条件，或至少不削弱这种发展能力。这是一个长期促进社会公正、安全、文明、健康发展的社会全面进步过程。

（四）公共项目评价的基本方法

1. 项目有无比较法

通过收集没有开展项目但与项目区条件相类似的地区的有关资料与项目区进行比较，发现项目区由于项目的投入所产生的效果、效益和变化。同样，在项目区内，也可以用此方法来对项目的目标组织与非目标组织进行比较。

项目有无比较法是项目评价的一种简明的方法，它可以反映出有项目和无项目的根本区别。但是，在使用这种方法时，要尽量避免那些非项目因素所产生的影响。关键是要选择与项目区所处条件、环境尽可能一致的非项目区作对照才有意义和说服力。

2. 项目前后比较法

项目前后比较法是一般常用的方法。项目有无比较法是自己与别人比，项目前后比较法是自己与自己比。既要了解项目执行之前本项目区是什么基础，也要知晓项目执行之后有哪些变化。同样，此方法也可以用于项目执行过程中项目目标实现程度的评价。

以上两种方法的成功运用取决于取样、分析的标准的一致性。无论是有无项目比较法，还是前后比较法，都应该遵循统一的调查时间、内容和方法。

五、公共项目评价的基本原则

公共项目评价应遵循以下基本原则：

（1）坚持国家政策导向的原则。公共项目评价必须符合党和国家制定的国民经济和社会发展规划及经济建设方针政策，严格执行国家有关经济工作的各项规章制度和技术经济政策，特别是国家颁发的《建设项目评价方法和参数》。政府投资项目评价要充分考虑国家产业政策，在具体实施中对政府鼓励和限制的产业、产品，在评价指标体系的设立上要加以区分。

（2）符合基本经济规律。在我国，基本的经济发展规律也就是要不断满足人民群众日益增长的物质和文化生活的要求。要能够正确反映各类公共项目最主要的、最基本的功能，既要兼顾公共项目对国民经济整体利益的影响，又要体现公共项目直接服务对象的利益。

（3）科学性与适用性相结合。根据公共项目的功能特点，对评价对象进行合理分类，并分类设置评价指标。评价方法的制定要有科学依据，要理论联系实际，讲求实用，要具有较强的方案比选功能。

（4）定量分析与定性分析相结合。能定量的尽量定量分析，不宜定量或不能定量的，则采用定性分析。定量分析原则上采用参数评价与多目标分析相结合的方法。参数评价用于单项定量指标，不能制定参数的指标根据国家政策或同类项目历史与国内外先进经验作为评价标准。定量与定性指标均纳入多目标分析综合评价。

（5）通用指标与专用指标相结合。各类项目既有共性，也有个性。项目评价既要考虑共性内容，又要考虑个性。为兼顾项目的共性与特点，并考虑行业差异，定量与定性指标的设立，均采用通用指标与专用指标相结合的方法。通用指标与分析内容基本上适用于各类项目，力求简明；专用指标与分析内容应结合行业特点，可以适当细一些，但也不宜繁琐。

（6）统一性与灵活性相结合。制定的通用的评价方法要注意广泛的适用性，并要使其对各行业具有一定的灵活性。例如，通用指标力求统一计算方法，但具体计算范围与算法可由各行业补充；在对综合社会效益汇总时，可以采用不同的方法；各行业项目对通用的定量、定性指标分析，可以结合行业特点有选择地采用，有哪些方面的效益与影响，就分析评价哪个方面。

（7）经济效益、社会效益、环境效益相结合的原则。政府公共投资项目考虑的不仅是项目本身的投入产出效益，更重要的是要考虑项目建成后对社会的影响程度，是否满足社会需求，是否符合国家产业政策，规划布局是否得当，是否满足国民经济持续发展的要求。在社会效益评价中既要考虑效益原则，同时也要兼顾公平原则，项目收益是否得到公平分配。此外，当前大众对公共工程的环境效益也越来越重视，在项目评价过程中要考虑项目建成对社会环境和社会资源的影响，是否对自然环境造成损害，是否对自然资源进行了合理、节约的利用，还包括对土地、能源等各种资源的利用情况等。

六、公共项目评价的指标体系

公共项目的公共性和效益的外部性决定了要正确全面地评价公共项目，必须用一整套的评价指标体系来反映。公共项目评价指标一般可以分为定量指标和定性指标。

定量指标包括一般性指标和个性指标。一般性指标具体如表 9-1 所示。

表 9-1　公共项目评价的一般性定量指标

	指标类型	指标举例
1	社会效益指标	包括就业效益指标、收入分配指标、资源利用指标、环境影响指标等
2	财务效益指标	财务净现值、财务净现值率、财务内部收益率、实际财务内部收益率等
3	工程质量指标	工程质量合格品率、工程质量优良品率、建设工期指标，包括工程提前或延期完成时间
4	资金来源指标	资金到位率、财政资金依存度等
5	资金使用指标	建安工程费用增减率、设备购置费用增减率、建设投资增减率
6	实际达到能力年限	
7	实际单位生产（或营运）能力投资	
8	实际投资利税率	
9	实际投资回收期	

个性指标是指一般性指标未列入、应结合工程项目不同特点和具体目标而设置的评价特定指标。以交通运输项目为例，交通运输项目并不产生具体的有形产品，而是为社会提供服务，其建设可以使国民经济的其他部门和个人广泛受益，所以其评价应以国民经济评价为主，财务评价为辅。交通运输项目的国民经济评价，除了采用一般性的评价指标，还应估算项目运费节约效益、缩短运输距离效益、运输时间节约效益、提高交通安全效益、提高运输质量效益等指标。

定性指标是指无法通过数量计算分析来评价内容，而采取对评价对象进行客观描述和分析来反映评价结果的指标。如交通运输项目的建设可以提高人民生活福利，改善经济、社会和自然环境，创造就业机会和促进项目沿线地区经济发展。这些难以量化的项目，应作定性分析。

第三节 本章小结

广义的公共（公用）事业投资项目可以界定为由政府（包括政府属性的各类投资公司和资产经营公司）出资或决策的公共、准公共项目和竞争性项目。

公共项目评价是根据项目预期的目标，在技术可行性的基础上，对拟实施项目的经济效益的可行性与社会效益的合理性进行分析论证，做出综合性评价，为项目的科学决策提供可靠的依据。公共项目评价的主要内容包括以下几个方面：

(1) 公共项目立项评价。

(2) 公共项目运行过程评价。

(3) 公共项目经济评价。

(4) 公共项目社会评价。

(5) 公共项目的不确定性与风险评价。

(6) 公共项目的后评价。

公共项目评价要坚持国家政策导向的原则，要符合基本经济规律，坚持科学性与适用性相结合，定量分析与定向分析相结合，通用指标与专用指标相结合，统一性与灵活性相结合，经济效益、社会效益、环境效益相结合的原则。

公共项目评价的程序受限于项目周期的各个阶段，一般可以分为以下几个步骤：

(1) 确定评价目标，分析评价范围。

(2) 选择评价指标，确定评价基准。

(3) 制定备选方案，开展预测评价。

(4) 选出最优方案，进行论证总结。

(5) 实施公共项目，做出项目后评价。

公共项目评价的一般性定量指标主要有社会效益指标、财务效益指标、工程质量指标、资金来源指标、资金使用指标、实际达到使用年限、实际单位生产（或营运）能力投资、实际投资利税率、实际投资回收期。而个性指标应结合投资项目不同特点和具体目标而设置。

关键概念

公共项目 准公共项目 竞争性项目 公共项目评价 有无比较法 前后比较法 定性指标

复习思考题

1. 简述公共项目的特点。
2. 公共决策的目标是什么?
3. 简述公共项目评价的内容。
4. 公共项目评价的目标有哪几个? 程序是怎样的?
5. 评价公共项目的基本原则是什么?
6. 如何建立公共项目评价的指标体系?

第十章　价值工程及其应用

本章摘要： 价值工程是一门技术与经济相结合的学科，它既是一种管理技术，也是一种思维方法。价值工程中的价值大小是用户对商品的功能与成本之间的关系所作的评价，在实际生活中，用户倾向于以最小的成本获得最大的功能。本章从价值工程的产生与发展、基本概念、组成要素及提高价值的途径等基本原理入手，详细叙述了对工程项目进行价值分析的一般程序和评价方法，帮助读者进一步理解价值工程的含义及其应用。

工程经济学的研究对象是工程项目的经济性方面，它的核心是寻求更为有效地利用资源（如人工、设备、能源、工具和材料）的方法。生产过程将各种资源结合在一起，为人们提供服务或生产出产品。生产中的因素是复杂多变的，实现经济化的途径也是多种多样的。本章所介绍的价值工程，就是一种有益于生产过程的经济化的程序和方法。它研究如何以最少的人力、物力、财力和时间获得必要的功能，强调的是产品的功能分析和功能改进。

第一节　价值工程概述

一、价值工程的产生和发展历程

价值工程（value engineering）是一门新兴的科学管理技术，简称 VE，是降低成本、提高经济效益的一种有效方法。它产生于 20 世纪 40 年代的美国，其创始人被公认为是美国通用电气公司的工程师麦尔斯。在第二次世界大战期间，美国政府为了刺激军工生产，对军工产品给以成本补贴，这使得很多企业只顾生产而不重视成本，导致成本不断增加。随着军事工业的迅速发展，各种原材料供应紧张，为保证军工生产，急需解决这些问题。当时通用电气公司的电气工程师麦尔斯负责原材料的采购，他在采购的过程中发现使用某种原材料的目的并不在于该材料的本身，而是其功能。麦尔斯首先将成本与功能联系起来，分析采购某种原材料的目的。一个经典的案例就是"采购石棉板"。当时美国市场上的石棉板价格昂贵，供不应求，麦尔斯通过调查研究，发现在给公司产品喷涂涂料时，涂料溶剂容易落在地面上而引起火灾，美国消防法规定地面要铺石棉板防火，这说明采购石棉板的目的就是防止失火，因此，只要找到同样可以防火的材料就可以用来替代价格较高的石棉板。在这种功能取向思维的引导下，麦尔斯在后来找到了一种不易燃烧的纸，不仅供给充足，其价格也仅为石棉板的四分之一。经过美国消防部门的认可，这种纸成功地替代了石棉板，顺利解决了石棉板供应紧张的问题。麦尔斯进一步发现这种原材料的替代方法在很多产品领域中都能使用，企业购买某种材料的目的并不是材料本身而在于其功能。因此，只要满足功能，就可以找到相对更为便宜的材料，从而降低成本并解决某种材料紧缺的问题。通过实践活动，麦尔斯等人总结出一套在保证同样功能的前提下降低成本的相对完整的科学方法，当时称之为价值分析（value analysis），简称 VA。在 1947 年，麦尔斯以《价值分析程序》为题公开发表了其研究成果，这标志着价值工程的正式产生。

此后，价值分析逐步引起了工业界的兴趣，美国政府也对其予以重视。1954年美国海军舰船局决定将这一方法用之于船只采购，并改称为价值工程。随后价值工程扩展到美国军工的诸多领域，取得了良好的经济效益。据美国全国纳税人联盟测算，从 1995 年开始，由于价值工程的系统应用，每年节约资金可达20.19 亿美元，价值工程一般可以节约计划费用开支的 3%～5%。

价值工程首先在美国得到推广，并逐步向全世界扩散发展。日本在 1955 年引入价值工程后，将价值工程与全面质量管理结合起来，取得了巨大的经济效益，为日本经济腾飞做出了重要贡献。我国于 1978 年引入价值工程，并在 1984年将价值工程作为 18 种现代化管理方法之一向全国推广。随着价值工程的国家标准的发布和各种价值工程研究会的成立，我国价值工程的普及、推广和应用已经初具规模，也取得了良好的经济效果。

二、价值工程的基本概念

在探讨价值工程的概念之前，我们有必要了解一下价值工程的三要素，即功能、成本和价值。

（一）功能

价值工程中的功能是指对象能够满足某种需求的一种属性，它是以一定的物理或化学状态表现出来的产品具有的性质。任何产品都具有功能，比如电视机的功能是"收看节目"，笔的功能是"记录资料"，药品的功能是"治疗疾病"，空调的功能是"制冷和供暖"等。以汽车为例，人们需要汽车的目的并不是汽车本身，而是汽车能实现人员及货物的快速运输，这是它的基本功能。当然，即使同样具有运输功能，但不同的汽车给人带来的舒适程度和心理感觉是不一样的，这就是功能水平的差异。

（二）成本

价值工程中的成本指的是产品的寿命周期成本（或寿命周期费用），是指产品在寿命期内所花费的全部费用，包括产品从研究、设计、制造、销售、使用、维护直至报废的整个过程中的全部费用。产品的寿命周期成本等于生产成本和使用成本之和，生产成本是指企业生产产品必须支付的成本，包括科研、设计、试制、制造及销售过程中的费用；使用成本是指用户为了使用产品必须付出的费用，包括产品使用过程中的能源消耗、维修费用以及报废处理等费用。产品寿命周期成本和功能之间存在着内在的联系。一般情况是在一定的技术经济条件下，随着功能的提高，生产成本上升，使用成本下降。到一定时期，产品的寿命周期成本降至最低，如图 10-1 所示。

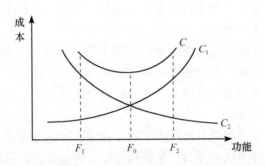

图 10-1　产品功能与成本的关系

图中 C_1 表示生产成本曲线，C_2 表示使用成本曲线，C 表示产品寿命周期成本，即 $C=C_1+C_2$。在 F_1 点上，产品的功能较少，虽然此时的生产成本较低，但产品无法满足使用者的基本需要，因而使用成本较高；在 F_2 点上，产品有更多能满足使用者需求的功能，使用成本较低，但是由于功能过多，导致生产成本过高，因而寿命周期成本也随之增加。最好的状态是在二者之间即 F_0 处，这是比较理想的功能与成本的关系点。但在实际工作中很难做到恰好处于理想状态，这就要求通过价值工程去研究分析，力求使功能达到最适宜的水平。

（三）价值

在政治经济学中，商品价值是指凝结在商品中的无差别的一般人类劳动，是由社会必要劳动时间决定的。而价值工程中的价值不同于政治经济学中商品价值的概念，其更接近于人们日常生活中所说的价值，即某种商品质量好而且价格便宜，给人们的感觉比较"值"。从用户的角度看，人们在购买商品的时候，一般会考虑商品的质量（即功能）和价格，如果两种商品功能相同但价格有差异，通常人们会选择价格较低的商品。从企业的角度看，质量可以看作产品能够满足用户的效用，即可以理解为功能，而价格可以看做是制造产品所投入的成本。用户在选择产品时，考虑的是功能与成本的比值，即以最小的成本获得最大的功能，这个比值就称为价值。其表达式为

$$V = \frac{F}{C} \tag{10.1}$$

其中，V（value）为价值；F（function）为功能；C（cost）为成本或费用。

从上面公式可以看出，价值与功能成正比，与成本成反比。功能越高，成本越低，价值就越大。价值工程是根据功能与成本的比值来判断产品的经济效益，它的目标是提高产品的价值。

（四）价值工程的定义

综上所述，价值工程就是以最低的总费用，可靠地实现所研究对象的必要功能，着重于功能分析的有组织的活动。

需要注意的是，这个定义表明价值工程不是片面地追求高功能或者低成本，而是把功能和成本、技术和经济有机地结合起来，在保证产品具有用户所需的必要功能的前提下尽可能地降低成本，从而提高产品的价值。少花钱、办好事，才是价值工程的目的所在。

从定义的描述中，可以看出价值工程包括三个方面的含义：

第一，价值工程的核心是对产品进行功能分析。价值工程首先分析出产品的功能哪些是必要的，哪些是不必要的；再分析各功能之间的关系，在改进方案中舍弃不必要的功能，增强必要的功能，补充不足的功能，使产品的功能结构更加合理。价值工程的关键在于抓住功能体系这一环节进行分析，这也是它能比其他成本管理方法更为有效的原因之一。

第二，价值工程进行分析功能的同时，必须要考虑成本。价值工程追求的就是产品寿命周期成本最低，即以最低的价格实现产品所必须具备的功能。因此不能仅仅考虑产品的生产成本，而应该把产品的整个生命周期视为一个整体，综合考虑其成本。

第三，价值工程是一项有组织的创造性活动。价值工程涉及企业内外生产经营活动的广泛环节，研究过程复杂，开展价值工程的工作必须把产品的开发人员、生产人员、使用人员及各方面的有关专家组织起来，运用多种学科的知识和经验，依靠集体的智慧和力量去完成。因此，价值工程是一个不断协调、不断创新的集体活动。

三、提高产品价值的途径

价值工程的目的在于提高产品的价值。从价值的公式可以看出，要想提高产品的价值，必须设法增加功能或者削减成本。这是一个协调技术与经济的方法，也反映了一个企业的经营策略。

一般来说，提高产品价值的途径有以下五种：

（1）保持成本不变，通过改进设计提高产品功能。如企业可通过采取新技术增加产品功能，从而提高产品的价值。表达式为

$$\frac{F\uparrow}{C\rightarrow} = V\uparrow$$

（2）保持功能不变，通过改进设计降低产品成本。如企业采用新型低价替代材料，在产品功能相同的情况下以价格取胜。表达式为

$$\frac{F\rightarrow}{C\downarrow} = V\uparrow$$

（3）既提高产品功能，又降低成本，从而大幅度地提高产品价值。这是最为理想的途径，一般而言，采取这种策略的企业有着行业领先的技术实力或者雄厚的经济实力，能占领较大份额的市场。表达式为

$$\frac{F\uparrow}{C\downarrow} = V\uparrow$$

（4）通过改进设计，增加一些功能。尽管成本略有上升，但功能提高的幅度大于成本增加的幅度，从而使产品价值上升。如某种新颖时髦的电子产品，尽管价格不菲，但是用户能从中获得更多的功能和更高的效用，产品的价值就会提高。表达式为

$$\frac{F\uparrow\uparrow}{C\uparrow} = V\uparrow$$

（5）通过改进设计，削减一些功能，使产品成本大幅降低，也可以提高产品的价值。这样的商品适用于需求弹性较大的消费者群体，他们对功能稍微降低并不看重，反而价格降低对他们有着很强的吸引力。表达式为

$$\frac{F\downarrow}{C\downarrow\downarrow} = V\uparrow$$

以上五条途径都可以提高价值，企业可以根据生产技术条件和经营管理水平以及消费者的功能需求和购买能力来选择适当的生产策略。价值工程的侧重点应在起始阶段即研究设计阶段，一旦产品定型生产并投入市场，再对其作价值分析就可能更改原有的设计方案，造成前期工作的无效率和资源的浪费。

四、价值工程的工作程序

价值工程是一个发现问题、分析问题、解决问题的过程，是一项有目的、有步骤、有组织的活动。如今，价值工程已经发展为一门比较完善的管理技术，其理论体系是围绕七个逻辑性问题展开的，即：

（1）价值工程的研究对象是什么？

（2）这个产品的用途是什么？

（3）它的成本如何？

（4）它的价值有多大？

（5）要实现这个产品的功能，有其他的方法吗？

（6）如果有，新方案的成本如何？

（7）新方案能满足功能的要求吗？

上述这七个问题决定了价值工程的基本工作程序，如表 10-1 所示。

表 10-1　价值工程的实施步骤及其对应回答的问题

阶　段	VE 的实施步骤		对应的问题
	基本步骤	详细步骤	
分析问题	一、功能分析	1. 选择对象 2. 收集情报 3. 功能定义 4. 功能整理 5. 功能评价	1. VE 的研究对象是什么？ 2. 它的用途是什么？ 3. 它的成本是多少？ 4. 它的价值有多大？
综合研究	二、制订改进方案	6. 方案创造	5. 有无其他的方案能够实现同样的功能？
方案评价	三、方案评价提案与实施	7. 概略评价 8. 制订具体方案 9. 试验研究 10. 详细评价 11. 提案审批 12. 方案实施 13. 成果评价	6. 新方案的成本是多少？ 7. 新方案能够满足功能要求吗？

总的来说，价值工程的工作程序一般可分为七个步骤：①选择价值工程的研究对象；②收集情报；③分析功能；④改进设计和方案；⑤分析和评价方案；⑥试验和审定方案；⑦检查实施情况，评价活动成果。

其中，前三个步骤为发现问题、分析问题的阶段，后四个步骤为解决问题的阶段。

第二节　价值工程的对象选择和情报收集

确定价值工程的研究对象、收集相关的情报资料，是价值工程初始阶段的两项重要工作。开展价值工程，首先要正确选择分析对象，就是要具体确定功能成本分析的产品。在一个企业里，凡是为获取功能而发生费用的事物都可以作为价值工程的研究对象，如产品、工程、设备及它们的组成部分等。但是，不必对所有产品都进行价值分析，而是有重点地进行，以提高价值工程活动的效果。

一、价值工程选择对象的原则

一般来说，价值工程对象的选择要遵从一定的原则，主要有：

第一，在设计方面，应选择结构复杂，工艺繁杂，体积、重量大，性能差，技术落后，能耗高的产品。

第二，在生产方面，选择对国计民生影响大、产量大、工艺落后、成本高、次品率高的产品。由于这类产品产量大，如果每件产品的成本稍微降低就能致使总成本大幅降低。

第三，在成本方面，选择成本高、利润低或占企业总成本比重较大的产品。只要这种产品成本降低，企业的总成本也会随之降低。

第四，在销售方面，选择用户意见大、竞争力差、索赔多、市场占有率低的产品。

第五，从价值工程的效果考虑，选择有发展前途、价值分析效果好的产品。

被选作价值工程分析对象的产品，一般都是由多个零部件组成，各个零部件存在的问题程度也不相同。价值工程无法将所有问题一次性解决，因此应该本着循序渐进、先易后难、先小后大的原则，首先把那些对产品总成本或总功能影响大而又不合理的零部件作为加以改进的对象，取得成效后再逐步扩大应用范围。

二、选择对象的方法

价值工程对象的选择方法通常有定性方法和定量方法，具体包括以下方法。

(一) 定性方法

1. 经验分析法

经验分析法是指价值工程人员根据价值工程选择对象的原则，凭借其经验确定分析对象的一种方法。经验分析法是一种定性方法，适合于时间要求紧、情报资料不足、被研究对象彼此差异较大的情况。经验分析法的优点是简便快速，考虑问题比较全面；缺点是缺乏必要的定量分析，可能造成分析结果不准确。此外，经验分析法的效果与分析人员的经验和业务水平有重要关系，一般需要通过多位有经验的价值分析人员集体研究，才能取得较好的效果。

2. 寿命周期分析法

产品的寿命周期就是产品从设计、生产到销售、使用直至报废所经历的时间。一个产品在市场上开始销售，通常要经过投入期、成长期、成熟期、衰退期四个阶段。使用产品寿命周期分析法，就是要确定产品处于哪种寿命周期，再采取相应的提高价值的方法，如图 10-2 所示。

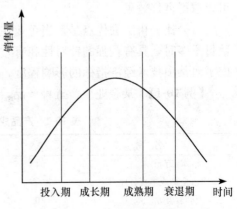

图 10-2　产品寿命周期曲线

第一时期：投入期。投入期是指产品研制成功后，初步在市场上开始销售的阶段。企业在设计产品阶段应该重点做好价值分析工作，使产品具有尽可能低的成本和较多的功能，提高产品的价值和可靠性。由于此时产品的宣传还不充分，不能完全打开市场销路，因而需要凭借其价值较大的优势在市场上站稳脚跟，为大规模的销售打下良好基础。

第二时期：成长期。成长期是指随着人们对产品了解的加深，新产品逐渐被消费者所接受，市场需求不断增加，企业开始大规模生产该产品的阶段。在这一阶段，生产该种产品的企业间的竞争不断加剧，为了增强产品的竞争力，应该选择那些成本高、竞争性强的产品作为价值分析的对象。

第三时期：成熟期。这是指产品已经完全成熟的阶段，特点是产品已经完全被市场接受并出现饱和，生产厂家维持在一定的生产规模，产品的价格有所下降。在这一阶段，由于不同厂家间的产品具有相似性，因而价值分析的目的应在于能提高产品的功能，降低成本和售价，以使企业获利最大。

第四时期：衰退期。这是指产品开始过时，逐渐被市场所淘汰并停止生产的阶段。这可能是由于新技术的产生、替代品的冲击及人们偏好的改变等原因造成的。在这一阶段，企业应做好生产新产品的准备。对于已经处于衰退期的产品，企业可以大幅降低价格以吸引购买力低的群体进行消费，这可以被选为价值分析的对象。

（二）定量方法

1. 百分比分析法

这是一种通过分析各拟选对象对两个或两个以上的技术经济指标影响程度的大小（百分比），来确定价值工程研究对象的方法。百分比分析法适用于具有多种产品的企业，在分析目标明确、情报收集齐全的情况下，利用此法较为方便，可以取得良好效果。

百分比分析法的优点是，当企业在一定时期要提高某些经济指标且拟选对象数目不多时，具有较强的针对性和有效性。缺点是它是一种单因素分析法，只考虑了对某项技术经济指标的影响程度，不够系统和全面。

【例 10-1】 某企业生产五种产品，它们的成本和利润数据如表 10-2 所示。

表 10-2　产品成本、利润百分比表

名　称	A	B	C	D	E	合　计
成本/万元	94	12	7	28	10	151
占全部成本百分比/%	62.25	7.95	4.64	18.54	6.62	100
利润/万元	30	5	6	4	5	50
占总利润的百分比/%	60	10	12	8	10	100

分析表 10-2，可以看到，D 产品的成本占全部成本的 18.54%，而利润只占全部利润的 8%，所以 D 产品应作为价值工程的重点分析对象。

2. A、B、C 分类法

A、B、C 分类法又称重点选择法或者不均匀分布定律法。它是应用数理统计分析的方法来选择对象，根据"关键的少数、次要的多数"的思想，对复杂事物的分析提供一种抓主要矛盾的、简明有效的定量方法。A、B、C 分类法按局部成本在总成本中所占比重的大小来选择价值工程的研究对象，也可以用于选择价值工程的改进对象。

A、B、C 分类法的具体做法是：

首先，把产品零件按成本的大小，从大到小依次排列。

其次，计算出各种产品的累计成本和累计成本比重，对产品进行 A、B、C 分类。一般原则是：①A 类部件：占部件总数的 10%～20%，其成本占产品总成本的 60%～80%；②B 类部件：占部件总数的 30% 左右，其成本占产品总成本的 10% 左右；③C 类部件：占部件总数的 50%～60%，其成本占产品总成本的 10%～30%。

再次，选择 A 类产品作为价值工程的研究对象，B 类产品作为次要考虑，C 类产品一般不考虑。在实际分析中，应根据客观条件具体考虑。

最后，画出 A、B、C 分类曲线图（又称帕累托曲线），其横轴表示产品种类，纵轴表示成本，根据 A、B、C 三类累计成本比重和累计产品种类的数据确定相应的坐标点，从原点开始连接。

A、B、C 分类法既可用于产品的选择，也可用于产品部件的选择。这种方法比百分比分析法更为全面，但二者本质是一样的。其优点是能抓住重点，划分被选对象的主次类别，有利于集中力量重点突破。价值分析人员可以利用有限的资源，抓住"关键的少数"，省略"次要的多数"，提高工作的效率。

【例 10-2】 某产品由 16 种零件构成，按照零件成本大小顺序排列，经计算，即可得 A、B、C 三类产品。计算过程见表 10-3。

表 10-3 A、B、C 分类计算表

| 零件序号 (1) | 件数 (2) | 累计 | | 成本/元 (5) | 累计 | | 分 类 |
		件数 (3)	占总数单位% (4)		金额/元 (6)	占总成本的百分比单位% (7)	
001	1	1	2.4	38.76	38.76	25.4	A
002	1	2	4.8	26.65	65.41	42.9	
003	1	3	7.1	22.89	88.30	57.9	
004	1	4	9.8	10.13	98.43	64.5	
005	1	5	12.2	8.16	106.59	69.9	

续表

零件序号 (1)	件数 (2)	累计		成本/元 (5)	累计		分 类
		件数 (3)	占总数单位% (4)		金额/元 (6)	占总成本的百分比单位% (7)	
006	1	6	14.3	7.65	114.23	74.9	
007	1	7	16.7	6.70	120.94	79.3	B
008	1	8	19.0	5.25	126.19	82.7	
009	1	9	21.4	3.36	129.55	84.9	
010	1	10	23.8	3.03	132.58	86.9	
011	1	11	26.8	2.68	135.26	88.7	
012	1	12	28.6	2.05	137.75	90.3	C
...	...	...	...	...	...	...	
016	1	42	100	0.12	152.41	100	
合计	42			152.41			

根据表 10-3 中的数据画出 A、B、C 分类曲线图，见图 10-3。

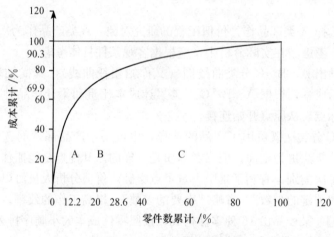

图 10-3 A、B、C 分类曲线图

由图 10-3 可知，价值工程的重点分析对象应为 A 类部件。

此外，价值工程对象选择的方法还有价值系数法、强制确定法、最合适区域法等。

三、价值工程情报的收集

为做好价值工程的工作，一项重要的内容是收集情报资料。价值工程情报就是对实现一定的价值工程目标有益的知识、情况和资料。一般在选择价值工程对象的同时，就应该收集有关的技术资料及经济信息，为进行下一步的功能分析、创新方案、评价方案等工作奠定基础。

在价值工程活动中，情报如同建筑材料，没有情报的价值工程难以进行。通过收集、分析情报，可以对有关的问题进行对比分析，发现问题找到差距，并提出解决问题的思路和方法。只有掌握了比较完整、精确的情报，价值工程才可能顺利地开展，取得良好的效果。因此，情报的数量和质量对价值工程活动的效果具有决定性的影响。

（一）情报资料收集的内容

情报资料收集的内容应围绕价值工程对象的要求展开。对象不同，需要收集的情报也不同。对于一般工业企业的产品分析来说，情报应包括下列几项内容：

（1）用户方面的情报。主要有用户使用产品的目的、使用环境和条件、产品价格，以及对产品性能、安全性、使用寿命、售后服务等的意见和要求。

（2）市场方面的情报。主要有产品的市场需求、企业预计销售量、市场竞争的强度、同类企业的发展计划等。

（3）技术方面的情报。主要有企业内外、国内外同类产品的生产资料，如设计方案、产品原料、产品标准、成本以及应用的高新技术等。

（4）本企业经营方面的情报。如企业的经营方针、经营目标、生产能力、销售渠道及所受的限制等。

（5）经济方面的情报。主要有产品生产成本的构成、包装费用、运输及销售费用、各种原材料的供应渠道、消耗量和成本等。

（6）社会方面的情报。主要有政府的有关政策、法规、条例等，以及社会公众对产品的认可程度。一般来说，符合政府产业政策、得到政府支持的产品更容易取得成功。企业产品在社会上被接受、认可的程度也对企业经营具有重要的指导作用。

（二）情报收集的要求和信息整理

收集情报是一项周密、严谨而复杂的系统性活动。收集情报时，首先要掌握全面的信息，力求信息资料来源广泛且正确可靠，避免存在片面分析或错误信息；其次，收集情报的目的必须明确，有的放矢，避免盲目收集不必要的信息；再次，收集情报前要对价值工程选择的对象有足够的了解，这样才能弄清对象的真实情况，有利于准确地建立收集目的；最后，一定要注意信息的即时性，很多信息的时间性非常强，价值分析人员必须及时掌握重要信息，才能适应复杂多变的市场机会的需要。

收集到的信息资料并不是都对价值工程有帮助作用的，相反过多的无用信息会增大价值分析人员的工作难度，导致分析结果出现误差。因此在价值工程分析活动中，一般需要对收集的信息加以分析、归纳和整理，剔除无用资料，从而将情报的范围缩小，得到有效的信息资料，提高价值工程分析的效果。

第三节　功 能 分 析

功能分析，就是对选定的价值工程分析对象应该具有的功能进行具体的分类、描述、整理和排列成树形图的系统化过程，是价值工程的核心。价值工程区别于其他成本管理方法的一个突出特点就是进行功能分析，从而达到降低成本、提高价值的目的。

通过功能分析可以对价值工程对象应该具备的功能加以确定，加深理解各类功能之间的关系，明确功能特性的要求，适当调整功能比重，使产品的功能结构更加合理。功能分析包括功能定义、功能分类、功能整理、功能评价四个方面的内容。

一、功能定义

功能定义就是用简洁准确的语言描述价值工程对象及其组成部分的作用和效果。对功能定义的过程就是对功能认识不断深化的过程。功能定义的目的是为了明确用户对产品所需求的功能，为功能的评价开阔思路，打好基础。用户购买某种产品，其动机是这种产品拥有一种或几种功能以使用户从中得到效益，而不是产品本身的具体形式。例如，用户购买一部手机，是为了满足打电话、发短信、上网等获取信息的需求，而不是为了购买手机芯片、集成电路等具体结构。但是手机的设计者必须通过设计手机芯片以实现能满足顾客需要的这些功能，这就要求设计人员能够充分了解顾客的需求，开发出能实现既定功能的价值最高的设计方案。

功能定义为后期的功能整理和功能评价提供准备条件。功能定义的要求是：用一个动词和一个名词，以动宾关系把功能用简明准确的语言表达出来。举例如表 10-4 所示。

表 10-4　功能定义举例

对　　象	动　　词	名　　词
电冰箱	冷藏	食品
建筑基础	承受	荷载
体温计	测量	体温
微波炉	加热	食品
手表	显示	时间

一般而言，动词选用抽象一些的比较好。比如将某一产品功能定义为"吸除灰尘"，就容易使人只联想到吸尘器；如果将其改为"清除灰尘"，实现这种功能就会有很多方法，如洗刷、擦除、吹风、静电吸附等。根据这样的定义，才能启发思维、开阔思路，设计出具有同样功能但结构性能更为先进的产品。此外，一个功能应该只下一个定义。这就要求将研究对象细分为若干个部分，再针对各部分的功能，分别下定义。比如，价值工程的研究对象是电脑的主板，就应该首先对电脑主板做功能定义，再按照主板的各组成元器件分别进行功能定义。

有了准确的功能定义，产品设计就可以紧抓住功能，开拓设计思路，争取摆脱原有产品形成的路径依赖，从全新的视角出发，设计出具备相应功能但价值更高的新产品。

二、功能分类

不同的产品具有不同的功能，电视机的功能是收看节目，它显然不同于空调供暖和制冷的功能，这是产品间的功能差异，也是产品相互区别的基本特征。产品的功能可以从不同的角度分为以下几类。

1. 按照功能的重要程度，可以分为基本功能和辅助功能

基本功能是要达到这种产品目的所不可缺少的功能，是产品的本质功能。比如，热水器的基本功能是加热水温、提供热水。正是为了实现产品的基本功能，人们才会设计和生产这种产品。如果产品的基本功能发生了变化，这种产品的性质也就发生了改变，不再是原来的产品。

辅助功能是相对于基本功能而言的从属功能，起着辅助产品实现基本功能的作用。例如，手机的基本功能是通信，而手机游戏属于辅助功能，没有手机游戏，手机一样可以实现通话的功能。辅助功能可以从它是不是起辅助作用以及同基本功能相比，它是否为次要功能等方面来确定。

2. 按功能满足用户的需求程度来看，可以分为不足功能和过剩功能

不足功能是产品尚未完全满足用户需求的功能，表现为整体功能或部件功能水平在数量上低于标准功能水平。比如一台微波炉只具有加热功能，但无法进行温度调节和时间控制，这就是不足功能。过剩功能是相对不足功能而言的，指用户从产品中已经能完全满足需要，但产品仍然具有一些用户并不会使用的功能，表现为在数量上超过了标准功能水平。比如一块手表除了显示时间以外，还具有一些如遥控电视、玩游戏等功能。虽然这些功能形式新颖，提高了产品的竞争实力，但是用户很少会使用这些功能，而且过多的功能势必伴随着成本的增加，这就是过剩功能。在价值分析中，应该强化不足功能，舍弃过剩功能，提高产品的实用性和价值。

3. 按功能的性质，可以分为使用功能和外观功能

使用功能是产品具有的使用目的，它是用户选择产品的基础。使用功能反映了产品的使用价值，通过产品的基本功能、辅助功能表现出来。外观功能也称美学功能，是通过产品外观给人带来的愉悦和美感表现出来的，比如产品的新颖外观、潮流式样、个性图案等。

4. 按产品的总体与局部，可分为总体功能和局部功能

在功能中，存在着上位功能和下位功能。上位功能是目的性功能，下位功能是实现目的的手段性功能。总体功能和局部功能可以理解为目的和手段的关系，产品以局部功能为基础，又具有整体功能的特征。

5. 按照用户使用功能的角度不同，分为必要功能和非必要功能

必要功能是用户使用产品时符合其要求的功能，如使用功能、辅助功能、外观功能。不必要功能是用户不需要使用、不符合其要求的功能，如多余功能、重复功能、过剩功能。设计产品要紧抓必要功能，排除不必要功能。

三、功能整理

对一个产品完成功能定义后，还需要对功能进行分析和整理。功能整理的主要目的是通过分析，确定产品哪些是基本功能和辅助功能，哪些是可以取消的非必要功能，哪些功能存在不足、需要增强改进，哪些功能出现重复过剩、需要适当舍弃等。功能整理就是用系统的观点将已经定义的功能加以系统化，明确各个局部功能之间的关系，并把这些功能相互连接起来，组成一个体系，编制功能系统图。

功能整理的方法就是绘制功能系统图的方法，其步骤大致如下。

（一）编制功能卡片

在卡片上标出对象名称和功能定义，每一个功能编制一张卡片。在使用卡片时，可以随时移动、排列、修改卡片，方便灵活，有助于专心思考特定的功能，便于绘制功能系统图。

（二）确定基本功能或必要功能

把选出的基本功能或必要功能放在左端，这些功能称为上位功能。前面提到，上位功能是目的性的功能，而下位功能是手段性的功能。上位功能是产品的基本功能和必不可少的功能，也是这种产品生产的目的。产品的最上位功能即最基本功能，其他的功能都是辅助功能。

（三）明确各功能之间的关系

一般来说，在产品及其零部件的功能之间存在着上下关系和并列关系。上下

关系是指一个功能系统中某些功能之间存在着目的和手段的关系。这种目的和手段关系是相对的，往往一个功能既是某种功能的上位功能，又是另一种功能的下位功能。当分析功能时，如果询问这个功能所要到达的目的是什么，就是在探讨它的上位功能；如果问到如何实现这种功能，就是考虑它的下位功能。以汽车为例，提供动力是汽车运输的下位功能，要提供动力就需要有发动机，发动机是提供动力的下位功能，即提供动力是发动机的上位功能。

并列关系是指在一个上位功能之后，有几个手段功能并列存在，它们是实现同一功能的手段，相互之间彼此独立、地位平等，不存在从属关系。例如，"收看节目"是一台电视的基本功能，要实现这个目的，必须同时具备"提供电力"和"提供电视信号"这两个功能，它们之间是相互独立的，属于并列关系。

（四）绘制功能系统图

按照目的与手段，上位与下位之间的功能关系，以及功能之间的并列关系去整理产品的功能，就可以绘制出功能系统图。功能系统图按照上位功能的位置在左、下位功能在右的顺序从左向右排列，并用线段连接起来，如图 10-4 所示。

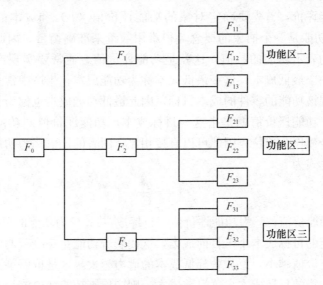

图 10-4 功能系统图的一般形式

图中 F_0 是最上位功能即最基本功能，称为一级功能。F_1、F_2、F_3 是 F_0 的下位功能，它们之间是并列关系，都称为二级功能。F_{11}、F_{12}、$F_{13}\cdots F_{33}$ 称为三级功能。F_1、F_{11}、F_{12}、F_{13} 组成功能区一，F_2、F_{21}、F_{22}、F_{23} 组成功能区二，F_3、F_{31}、F_{32}、F_{33} 组成功能区三。通过这样的关系可以把产品的设计意图用功能系统图表示出来。这张图表明了产品的最终目的和最终用途，也表明了实现这种目的和用途的手段，即各零部件的功能。

四、功能评价

功能评价就是按照功能系统图，采取一定的方法对功能或功能区域进行定量分析，用一个数值来表示功能的大小或重要程度。功能评价评定产品的某个功能值大小，以及实现此功能的最低成本是多少。

（一）功能评价的步骤

进行功能评价的一般步骤如下：①确定对象的功能评价值 F。②计算对象功能的目前成本 C。③计算和分析对象的功能价值 V。④计算成本改进期望值 ΔC。⑤根据对象价值的高低及成本改进期望值的大小，确定改进的重点对象及优先次序。

（二）功能评价的基本要素

1. 功能评价值

进行功能评价，首先要确定对象的功能评价值（F）和成本的改进期望值（ΔC）。由于功能是一个抽象的概念，很难用数量来准确衡量，因此需要寻找一个可以量化的表示功能的数值，这就是功能评价值。通常要实现产品的某种功能，总存在一个最低成本，这一最低成本称为功能成本。生产中常常以这一最低成本作为实现该功能的零件的成本目标，因此最低功能成本也称为目标成本。在价值工程中，功能评价值就是指这一目标成本。功能评价值同功能目前成本一样，都是以金额作为单位，因此可以直接相比，两者的比值称为功能价值。功能评价值的表达式为

$$V = \frac{F}{C} \tag{10.2}$$

其中，V 为功能价值；F 为功能评价值（目标成本）；C 为功能的目前成本。

如果功能的目标成本小于目前成本，这代表着功能存在改善期望。改进期望值越大，功能价值越小，意味着降低成本的潜力越大，这是价值工程的重点改进对象。如果功能的目标成本大于目前成本，则应检查功能评价值是否确定得当或是否有功能不足的现象。

2. 成本改进期望值

成本评价是通过核算和确定对象的实际成本与功能评价值，分析和测算成本降低期望值，从而排列出改进对象的优先次序。成本改进期望值（ΔC）的表达式为

$$\Delta C = C - F \quad 或 \quad \Delta C = C - C_{目标}$$

其中，ΔC 为成本改进期望值；$C_{目标}$ 为对象的目标成本。

一般情况下，当 ΔC 大于零时，ΔC 大者为价值工程的优先改进对象。

（三）功能评价方法

功能评价方法主要有功能成本法和功能评价系数法。

1. 功能成本法

功能成本法又称绝对值法，这种方法是把所有功能都转化为成本，用金额来表示功能，再从各种方案中找出实现某一功能的最低成本，以这个成本与实现这个功能的目前成本相比求出比值，即为功能价值系数。其表达式为

$$功能价值系数(V) = \frac{功能评价值(F)}{功能目前成本(C)} \tag{10.3}$$

功能成本法主要包括功能目前成本的计算、功能评价值的计算、功能价值系数和成本改进期望值的计算，其中关键的是功能评价值的推算。

（1）功能目前成本的计算。一个功能的实现，往往是许多零部件共同作用的结果。一个零部件只对一种功能起作用时，其成本就是它本身功能的成本。但有的零部件可能会同时对多个功能起作用，该功能的成本就等于这些零部件的功能成本之和。遇到这种情况时，应该将零部件的成本分摊给各项有关功能，再合计各零部件对某一功能的费用分摊额，即为该功能的目前成本 C，如表 10-5 所示。

表 10-5 功能目前成本表

零部件名称	成 本	功 能		
		F_1	F_2	F_3
甲	400	150		250
乙	600	100	300	200
丙	350	90	70	190
合计	1350	340	370	640

（2）功能评价值的计算。功能评价值的计算也就是计算功能的最低成本。确定功能评价值的常用方法有两种：

第一种：经验估算法。这种方法是由一些有经验的人员对实现某项功能提出初步设想的几个方案，在提出方案的同时估算出各个方案的成本。根据每人估算的值求出平均数作为方案的成本，在各个方案中选取最低值就是功能的目标成本即功能评价值。这种方法主观性强，有时不够准确，只适宜于在资料不足的情况下使用。

第二种：实际价值调查法。这种方法是通过调查企业内外具备同样功能的产品，广泛收集它们的现实功能数据及成本资料，从中选出功能实现程度相同但成本却是最低的产品，以这个产品的成本作为功能评价值。如图 10-5 所示，F 为

功能实现的程度，在几种不同成本的产品中选择最低成本 C 作为功能实现程度的最低成本。C_1 点为现实成本，而目标成本为 C，则成本降低幅度为 C_1-C。

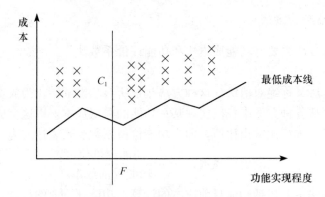

图 10-5　功能实现程度与成本的关系

（3）功能价值系数和成本改进期望值的计算。功能评价值和功能的目前成本求出以后，就可以根据公式计算功能价值系数和成本改进期望值，从而确定价值工程的改进目标。

【例 10-3】　某产品具有 F_1、F_2、F_3 三个功能，各个功能的目前成本和功能评价值已知，则可求出功能价值系数和成本改进期望值，如表 10-6 所示。

表 10-6　功能价值系数和成本改进期望值计算表

功　能	目前成本/元	最低成本/元	价值系数	成本降低幅度/元
	C	C_a	$V=C_a/C$	$\Delta C=C-C_a$
F_1	60	45	0.75	15
F_2	20	8	0.40	12
F_3	45	15	0.33	30
合计	125	68	—	57

从表中可以发现，F_3 的价值系数是最低的，成本改进期望值也是最大的，因此 F_3 应作为价值分析的重点首先加以改进。

功能成本法比较简便，但由于主要靠经验方法估计功能评价值，主观因素太多，计算结果可能同实际情况有些出入。不过，评价的目的是把握改进的范围和方向，有时数字在一定程度内的偏差不会妨碍大局。

2. 功能评价系数法

功能评价系数法又称相对值法，是通过评定各对象功能的重要程度，用功能系数来表示其功能程度的大小，然后将评价对象的功能系数与相对应的成本系数进行比较，得出该评价对象的价值系数，从而确定改进对象，并求出该对象的成本改进期望值。其表达式为

$$价值系数(V) = \frac{功能系数(FI)}{成本系数(CI)} \tag{10.4}$$

其中，功能系数是指评价对象功能（如零部件等）在整体功能中所占的比重，又称功能评价系数、功能重要度系数等；成本系数是指评价对象的目前成本占全部成本的比重。功能评价系数法主要包括功能系数的计算和成本系数的计算两项内容。

1）功能系数的计算

功能系数的计算是一个定性与定量相结合的过程，其主要步骤是评定功能分值。计算功能系数的方法有很多，主要有强制确定法、最合适区域法、多比例评分法、环比评分法等。本书只简要介绍强制确定法。

强制确定法又称 FD 法，是功能评价系数法中提出最早、最简单的一种方法。强制确定法根据评分人员的经验，对每个零部件的重要程度进行评分，用功能评价系数使功能数量化。FD 法可以分为 01 评分法和 04 评分法两种。

01 评分法把组成产品的零部件排列成表，对每个零部件的功能重要程度和其他所有零部件进行一对一的比较，重要的得 1 分，次要的得 0 分，零部件自己同自己相比不得分，用×表示。然后把各零部件的得分累计起来，除以全部零部件得分总数，求得各零部件的功能评价系数。即

$$功能系数 = \frac{某一零部件的功能分数}{全部零部件的功能分数} \tag{10.5}$$

功能评价系数的大小说明零部件功能的重要程度，从表 10-7 中可以看出，C 类零件功能评价系数最高，即最重要，D 和 E 类零部件最不重要。

表 10-7　功能评价系数计算表

零部件	A	B	C	D	E	得　分	功能评价系数
A	×	1	0	1	0	2	0.20
B	0	×	0	1	1	2	0.20
C	1	1	×	1	1	4	0.40
D	0	0	0	×	1	1	0.10
E	1	0	0	0	×	1	0.10
合计						10	1.00

01 评分法的缺陷在于它只能表明相比之下哪种功能更为重要，而无法说明这种重要性的差异大小。

04 评分法在某种程度上可以克服 01 评分法的局限性，它在评价两个功能的重要性时，把功能评分的差距拉大，采用下面的计分方法：

（1）非常重要的功能得 4 分，另一个相比功能很不重要得 0 分。

（2）比较重要的功能得 3 分，另一个相比功能不太重要得 1 分。

（3）两个功能同等重要，各得 2 分。

（4）不太重要的功能得 1 分，另一个相比功能比较重要得 3 分。

（5）很不重要的功能得 0 分，另一个相比功能非常重要得 4 分。

强制确定法适用于被评价对象在功能重要顺序上的差异不太大，并且评价对象子功能数目不太多的情况。

2）成本系数的计算

成本系数可按下式计算

$$成本系数 = \frac{某个评价对象的目前成本}{全部成本} \tag{10.6}$$

3）价值系数的计算

功能系数和成本系数求出以后，就可以根据公式计算价值系数，从而确定价值工程的改进目标。

功能评价系数法由于简便易行，在我国应用较广。但是这种方法具有较大的局限性，主要是评分方法比较机械。比如 01 评分法，无论差距多大，都用 1 分或 0 分表示，并不容易反映功能重要程度相差很大或很小，显然不太合理。因此，这种方法适用于一次评价的零部件数量不太多，而且各功能之间差距不大又比较均匀的情况。

（四）确定价值工程对象的改进范围

功能的价值计算出来以后，就明确了评价对象是否能作为功能改进的重点，以及功能改进的方向和幅度，为后面的方案创新工作打下基础。确定改进对象的原则包括以下几方面内容。

1. F/C 值低的功能区域

计算出来的 $V<1$ 的功能区域，应该列入功能改进的范围，力求使 $V=1$。一般来说，以消除过剩功能及降低目前成本为改进方向。

2. C−F 值大的功能区域

C 和 F 的差是成本改进期望值，也是成本应该降低的绝对值。当各个功能区域的价值系数同样低时，就要优先选择 $C\text{-}F$ 数值较大的功能区域作为重点对象。

3. 复杂的功能区域

一般来说，功能区域复杂，其价值系数也较低，所以应确定为价值工程对象的改进范围。

第四节　价值工程方案的评价和选择

经过功能评价，可以选择出价值低且成本改进期望大的对象作为重点改进对象。确定了目标之后就进入改进方案的制订、评价阶段。这是开展价值工程活动的重要阶段。评价改进方案包括改进方案的创造、评价改进方案以及方案审批三个阶段。各个阶段及其具体步骤的内容如图 10-6 所示。

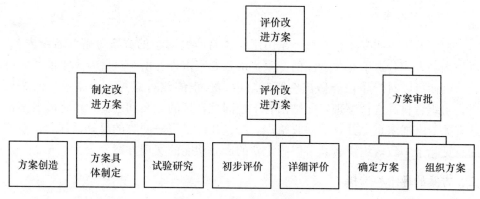

图 10-6　方案制定步骤图

一、方案的创造方法

方案创造是指针对价值工程的具体对象，依据已经建立的功能系统图和确定的目标成本，通过创造性的思维活动提出各种不同实现功能的方案，以提供备选方案并择优选择。方案创造的设想应不拘于形式、不屈于权威，充分发挥设计人员的主观能动性和创新能力，只要是符合功能的设想都可以提出。价值工程中常用的方案创造方法主要有以下三种。

（一）头脑风暴法

头脑风暴法（brain storming），简称 BS 法，是国外在提出方案阶段使用较多的方法。这种方法是邀请 5～15 个熟悉产品的人员参加，由主持人主持会议。主持人要思维敏捷、善于启发引导、行为民主公正，使与会者在和谐的探讨气氛中自由地表达自己的想法。会议有四条原则：畅所欲言并不许批评别人；鼓励创新、打破常规；提出方案越多越好；善于在别人基础上补充和修改。会议应有专门人员记录，结束后要形成提案资料。采用这种方法提出的方案数量要比单独邀请同样多的人所提出的方案数量多得多，且可以产生新颖、全面且具有创造性的方案。

（二）哥顿法

哥顿法又称模糊目标法，由美国人哥顿最早提出。这种方法与头脑风暴法的相同之处在于都是以会议形式进行，由熟悉业务并有经验的人员参加。不同之处在于：会议希望只产生一个解决问题的最佳方案，允许与会人员彼此对方案进行批评，因此这种方法耗时较长。在会议中，主持人先提出一个抽象的功能概要，要求与会者广泛地提供各种设想，直到主持人认为新的功能设想已经基本提出来后，才明确要解决的问题，争取通过与会者的讨论获得一致意见。

（三）德尔菲法

德尔菲法也叫专家检查法，是由组织者将研究对象的方案分解为若干内容，以信函的方式分送给有关方面的专家，请各专家审查。由于这些专家事前并无讨论，因而可以对产品功能做出客观、自由、公正的改进意见。专家返送回意见后，组织者将其进行整理，归纳出若干趋同且合理的方案和意见，再将匿名函寄给有关专家征求意见并再次回收整理。经过几次函寄—回收的反复过程后，专家的意见趋于一致，组织者就可以确定新的产品功能的实现方案。

二、方案的评价和选择

创造出多种改进方案之后，要对其进行评价。方案评价的目的是从各种设想方案中，根据要求选择出令人满意的最佳方案。评价可以分为概略评价和详细评价两种。概略评价是方案评价的第一步，它是对所提出的方案或改进设想进行粗略筛选，舍弃部分价值较低的设想方案以减少详细评价的工作量。详细评价是在掌握了大量的数据资料的基础上，对概略评价后得到的少数方案从技术、经济、社会三个方面进行详尽的评价分析，为提案的编写和审批提供依据。

评价方案时，无论是概略评价还是详细评价，都应包括技术性评价、经济性评价、社会评价和综合评价。二者主要差别在于评价内容和方法上的粗略和详细。方案评价的内容包括技术性评价、经济性评价、社会评价和综合评价。技术性评价主要评价方案能否实现所要求的功能以及方案本身在技术上能否实现，比如性能、质量、寿命等。经济性评价是对方案实施的经济效果（如成本、利润、节约额、销售量、竞争产品的情况等）的大小进行分析评价。社会评价是指对方案投产后给社会带来的影响进行分析评价，如环境污染、生态平衡等。最后，在做完技术、经济及社会评价后，再对方案进行综合性评价。方案评价的过程如图 10-7 所示。

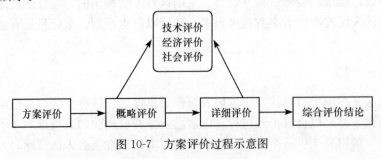

图 10-7　方案评价过程示意图

方案评价的方法有很多，主要有以下三种。

（一）优缺点列举法

把每一个方案在技术、经济上的优缺点详细列出，进行综合分析，并对优缺点作进一步调查，用淘汰法逐步缩小考虑的范围，在范围不断缩小的过程中确定最佳的方案。

（二）直接评分法

这种方法是邀请有经验的专家，对方案的效果好坏用分数评比，从给分评价表中先分析技术价值系数，再计算方案的经济价值系数，最后对方案进行综合评价，计算综合评价系数。

1. 技术价值系数

$$X = \frac{\sum P}{N \times P_{\max}} \tag{10.7}$$

其中，X 为技术价值系数；P 为各方案满足功能的得分，可分别评定后求得；$P_{\max}$ 为满足功能的最高得分；N 为需要满足的功能数。

2. 经济价值系数

$$Y = \frac{H_{理} - H}{H_{理}} \tag{10.8}$$

其中，Y 为经济价值系数；$H_{理}$ 为理想成本，可将老产品的原成本作为基数来计算；H 为新方案的预计成本。

3. 综合评价系数

$$K = \sqrt{XY} \tag{10.9}$$

其中，K 为综合评价系数；其他符号意义同上。

K 值最高的方案为最优方案。

（三）加权评分法

这种方法是将功能、成本等各种因素，根据要求的不同进行加权计算，权数大小应根据它在产品中所处的地位决定。加权评分法用 FD 法定出评价因素重要性系数和各个方案对评价因素的满足程度系数，然后将二者相乘并加总，求出各方案的总评价值，最大者为最优方案。

三、方案的提案、审批和成果评价

（一）方案的提案和审批

价值工程改进方案经过综合评价后，可以筛选出最佳方案，经批准后即可组织实施。在方案实施前，价值工程分析人员要编写提案，此时要注意以下事项：

（1）首先要充分肯定企业已经取得的工作成果。

（2）在企业一定级别的会议上以书面形式提出产品的价值分析意见，以便能够得到企业的重视和支持。

（3）采取用数据说话的方式，力求提案使他人信服。

（4）注意倾听有关各方的意见。

（5）提案内容包括必要的图表、数据资料等。

提案如获得通过，就要作为正式提案附以说明，递交给有关部门审批。方案经过审批同意后，即可根据初步设计和试验的情况，修改设计图纸，制定有关工艺文件，经小批试制成功后再正式投产。

（二）价值工程活动成果的评价

方案实施以后，要对价值工程活动的实施情况进行检查，及时发现并解决问题。方案实施完成后，还要对活动成果进行评价和总结。

（1）经济效果评价。价值工程的活动成果评价重点围绕经济效果进行评价，一般主要计算三项指标：

$$\text{成本降低率} = \frac{\text{改进前单位成本} - \text{改进后单位成本}}{\text{改进后单位成本}} \times 100\% \quad (10.10)$$

$$\text{全年净节约额} = (\text{改进前单位成本} - \text{改进后单位成本})$$
$$\times \text{年产量} - \text{价值工程活动经费} \quad (10.11)$$

$$\text{节约倍数} = \frac{\text{全年净节约额}}{\text{价值工程活动经费}} \quad (10.12)$$

其中，价值工程活动经费是指价值工程人员的工资、调研费、资料费、实验费等。

（2）社会效果评价。社会效果评价包括满足国家经济和国防的需要、节约贵重稀缺物资、节约能源消耗、减少环境污染、填补国内外科学技术或品种发展的空白、减少用户购买的成本或其他费用、增加就业岗位等方面的效益。

（3）价值工程工作总结。价值工程全部工作结束以后，要对其进行总结。总结的内容是期望的目标是否如期实现，活动中的计划安排、工作方法、人员组织等方面是否合适，与国内外同类产品相比还存在哪些差距等。通过总结，找出活动成功的原因和失败的教训，以便今后进一步改进价值工程的工作。

第五节　本章小结

价值工程是以最低的总费用，可靠地实现所研究对象的必要功能，着重于功能分析的有组织的活动。价值工程的三要素包括功能、成本和价值。功能是指对象能够满足某种需求的一种属性；成本指的是产品的寿命周期成本，即产品在寿命期内所花费的全部费用；价值是功能与成本的比值，其与功能成正比，与成本成反比。功能越高，成本越低，价值就越大。产品的寿命周期成本等于生产成本和使用成本之和，在一定的技术经济条件下，随着功能的提高，生产成本上升而使用成本下降，到一定时期产品的寿命周期成本降至最低。价值工程的目的在于提高产品的价值，主要可以通过五种途径来实现，即保持成本不变，通过改进设计提高产品功能；保持功能不变，通过改进设计降低产品成本；既提高产品功能，又降低成本，从而大幅度地提高产品价值；增加一些功能，使功能提高的幅度大于成本增加的幅度，从而使产品价值上升；削减一些功能，使产品成本大幅降低，提高产品的价值。

价值工程的工作程序一般可分为七个步骤：选择价值工程的研究对象、收集情报、分析功能、改进设计和方案、分析和评价方案、试验和审定方案、检查实施情况以及评价活动成果。价值工程的工作过程实质上就是一个发现问题、分析问题、解决问题的动态过程。

确定价值工程的研究对象、收集相关的情报资料，是价值工程初始阶段的两项重要工作。要想有效开展价值工程活动，首先要正确选择价值工程的对象。常用的对象选择的方法有定性方法（经验分析法、寿命周期分析法等）和定量方法（百分比分析法、ABC 分类法等）。每种方法都有其优缺点，应根据实际需要妥善选择。同时，要提高产品的价值，需要掌握及时、准确的情报资料，收集情报是价值工程活动中的一项重要任务。价值工程情报就是对实现一定的价值工程目标有益的知识、情况和资料。收集情报时，首先要掌握全面的信息，力求信息资料来源广泛且正确可靠；其次，收集情报的目的必须明确；再次，收集情报前要对价值工程选择的对象有足够的了解；最后，一定要注意信息的即时性。收集情报后要对情报进行整理，舍弃一些无关情报以提高情报的使用价值。情报的数量和质量对价值工程活动的效果具有决定性的影响。

功能分析就是对选定的价值工程分析对象应该具有的功能进行具体的分类、描述、整理和排列成树形图的系统化过程，是价值工程的核心，也是价值工程区别于其他成本管理方法的一个突出特点。功能分析包括功能分类、功能定义、功能整理和功能评价四个方面的内容。功能定义就是用简洁准确的语言描述价值工程对象及其组成部分的作用和效果。产品的功能可以从不同的角度分为基本功能和辅助功能、不足功能和过剩功能、总体功能和局部功能、必要功能和非必要功能，以及使用功能和外观功能等。功能整理的主要目的是通过分析，确定产品哪些是基本功能和辅助功能，哪些是可以取消的非必要功能，哪些功能存在不足、需要增强改进，哪些功能出现重复过剩、需要适当舍弃等等，并编制功能系统图。功能评价就是按照功能系统图，采取一定的方法对功能或功能区域进行定量分析，用一个数值来表示功能的大小或重要程度。进行功能评价的一般步骤为：确定对象的功能评价值 F；计算对象功能的目前成本 C；计算和分析对象的功能

价值 V；计算成本改进期望值 ΔC；根据对象价值的高低及成本改进期望值的大小，确定改进的重点对象及优先次序。

经过功能评价，在确定了若干个合理方案之后，就进入了价值工程方案的评价和选择阶段。改进方案的创造方法主要有头脑风暴法、哥顿法和德尔菲法。方案的评价分为概略评价和详细评价。概略评价是对所提出的方案或改进设想进行粗略筛选，舍弃部分价值较低的设想方案以减少详细评价的工作量；详细评价是在掌握了大量的数据资料的基础上，对概略评价后得到的少数方案从技术、经济、社会三个方面进行详尽的评价分析，为提案的编写和审批提供依据。二者都应包括技术评价、经济评价和社会评价，只是在评价内容上存在粗略和详细。方案评价的方法主要有优缺点列举法、直接评分法和加权评分法三种。

价值工程改进方案经过综合评价后，可以筛选出最佳方案，经批准后即可组织实施。在方案实施前，价值工程分析人员要编写提案，提案通过后就要作为正式提案附以说明。方案实施以后，要对价值工程活动的实施情况进行检查，及时发现并解决问题。价值工程全部工作结束以后，还要对活动成果进行评价和总结。活动成果评价主要包括经济效果评价和社会效果评价。通过总结，找出价值工程活动成功的原因和失败的教训，以便今后进一步改进价值工程的工作。

关键概念

价值工程　价值　功能　寿命周期成本　A、B、C分类法　寿命周期分析法　价值工程情报　上位功能　下位功能　功能分类　功能系统图　功能评价值　成本改进期望值

复习思考题

1. 如何理解"价值工程"的定义？
2. 在价值工程中为什么使用产品寿命周期成本？
3. 提高产品价值的途径主要有哪些？
4. 什么是功能定义？功能的分类有哪些？
5. 什么是功能整理？功能系统图的含义是什么？
6. 功能评价的步骤有哪些？
7. 某产品由12种零件组成，各种零件的个数和每个零件的成本如表10-8所示，试用A、B、C分类法选择价值工程的研究对象，并画出ABC分析图。

表 10-8　零件个数和每个零件的成本

零件名称	A	B	C	D	E	F	G	H	I	J	K	L
零件个数	1	2	2	2	18	1	1	3	4	3	5	7
每个零件成本/元	5.25	4.65	2.58	1.68	0.24	0.95	0.74	0.32	0.39	0.15	0.16	0.09

第十一章　项目可行性研究

本章摘要：可行性研究是投资前的主要工作，包括投资机会研究、初步可行性研究和详细可行性研究三个阶段。可行性研究的基本内容可以概括为三大部分。首先是市场研究，包括产品的市场调查和预测，这是项目成立的重要依据；其次是技术研究，即技术方案和建设条件研究，这是可行性研究的技术基础，主要解决项目在技术上的"可行性"问题；最后是效益研究，即经济效益和社会效益的分析和评价，这是决定项目经济上是否可行的关键，是项目可行性研究的核心部分，解决了项目经济上的"合理性"问题。

第一节　项目可行性研究的概述

可行性研究是综合运用多门学科知识对拟建项目从技术、经济、社会和环境等各个方面进行调查研究和综合论证，以判断项目是否可行并从多个可能方案中选择一个最优方案的一种研究方法。作为一项工作来说，可行性研究是项目建设过程中的一个关键环节。

一、可行性研究的产生和发展

可行性研究最早应用是在 20 世纪 30 年代。当时美国为了开发田纳西流域而首次进行了可行性研究，事先对该工程项目的项目建设必要性、技术先进性、经济合理性等进行了科学的分析论证，为该项目的开发和利用带来了显著的成效。二战后，西方发达国家普遍采用这种方法，并不断加以充实和完善。在 20 世纪 60 年代以后，随着科学技术、经济和管理的不断发展，可行性研究得到了迅速发展，形成了一套比较完善的理论、工作程序和评价方法。目前可行性研究已经渗透到了非工程建设项目领域，应用范围十分广泛。

可行性研究在我国得到真正的重视是始于 20 世纪 70 年代末，经过试行，从80 年代开始，国家已经确定将可行性研究作为一个重要技术经济论证手段纳入基本建设的程序。

二、可行性研究的含义和作用

可行性研究是一种包括机会研究、初步可行性研究和详细可行性研究三个阶段的系统投资决策分析方法，其目的是在项目投资决策之前，对拟建项目的所有方面（包括工程技术、经济、财务、生产、环境、法律等）进行全面的、综合的调查研究，对备选方案从技术先进性、生产可能性、建设可能性和经济合理性等进行比较评价，从中选出最佳方案。

可行性研究是项目决策的基础和依据，是科学地进行工程建设、提高经济效益的重要手段。某种程度上，可行性研究可以减少决策的盲目性，同时，它还可以提高项目建设的速度和确保项目建设的质量。

作为投资前期的重要工作，可行性研究在基本建设程序中占有十分重要的地位，可行性研究的作用主要体现在以下几个方面。

（一）为拟建项目投资决策提供依据

进行可行性研究是投资者在投资前期的重要工作，投资者需要委托有资质的、有信誉的投资咨询机构，在充分调研和分析论证的基础上，编制可行性研究报告，并以此报告的结论作为其投资决策的主要依据。

（二）可作为资金筹措和向银行申请贷款的依据

在资金筹措的过程中，可行性研究报告必不可少。如果是寻求国外投资，必须出具可行性研究报告，外商会根据项目的可行性研究报告与国内的投资者签订合作意向书。对于申请金融机构贷款而言，无论是国内的金融机构还是国外的金融机构，首先要求申请者提供可行性研究报告，在此基础上编制项目评估报告，评估报告的结论是金融机构确定贷款与否的重要依据。

（三）与有关部门谈判和签订协议或合同的依据

项目从筹建到正常运转，需要各行各业的协作和支持，需要与工程设计单位、施工建设单位、机器设备供应商、原材料和燃料供应商等进行谈判，并签订相关的合同或协议。可行性研究报告，是项目投资者与上述部门进行谈判的重要依据之一。

（四）作为向当地政府及环境保护部门申请建设施工的依据

在可行性研究报告通过审定以后，建设项目在设计与施工之前还要经过地方规划部门和环保部门的审查，审查的主要内容为环境保护、三废治理和选址对城市、区域规划布局的影响等。只有可行性研究报告中上述因素全部符合市政规划或者区域规划以及当地环保要求，才发给建设许可证书。

（五）开展全面设计和建设工作的依据

可行性研究报告一经批准，既可作为项目设计和建设工作的依据，还可据此进行施工组织和进度安排。

（六）为企业组织机构设置、劳动定员和职工培训等工作提供依据

根据项目的可行性研究报告，可以进行与项目有关的事前组织工作，包括进

行职工技术培训。设置相应的组织机构以及合理的组织生产等。

（七）项目后评价的依据

按照国际惯例，对已经竣工投产并且生产运营一段时间的工程项目要进行项目后评价，分析项目的实际情况与预测情况的差距，找出存在的问题，为今后工作积累经验。可行性研究报告就是项目后评价的参照标准。

第二节　项目可行性研究的阶段和内容

一个项目从提出到完成一般要经历三个时期：投资前期、投资时期和生产经营期。投资前期是决定工程项目经济效果的关键时期，是研究和控制的重点，可行性研究是投资前期的主要工作和关键环节。

一、可行性研究的阶段

可行性研究一般包括四个阶段：投资机会研究、初步可行性研究、详细可行性研究和项目评价与决策。

（一）投资机会研究阶段

投资机会研究也被称为投资鉴定，即寻求最佳投资机会的活动。其任务是提出建设项目投资方向的建议，即在一个确定的地区和部门内，根据自然资源、市场需求、国家产业政策和国际贸易情况，通过调查、预测和分析研究，选择建设项目，寻求最佳的投资机会。

投资机会研究可以分为一般机会研究和具体机会研究。在发展中国家，一般机会研究通常由政府部门或专门机构进行，作为中央政府制定国民经济长远发展规划的依据。具体机会研究是具体研究某一项目得以实施的可能性，将项目设想转变为投资建议。

机会研究是比较粗略的，投资费用和生产（或营业）成本一般根据同类项目加以推断，误差一般要求约为 $\pm 30\%$，研究费用一般占总投资额的 $0.2\% \sim 1.0\%$，时间一般为 $1 \sim 3$ 个月。

（二）初步可行性研究阶段

初步可行性研究，也称预可行性研究，是正式的详细可行性研究前的预备性研究阶段。主要是在项目建议书的基础上，进一步确认项目建设的必要性，初步进行方案的比较和选择，判断是否需要进行详细可行性研究。

这一阶段主要解决以下问题：一是弄清项目的概貌，包括建设规模、产品方案、原材料供应、厂址、工艺技术、组织机构设置和建设进度；二是对关键问题进行专题的辅助研究；三是初步估算投资额、成本和收入，计算主要经济效益指标；四是对众多的方案进行初步选择。

初步可行性研究得出的投资额误差一般要求约为±20%，研究费用一般约占总投资额的0.25%～1.5%，时间一般为4～6个月。

(三) 详细可行性研究阶段

详细可行性研究阶段又称最终可行性研究阶段，通常简称为可行性研究，是项目前期研究的关键环节，是项目投资决策的基础。它为项目决策提供技术、经济、商业方面的评价依据，为项目的具体实施提供科学依据。

详细可行性研究阶段的成果是可行性研究报告，这个报告必须对拟建项目给出明确的可行或不可行的结论。投资误差额一般要求约为±10%，研究费用一般占总投资额的1.0%～3.0%（小型项目）或2.0%～1.0%（大型项目），时间一般为8～10个月或更长。

(四) 项目评价和决策阶段

项目评价和决策是对可行性研究报告进行评估和审查，分析它的内容是否全面，所采用的研究方法是否正确，判断可行性研究结论的可靠性和真实性，对项目做出最终决策。

可行性研究各阶段的对比参照见表11-1。

表 11-1　项目可行性研究的各个阶段比较

工作阶段	机会研究	初步可行性研究	详细可行性研究	项目评估与决策
工作性质	项目设想	项目初选	项目拟定	项目评估
工作内容	鉴别投资方向，寻找投资机会（地区、行业、资源和项目的机会研究），提出项目投资建议	对项目作专题辅助研究，广泛分析、筛选方案，确定项目的初步可行性研究	对项目进行深入细致的技术经济论证，重点对项目进行财务效益和经济效益分析评价，多做多方案比较，提出项目投资的可行性和选择依据	综合分析各种效益，对可行性研究报告进行评估和审核，分析判断项目可行性研究的可靠性和真实性，对项目做出最终决策
工作成果及作用	提出项目建议，作为制定经济计划和编制项目建议书的基础，为初步选择投资项目提供依据	编制初步可行性研究报告，制定是否有必要进行下一步详细可行性研究，进一步判明建设项目的生命力	编制可行性研究报告，作为项目投资决策的基础和重要依据	提出项目评估报告，为投资决策提供最后决策依据，决定项目取舍和选择最佳投资方案
估算精度	±30%	±20%	±10%	±10%
费用占总投资的比例	0.2%～1.0%	0.25%～1.5%	1.0%～3.0%（小型项目）或2.0%～1.0%（大型项目）	
需要时间/月	1～3	4～6	8～10 或更长	

二、可行性研究的内容

可行性研究的内容因项目的不同而有所差异。一般可行性研究的内容包括以下几个方面。

（一）项目总论

总论作为可行性研究报告的开头，要综合描述研究报告中各个章节的主要问题和研究结论，并对项目的可行性与否提出最终建议，为可行性研究的审批提供方便。总论包括项目背景资料、可行性研究结论、存在问题及建议和主要技术经济指标表几个部分。

（二）项目背景和基本设想

主要考察项目的设想是否符合有关国家总的经济情况的基本结构以及工业发展情况。详细叙述项目，对项目投资者及他们对项目感兴趣的理由都要加以审定。

（三）市场分析与建设规模选择

这一部分是可行性研究的重点之一。其中，市场分析主要包括市场现状调查、产品需求预测、价格预测、竞争力分析和市场风险分析等；建设规模也称设计生产能力，是指项目设定的正常生产运营年份可能达到的生产规模。

（四）原材料和供应品

叙述并确定生产所需的不同的投入物，分析并叙述各种投入物的来源和供应情况以及估算最终生产成本的方法，为进行财务基础数据估算打好基础。

（五）建设条件和厂址选择

描述确定项目建厂地区、厂址的分析方法和选择方法，并就项目对环境的影响进行深入的分析和评价。

（六）技术方案、设备方案和工程方案

技术、设备与工程方案构成项目的主体，体现项目的技术和工艺水平，也是决定项目是否经济合理的重要基础。

（七）组织和管理费用

设计管理和控制整体运行所需组织和管理的发展与设计，以及相关的费用支出。

（八）人力资源

根据拟建项目的特点，设计组织机构设置、人力资源分配以及员工培训计划等。

（九）实施计划和预算

论述项目实施计划和预算的目标，叙述主要的实施工作的特点和主要的限制因素，并介绍编制实施计划的技术。

（十）财务分析和经济分析

在上述投资估算和有关财务基础数据的基础上编制一系列带有汇总性质的表格，并根据这些表格计算相应的指标，进行项目的财务分析和经济分析，以及各层面的不确定分析。

（十一）可行性研究结论与建议

主要内容有：对推荐的拟建方按建设条件、产品方案、工艺技术、经济效益和社会效益等方面给出结论性意见；对可行研究中尚未解决的主要问题提出解决办法和建议；对应该修改的主要问题进行说明，提出修改意见；对不可行的项目，提出不可行的主要问题及处理意见等。

第三节　可行性研究工作的组织和实施

一、可行性研究的依据

对一个拟建项目进行可行性研究时，不仅需要有国家有关规划、政策、法律法规的指导，还要具备各种相关的技术资料。可行性研究报告的编写的主要依据包括以下几个方面：

（1）国家有关经济建设的方针和产业政策、发展政策以及国家或地方的有关法规。

（2）国民经济和社会发展的长远规划、地区和部门发展规划，项目主管部门与政府机关对项目的建设地点选择意见，用地计划、资源开发利用，以及对工业建设的鼓励、特许、限制、禁止国家进出口贸易和关税政策等有关规定。

（3）经审批机关批准的项目建议书，以及在项目建议书批准后签订的意向性文件、协议书等。

（4）资源储量委员会正式批准的资源储量及其品位开采价值的报告。

（5）有关行业的工程技术、经济方面的规范、标准等资料。

（6）国家颁布的项目评价的经济参数指标。如果涉及国家没有颁布的经济参数，则使用部门或地区拟定的；如果地区或部门也没有，则由评价人员参考国外资料和历史资料。

二、可行性研究的要求

作为项目投资决策的基础，可行性研究要达到一定的标准，满足一定的要求。

（一）可行性研究应该具有科学性、严肃性和公正性

可行性研究是一项政策性、技术性和经济性很强的综合研究工作。为保证它的公正性、科学性和严肃性，在可行性研究工作中必须坚持实事求是的作风，在严肃的调查研究和科学预测基础上，进行方案分析和比较。为保证可行性研究的质量，报告编制单位也应该保持独立性和客观性的立场。

（二）承担可行性研究的单位应该具备条件，并需经过资格审定

报告编制单位应具有经过国家有关部门审批登记的资质登记证明；编制单位应该具有承担编制可行性研究报告的能力和经验；可行性研究人员应该具有所从事专业的中级以上职称，并具有相关的知识技能和工作经历。

（三）可行性研究的深度应该达到标准要求

虽然不同行业和不同项目的可行性研究报告的内容和深度有所不同，但是都必须符合基本内容完整、文件齐全，研究深度达到国家规定标准的要求。

（四）严格制定可行性研究的责任制度

可行性研究报告应有编制单位的行政、技术、经济负责人签字，并对该报告的质量负责。可行性研究的评审主持单位，对评审结论负责；审批单位对审批意见负责。

（五）落实可行性研究的经费来源

可行性研究的费用标准应由各个部门、各个地区根据不同行业、不同规模和工程繁简程度，按工作量具体制定不同的收费定额，报相关部门审定。

三、可行性研究的程序

可行性研究是一项专业性和技术性非常强的工作，我国的可行性研究工作的程序包括八个步骤，即签订委托协议、组建工作小组、制订工作计划、资料调查与分析、方案创造与优化、项目评价、编写可行性研究报告、与委托单位交换意见，如图 11-1 所示。

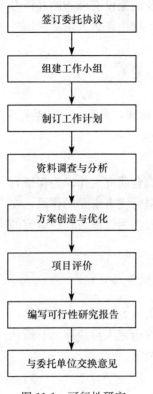

图 11-1　可行性研究
步骤示意图

（1）签订委托协议。当项目业主不具备自行组织开展可行性研究工作能力的时候，就需要委托工程咨询公司或者设计院等单位进行此项工作。因此，寻找合适的工程咨询公司并且签订委托协议就成为首要的工作。具备条件和工作能力的项目业主单位可以自行组织开展可行性研究工作。

（2）组建工作小组。可行性研究报告编制单位根据委托项目可行性研究工作的范围、内容、重点、深度、工作量、技术难度、时间要求等组建可行性研究报告编制小组。

（3）制订工作计划。根据可行性报告的工作范围、内容和时间要求以及可行性研究的工作步骤等，就人员安排、工作内容、工作条件、进度计划、工作质量和经费预算等做出合理的部署，并与委托单位交换意见。

（4）资料调查与分析。各个专业组根据可行性研究报告编制大纲，结合工作内容等进行实地考察和市场调查，收集整理与本行业研究相关的资料。

（5）方案创造与优化。在资料调查与分析的基础上，提出备选方案，然后通过技术经济论证等比较优化方案，构造项目的整体推荐方案。

（6）项目方案评价。对推荐的方案进行财务评价、国民经济评价、社会评价、风险和环境评价等，以判别项目的环境、经济和社会的可行性，以及抗风险的能力。当有关评价指标满足可行的条件时，推荐的方案通过，否则方案需要调整或者重新设计。

（7）编制可行性研究报告。项目可行性研究各个专业方案，经过技术经济论证和优化后，由各个专业分工编制，项目负责人根据可行性研究报告编写大纲的要求进行汇总，提出可行性研究报告初稿。

（8）与项目业主单位交换意见。可行性研究报告初稿形成后，与委托单位交换意见，进行修改完善，最终形成正式的可行性研究报告。

第四节　可行性研究报告的编制

可行性研究工作的评价体系由国民经济评价和财务评价两部分构成，各有其评价的任务和作用。国民经济评价和财务评价都是经济评价，都采用基本的经济评价理论，即费用与效益比较的理论方法。

国民经济评价与财务评价的区别在于：第一，两种评价的角度和基本出发点不同，财务评价是站在项目的层次上，从项目经营者、投资者、未来的债权人角度，分析评价项目；国民经济评价是站在国家和地区的层次上，从全社会的角度分析评价项目对国民经济产生的费用和效益。第二，分析的角度不同，导致了项目的费用和效益的含义和范围划分不同。财务评价只根据项目直接发生的费用和效益；国民经济评价不仅考虑直接的费用和效益，还要考虑间接的费用和效益。第三，财务评价和国民经济评价所使用的价格体系不同。财务评价使用预测的财务收支价格，国民经济评价则使用一套专用的影子价格体系。第四，财务评价有两个方面，一是盈利性分析，二是清偿能力分析；而国民经济评价则仅仅只有盈利性分析。

同时，财务分析和国民经济分析也是密切联系的，很多情况下，国民经济评价是在财务评价基础上进行的。国民经济评价和财务评价共同构成了项目经济评价，如表 11-2 所示。

表 11-2　国民经济评价和财务评价对项目经济评价的影响

评价角度	可行与否			
财务评价	可行	可行	不可行	不可行
国民经济评价	可行	不可行	可行	不可行
项目评价结果	可行	不可行	可行	不可行

一、财务评价报表的编制

财务评价是在国家现行财税制度和市场价格体系下，分析预测项目的财务效益与费用，计算财务评价指标，考察拟建项目的盈利能力、偿债能力，据以判断项目的财务可行性。财务评价报表主要有财务现金流量表、损益和利润分配表、资金来源运用表、借款偿还计划表。财务评价报表具体表格形式，详见第四章。

（一）财务现金流量表

财务现金流量表分为项目投资现金流量表、资本金投资现金流量表和投资各方现金流量表。

（1）项目投资现金流量表。项目投资现金流量表用于计算项目投资内部收益率和项目投资净现值以及投资回收期等评价指标。

（2）项目资本金现金流量表。项目资本金现金流量表用于计算资本金收益率指标。

（3）投资各方财务现金流量表。投资各方财务现金流量表用于计算投资各方收益率。

（二）利润和利润分配表

利润和利润分配表用于计算项目投资利润率。表中损益栏目反映项目计算期内各年的营业收入、总成本费用支出、利润总额情况；利润分配栏目反映所得税税后利润以及利润分配情况。

（三）资金来源与运用表

资金来源与运用表用于反映项目计算期各年的投资、融资及生产经营活动的资金流入、流出情况，考察资金平衡和盈余情况。

（四）借款偿还计划表

借款偿还计划表用于反映项目计算期内各年借款的使用、还本付息，以及偿债资金来源。

二、国民经济评价报表的编制

国民经济评价是按合理配置资源的原则，采用影子价格等国民经济评价参数，从国民经济的角度考察投资项目所耗费的社会资源和项目对社会的贡献，评价投资项目的经济合理性。编制国民经济评价报表是进行国民经济评价的基础工作之一。国民经济评价报表有两种，一是项目国民经济效益费用流量表；二是国内投资国民经济效益费用流量表。项目国民经济效益费用流量表以全部投资为分析对象，考察项目全部投资的盈利能力；国内投资国民经济效益费用流量表以国内投资作为分析对象，考察项目国内投资部分的盈利能力。国民经济评价报表有时是以财务评价报表为基础编制的，有时是直接编制的。报表的编制与上述财务评价报表编制类似，在此不再赘述。

与国民经济评价内容相对应的国民经济评价指标、基本报表如表 11-3 所示。

表 11-3　国民经济评价内容、基本报表和指标

评价内容	基本报表	国民经济评价指标
盈利能力分析	项目国民经济效益费用流量表	经济内部收益率 经济净现值
	国内投资国民经济效益费用流量表	经济内部收益率 经济净现值
外汇效果分析	经济外汇流量表	经济外汇净现值 经济换汇成本 经济节汇成本

第五节　市　场　分　析

市场分析有广义和狭义之分。狭义的市场分析就是市场调查研究，是指以科学方法收集消费者购买和使用商品的事实、意见、动机等信息资料并予以研究分析的手段。广义的市场分析指通过市场调查和供求预测，根据项目产品的市场环境、竞争能力和竞争者状况，分析、判断项目投产后所生产的产品在有限的时间内是否有市场，以及采取怎样的营销战略来实现销售目标。本书所讲的市场分析是广义的市场分析。正是市场分析为项目的可行性研究提供了项目成立的重要依据。

一、市场分析的作用和方法

（一）市场分析的作用

1. 确定合理的生产规模

一般情况下，可以根据规模经济理论和市场供求分析及预测确定生产规模。即在考察了市场供求缺口及未来市场供求情况预测，未来竞争者情况分析，产品的竞争能力等因素后，结合规模经济理论和投资者的资金情况，确定合理的生产规模。

2. 初步确定投资规模

通过市场分析，在确定生产规模的基础上，对厂房建设、设备购买、流动资金投入等进行预测，从而基本确定项目的总体投资规模。

3. 确定产品生产方案

通过目标市场分析，能够根据不同消费者的消费行为特征，把握消费者的需求倾向，找到市场潜在供求存在缺口的产品类别，由此选择满足更多消费者需求、市场竞争力更强的产品进行生产，并且对生产产品的品种、数量、质量标准、技术参数指标等的确定也具有直接指导意义。

4. 为财务分析确定合理的数据分析基础

市场供求现状及预测和营销策略分析是确定产品价格的重要基础。通过市场分析可以确定产品营销策略，制定产品的销售价格；通过市场分析确定生产规模后，可以有助于项目确定聘用人员数量、直接原材料和燃料动力的消耗、流动资金的需求量等，对财务费用效益的估算和财务分析有重要意义。

5. 为市场风险分析提供客观的判断依据

前期影响项目产品市场销售的因素中，可以客观、准确评价的因素越多（某些情况下更多的是保守估计），则未来收益的不确定性（达不到预期收益的概率）就会越小。这些因素包括：对市场分析的数据是否准确，对竞争者的竞争能力和未来发展潜力的评价是否客观，影响市场预测的各方面因素考虑是否全面，市场环境是否稳定等。如果上述因素分析较透彻，市场分析对风险分析就具有较大价值。

（二）市场分析的方法

市场分析的目的在于揭示出项目产品的市场结构及需求状况，通常是通过市场调查、市场预测和市场趋势综合分析的方法来达到目的。

1. 市场调查

市场调查又可以称为市场营销调研，是指对那些可用来解决特定营销问题的信息所进行的设计、收集、分析和报告的过程。美国市场营销协会将其定义为：一种借助信息把消费者、顾客及公共部门和市场联系起来的特定活动——这些信息用以识别和界定市场营销的机会和问题，产生、改进和评价营销活动，监控营销绩效，增进对营销过程的理解。项目首先面临的是现实市场，现实市场是由过去市场发展变化而形成的，那么项目产品的过去市场及目前市场的状况如何呢？必须通过市场现状调查，了解项目产品的市场历史和现状。

2. 市场预测

市场预测是指根据过去的经验或在市场调查的基础上，运用一定的方法对未来一定时期内市场发展趋势进行预计和测算。依据过去经验进行的预测叫做推断；根据市场调查数据采用模型进行的预测叫做模型预测。

市场预测是市场分析的一部分，或者说是市场调查的延伸。其对市场发展走势的判断可以帮助投资者进行中远期决策。建设一个项目，一般需要几年或十几年，生产经营期也要在十几年以上，因此，项目总的有效寿命周期在 20 年左右。由此说明项目总是要服务于未来。那么，项目产品的未来市场如何呢？这就必须通过市场预测，来描述项目产品的未来市场状况。

3. 市场趋势的综合分析

项目的过去、现在和未来是一个动态发展过程，又是紧密联系的整体。项目的投资方向，投资规模和投资方式与内容等的正确决策，都必须建立在了解市场动态变化过程的基础上，因此，需要进行市场趋势综合分析，揭示项目产品的市场结构及发展规律，为项目决策服务。

　　总之，项目的市场分析就是通过市场现状调查来认识项目产品市场的现在和过去，通过市场预测来认识市场的未来，通过市场趋势综合分析揭示出整个市场的结构和规律。

二、市场分析的内容

　　市场分析的基本内容主要包括两大部分：市场宏观分析和市场微观分析。

（一）市场宏观层面分析

　　对项目市场宏观环境分析的主要目的，首先是发现市场提供的各种机会，以便进一步利用机会。同时，也为了发现市场环境对企业可能产生的威胁，以便避免或者减轻不利因素对企业造成的影响。

　　1. 人口环境

　　人口因素调查是环境调查与预测的一个比较重要的内容。人口环境调查的主要内容有：人口总量和市场容量（市场容量是可能购买该产品的人口总量、购买力和购买欲望的乘积）的调查、人口构成的调查、人口流动和迁移调查、关于家庭生命周期的调查和家庭结构变化调查。

　　2. 经济环境

　　经济环境分析是对项目所在国家和地区的整体经济发展状况，以及项目所处行业（产业）和相关行业（产业）的发展状况分析。分析内容包括项目所在地的生产总值、人口、人均收入水平、消费结构水平、物价指数和消费信贷政策等，以及上述指标的同比增长情况。通过上述分析，可以判断项目所在国家和地区是否处于经济繁荣期，经济环境是否有利于项目发展，从宏观和微观上考察影响项目产品供给和需求的各种因素。

　　3. 政策和法律环境

　　政策和法律环境，是指项目目标市场所在地目前的政治形势和未来的发展趋势，及正在执行的方针政策、法律体制、各种法规和各种强制性规章制度等能够对项目的建设和经营产生影响的环境因素。由于不同国家（地区）在不同时期的政策和法规方面差别比较大，因此在进入目标市场前，应对其所在地的政策和法律环境进行详细的市场调查，分析该国家（地区）今后一段时期主导政策是否有利于项目的发展，分析项目所在行业中哪些项目受到国家支持，哪些受到禁止或限制，以确定是否可进行市场的开拓工作。

　　4. 自然和资源环境

　　与项目相关的自然和资源环境包括项目所在地的气候、地势、资源等天然环境，以及人力资源、交通、通信、基础设施、设置等人为条件环境。

（二）市场微观层面分析

1. 市场供求现状分析

（1）市场需求现状分析。市场需求是指在一定时期、一定条件下，在一定的市场范围内消费者购买某种产品（劳务）的总量。市场需求现状分析就是分析产品现阶段的市场销售总量、销售总量的历史水平和变化趋势、有效需求和潜在需求、消费偏好的改变对产品的类别、特点更新的影响，分析目前影响销售量变化的主要因素，为需求预测提供依据。

进行市场需求现状分析时，一般先分析项目产品国内市场需求情况，再分析国外市场需求，最后进行综合平衡分析。通过广泛地调查，可获得过去一定时期内某种产品需求的变化趋势，作为推测未来市场需求的主要依据。同时通过调查，可判断目前是否有部分市场需求未得到满足，市场潜力有多大。

潜在需求可以转化为有效需求，因此，需要对潜在需求转化为有效需求的主要约束条件予以分析，即促使潜在需求转化为有效需求的各种因素，以及这些因素发生变化后，可能给市场新增需求量造成的影响。

（2）市场供给现状分析。市场供给是指在一定条件、一定时期，在一定市场范围内可提供给消费者的产品和劳务的总量。市场供给现状分析是行业生产能力现状分析，这里所指的生产能力不仅包括原有企业的生产能力，还包括正在兴建企业的潜在生产能力及产品供应的增长。换句话说，就是既要把握目前产品供给企业的最大生产能力和实际产量，又要考察影响潜在供给的主要因素，为预测未来供给提供依据。

企业现状分析的具体内容有：国内外市场的总体供应能力和供给地区的分布状况，主要生产企业生产能力、产量、品种、性能及质量水平，影响供给变化的主要因素等。

（3）市场综合分析。市场综合分析的主要任务和内容就是把市场需求、市场供给和市场竞争状况有机地联系起来，分析判定产品在项目寿命周期内的市场供求平衡状况以及项目投资者所可能实现的产品销售量。市场综合分析通常借助于市场供需调查预测表来进行，如表11-4所示。

表 11-4　某产品市场供需调查预测表

年　份	需求情况				供给情况			供需缺口
	国内销售量	未满足需求量	出口量	总需求量	国内生产量	进口量	总供给量	
××年实际	(1)	(2)	(3)	(4)=(1)+(2)+(3)	(5)	(6)	(7)=(5)+(6)	(8)=(4)−(7)
××年预测								
××年预测								

国内需求量＝国内产量用于国内销售量＋国内未满足的销售量

市场总需求量＝国内需求量＋出口量

国内生产量＝国内现有生产能力＋在建项目生产能力＋拟建项目生产能力

市场总供给量＝国内生产量＋进口量

市场供需缺口＝市场总需求－市场总供给

市场供需缺口即为潜在的产品市场。

2. 产品分析

产品分析包含两方面的内容：一是项目产品的功能和特性分析；二是项目产品生命周期分析。在进行了市场需求和供给研究后，只有再通过产品研究，才能进行综合分析，判断项目产品是否有市场，明确项目产品所处阶段及特点，为确定项目产品方案和生产规模提供依据。

（1）产品功能与特性分析。产品功能与特性分析的任务是：分析和评价该产品的一般功能和特性，与同类产品相比有什么优势，预计可有多大的市场占有率。随着社会的发展，对产品的功能有更高的要求，因此，对产品功能与特性的分析有助于了解产品能否顺利进入市场及其竞争力，并据此判断项目产品是否有市场是很有必要的。

（2）产品生命周期分析。产品生命周期是指该产品从发明研制、投入市场开始，经历成长、成熟、饱和、衰退等不同阶段，最后退出市场所经历的时间。产品生命周期五个阶段特点如下：

投入期：生产批量少，生产厂家少，成本高，消费者对产品不熟悉，销售渠道不够完善，销售量增长缓慢。

成长期：具备大量生产的条件，厂商增多，产品制造工艺基本定型，消费者已基本熟悉产品，销售渠道基本畅通，销售量增长快，利润有了迅速增长，企业间的竞争开始。

成熟期：产品大批量生产，厂家之间竞争加强，消费者完全适应产品，销售增长缓慢，价格有所下降。

饱和期：厂家之间的竞争更加激烈，市场供给超过市场需求，销售量趋于下降，产品价格大幅度下降，企业力求改进产品，以吸引消费者。

衰退期：销售量和价格大幅度下降，企业利润大幅度降低，不少企业退出市场。

对产品的生命周期的分析，目的是搞清项目产品投产时所处的阶段，判断项目产品进入市场的时机是否最佳，这对项目的决策有重要作用。项目产品试销时，成长阶段是比较理想的时期，处于成熟和饱和时期，就要审慎地考察项目建设的必要性和建设规模。

3. 消费者购买行为分析

市场经济条件下，市场就是消费者，消费者就是市场。项目所提供的产品

（服务）只有满足了消费者的需求，项目的存在才有意义。消费者的购买行为有其自身的规律，企业要围绕消费者需求这一核心开展活动，并要在活动中取得成功，就必须掌握这些规律，因此，消费者购买行为分析是市场分析的重要内容。

1）消费者购买行为类型

区分不同的消费者购买行为，找出不同购买行为的差异，是分析消费者行为的重要方法。这里仅以两个主要的标准对消费者行为进行分类。

第一，根据消费者购买行为的不同态度划分，主要包括习惯型、理智型、经济型、冲动型、从众型、疑虑型和想象型。

第二，根据消费者购买目标的选定程度进行划分，主要包括确定型、半确定型和不确定型。

2）消费者购买行为过程

消费者购买行为过程，是消费者从产生需要到满足需要的过程，这一购买过程是因人因商品而异的。一般来说可分以下四个阶段：

第一，确认需要。消费者在内外因素刺激的影响下就会产生某种需要，需要决定着购买动机和购买目标。需要可能是主动的也可能是被动的，企业应该制定适当的营销策略，引起消费者的需要并诱发购买动机。企业还应根据消费者习性、偏好的变化满足不同消费者不同的需要。

第二，收集信息。当消费者产生了需要，并确立购买目标后，就开始着手收集相关信息，此时，消费者存在三个疑虑：一是用什么标准评价所购买的商品；二是选择什么品牌的商品；三是入选品牌的商品在所定标准中的评价如何。消费者最终要收集多少信息，取决于消费者的购买经验及商品的性质。

第三，分析评价。在收集到足够的信息后，消费者会根据个人的偏好、目的、收入水平对商品的性能、价格、服务、品牌等进行综合评价，比较商品的优缺点，从而缩小选择范围。

第四，决定购买。对商品进行综合评价后，就进入决定购买阶段。购买决策受到社会、文化、心理等多方面因素的影响。

4. 市场细分和目标市场的选择

1）市场细分的含义

市场细分是指企业在市场调查的基础上，依据消费者的需求、购买行为和购买习惯等方面的明显差异性，把某一产品的市场整体划分为若干个消费者群的市场分类过程。每一消费者群就是一个细分市场，其内部的消费者对同一产品有相似的需求倾向。市场细分依据的基础是同一产品的消费需求具有多样性和差异性。市场细分的实质就是把一个异质市场划分为相对来说是同质的细分市场。有效的市场细分应满足以下要求：

第一，可衡量性。即用来划分细分市场大小和购买力特征的指标应该是可以识别和测量的。

第二，足够的规模和需求量。细分市场的容量应能使企业实施一整套营销方案，所带来的收入可以抵消费用支出并有相应的利润。

第三，可进入性。细分后的市场应能够使企业有效地进入并更好地为之服务。

第四，反应差异性。即细分后的市场对不同的营销组合因素和方案有不同的反应程度。

通过市场细分，可以清楚地了解各个市场的供求和竞争状况，以及哪些市场有较大的发展潜力，结合产品自身特点和对消费者行为分析，发现市场供求缺口或是找到消费者未能满足的需求，从而为项目的建设选定目标市场。

2）目标市场选择的内涵及步骤

目标市场选择，就是在市场细分的基础上，通过对细分市场的评价，确定有效市场，在对有效市场进行竞争者分析和风险分析的基础上，最后确定目标消费者并描述目标消费者的特征。目标市场选择主要步骤如下：

首先，进行市场细分，确定细分市场。其次，评价细分市场，明确有效市场。在此，需要考虑三方面的因素：第一，细分市场的规模和发展潜力；第二，细分市场竞争结构状况；第三，企业目标和能力。再次，对有效市场进行竞争者分析和风险分析。最后，确定目标消费者，描述目标消费者的特征。

5. 项目竞争环境分析

项目的竞争环境分析可以帮助企业明确目前行业和自身的竞争状况，预测未来竞争环境的变化，从而正确估计行业及项目自身的市场地位和面临的市场风险。

1）项目竞争环境分析——波特五种竞争力模型

迈克尔·波特认为由于外部作用力通常影响着产业内的所有企业，因此项目竞争力强弱，关键在于项目对外部影响的应变能力，所以要从产业结构的角度考察项目所处行业的竞争力状况。由此迈克尔·波特提出了五种竞争力模型，如图 11-2 所示。

该模型认为，一个产业的竞争者大大超越了现有参与者的范围。顾客、供应商、替代品、潜在的进入者均为该产业的竞争对手，五种竞争力共同决定了产业的竞争强度及产业利润，其中一种或几种作用力将起到关键性主导作用。

2）SWOT 分析

企业或项目的内外环境分析称为 SWOT 分析。SWOT 分析更多地从项目自身内外部环境考察市场竞争情况。

外部环境分析包括机会（opportunity）与威胁（threats）分析，内部环境分析包括优势（strengths）和劣势（weakness）分析。外部环境主要分析宏观

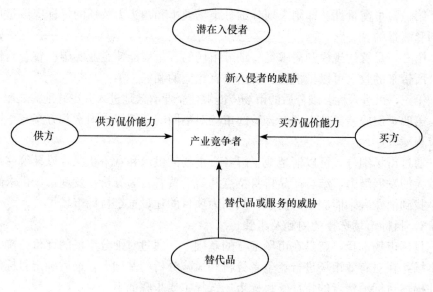

图 11-2　五种竞争力模型图

环境、产业环境、自然和资源环境等给项目带来的机会和威胁；内部环境分析主要考察项目实施的劣势和优势条件。SWOT 分析通过建立优势、劣势、机会和威胁分析矩阵，有针对性地提出抓住机会、规避威胁、发扬优势、弥补劣势的策略。

3）项目竞争战略选择

波特将企业的竞争战略分为三种基本类型：成本领先战略、差异化战略和目标聚集战略。企业应根据自身情况确定适合的战略，并依照自身行业的不同特点做出相应的调整。

第一，成本领先战略。奉行这种战略的企业致力于成为其产业中的低成本生产厂商，追求产品在成本方面的优势。在原材料方面更倾向于大规模采购，降低采购成本；企业管理方面，压缩管理费用；产品价格方面，一般低于或等同于产业的平均价格。

第二，差异化战略。在这种策略指导下的企业，特别注重产品某方面的属性，使其在这些方面比其他产品更具有吸引力。在渠道建设，分销方式上具有特殊之处，较之其他产品，消费者更容易购买该产品，也便于维修和退换。差异化战略力求找到产品或服务的特殊之处，并强调这一点。差异化战略的企业通过产品价格溢价弥补自己追求差异化导致的成本增加，所以，其价格一般高于产业平均价格。

第三，目标聚集战略。目标聚集战略，就是将企业的所有注意力集中到很狭小的范围。这类企业往往致力于发现产业内不被其他企业所重视的某一细分市场，根据这一细分市场的要求，量体裁衣似地提供产品和服务。企业或者发现某些消费者特殊的低价格需求，实施低成本聚集，或者瞄准产业内对产品或服务的某些方面有特殊要求的顾客提供近似于定制的产品和服务，获取高额溢价，实施差异化或定制聚集。此类企业，不会追求整个市场的占有率，所以，在总量上并不占据主要地位，但在其服务的细分市场上，具有特殊的优势。

6. 市场风险分析

市场风险分析是在产品供需、价格变动趋势、竞争力等常规分析已达到一定深度要求的前提下，对未来市场重大不确定因素发生的可能性，及其对项目造成损失的程度进行分析。产品市场风险分析的一般步骤是识别风险因素，估计风险程度，提出风险对策。

1）产生产品市场风险的主要因素

技术进步加快，市场上新产品和替代品的不断出现，导致部分社会用户转向新产品或新的替代品，影响市场对项目产品的需求和预期效益。

新竞争对手的加入，使市场趋向于饱和，导致项目产品市场占有率下降。

市场竞争加剧，出现产品市场买方垄断，造成产品市场价格下降；或者出现投入物市场卖方垄断，形成项目产品所需投入物的价格大幅度上涨，导致项目产品的预期效益减少。

国内外政治经济条件出现突发性变化，引起市场激烈震荡，造成项目产品销售锐减，或者项目主要投入物供应中断。

对上述各种风险因素的影响，应根据项目的具体情况，识别项目可能面临的主要风险因素，做出客观切实的分析研究。

2）市场风险程度估计

市场风险因素的识别要与风险估计相结合以确定投资项目的主要风险因素，分析估计其对项目的影响程度。风险程度估计可以定性描述，亦可定量计算。

3）风险对策研究与反馈

风险对策是要有针对性地提出规避风险的对策、措施、避免市场风险的发生或者将风险损失降低到最低程度。可通过风险识别和估计结果的信息反馈，改进方案的设计，完善营销策略等措施，使项目成功。

三、市场调查与预测

（一）市场调查与预测原则

现代市场调查的特点是目的性、系统性、决策性、真实性。因此，在市场调查活动中，必须按照市场调查的原则进行。市场调查原则指在决定、策划、进行市场调查活动时，应该遵守的规范和标准，是市场调查活动取得成效的保证，也是调研机构和调研人员树立信誉的主要途径。主要有以下几条原则。

1. 可信性原则

可信性原则指在市场调查活动中,应该遵守真实的、实事求是的工作原则。市场调查是为项目决策提供依据,如果调查后获取的资料内容虚假,可能会对项目的决策产生误导作用,造成不可估量的损失。因此,收集和提供真实的信息资料,是市场调查活动的首要原则。

2. 适用性原则

适用性原则指调查活动提供的信息资料内容适合项目决策时使用的原则。对项目的决策所需要的信息资料,往往是关键的几条。如果调研活动收集的大量信息缺少关键的信息,那么,对项目的决策仍然不能很好地进行。市场调查活动的质量不在数量上,而在对项目决策的适用性上。

3. 动态性原则

市场是不断发展和变化的,在市场调查活动中,必须遵循发展的、变化的、动态的观点。用动态的原则指导调查活动,不仅要注意市场的现状,还要了解市场的过去;不能满足于已经掌握的资料,应该注意不断地进行资料的更新和完善,保持信息资料与市场变化的动态同步性。

4. 经济性原则

经济性原则指使用最小的成本和最短的时间提供可信的、有用的信息资料。意义在于:首先,应该注意调查活动的成本和收益之间的关系。其次,节省调查活动中的费用。

5. 系统性原则

坚持系统性原则,首先,需要深入、全面地对系统内的有关事物及它们之间的关系进行调查。其次,注意调查系统内主要矛盾和矛盾的主要方面。主要矛盾和矛盾的主要方面代表了系统的主要特征,对系统的变化起主要作用,是市场调查的主要对象。

6. 科学性原则

科学性原则要求调研人员树立对待调研工作的科学态度,提高对信息工作的认识;重视信息收集工作在收集、整理、分析过程中的特点和规律,遵守关于市场调查的程序和要求;注意关于信息资料的时效性、保密性和使用价值,规范调查人员的行为和调查活动,降低各种功利因素对调研活动的影响,防止伪科学的干扰;坚持定性调查和定量分析相结合的科学分析方法,以便提供可进行决策的依据等。

(二) 市场调查的流程

市场调查的流程分三个阶段:调查准备阶段、调查实施阶段和调查分析研究阶段。

1. 调查准备阶段

主要解决调查的必要性和定义问题，确定调查目标，明确调查要求、范围和规模及调查力量的组织，设计问卷以及确定抽样方案和样本容量等问题，并在此基础上制定一个切实可行的方案。大体有以下几个阶段：

（1）确定市场调查的必要性。市场调查虽然是重要的和必要的，但并不意味着每一个项目的可行性研究或项目评估中的市场分析都需要市场调查。因为如果投资者对项目市场、竞争者、产品和服务有充分了解，或委托方向工程咨询机构提供了足够信息，在此情况下，无需进行市场调查。

（2）定义问题。对问题有一个好的定义，就意味着完成了一半的市场调查工作。在市场分析开展之前，要在明确市场调查必要性的基础上，针对项目的具体特征，全面定义通过调查要解决的问题。因此，进行探测性调查是必要的，在明确了调查问题的基础上再去进行下一步。

（3）确定调查目标。调查目标的确定帮助项目分析人员获得解决问题所必需的信息。定义问题和确定调查目标是不同的，同时，调查目标的确定也是选择调查方法的前提。

（4）确定信息的类型和来源。包括收集信息的范围和方式。收集信息的范围问题包括应收集什么信息、如何收集、在什么时间和地点收集。收集信息的方式问题包括：是通过调查取得一手资料，还是通过间接手段获取第二手信息；信息是通过一次性调查获得，还是多次调查获得等。

（5）问卷设计。问卷有两种形式，即结构性问卷和非结构性问卷。结构性问卷列出了所需了解的问题，而且每个问题都有可供选择的答案；非结构式问卷采取开放式回答的方法，有可能针对访问对象前一题的回答来进行后续访问。问卷调查的成功取决于三个层面的工作，一是问卷的精心设计；二是问卷调查中填写的真实性的保证；三是问卷回收后系统分析。因此，问卷设计要符合简明、突出主题和便于统计分析的要求。

（6）确定抽样方案和样本容量。在总体容量非常大的情况下，就需要抽取样本进行调查，所以，必须在调查前确定抽样方案，以尽可能减少误差，使得样本足以代表总体，这要求在抽样方案中做好样本元素分析，确定合理的样本结构和样本容量。

（7）确定调查设计方案。在制订调查方案时，要考虑以下问题：明确调查目的、对象和范围，设计调查问题，选择调查方法，调查人力设计，调查人员培训计划，整个调查工作的时间和进度安排，调查费用预算等。

2. 调查实施阶段

该阶段的主要任务是组织调查人员，按照调查方案的要求，系统地收集信息和数据，听取被调查者的意见。分为以下几个步骤：第一，为保证调查质量，必须对调查人员进行培训。培训内容包括明确调查计划、掌握调查技术、了解同调查目的有关的经济信息和业务技术知识。第二，实地调查要求调查人员按计划规定的时间、地点、方法、内容深入到现场进行具体调查，收集有关信息。实地调查质量取决于调查人员的素质、责任心和组织管理的科学性。第三，通过对调查信息的统计和分析，形成调查报告。该环节是评价市场调查能否充分发挥作用的关键一环。该阶段的工作分为信息的整理与分析和编写调查报告。

在项目市场分析中，市场调查结果往往直接用于市场分析，而不一定要形成完整的市场调查报告。并且，二手资料的使用往往在市场分析中占据着较大的比重。

（三）市场预测的流程

为保证市场预测工作的顺利进行，必须按照预测的程序进行，以利于整个环节之间的协调，进而取得良好的预测效果。市场预测的程序分为以下几个阶段。

1. 确定预测目标，拟订计划

进行市场预测，首先要确定预测目标，只有目标明确具体，才能取得好的预测效果。预测目标的确定包括以下内容：明确预测对象，预测目的，预测范围等。预测目标应详细、明确、具体，否则会降低预测准确度。

2. 收集、分析和处理信息

预测信息包括预测对象本身发展历史的信息，影响预测对象发展变化的各种因素等。将信息加以分析、加工和整理，判别信息的真实程度和可用程度，剔除随机事件造成的信息不真实，对不具备可比性的信息进行整理，以避免信息本身原因对于预测结果所带来的误差。

3. 选择预测方法，建立预测模型进行预测

预测方法的种类繁多，每一种预测方法都有它的特点和适用范围，应根据预测对象的特点、精度要求、信息的占有情况和市场预测费用等各种因素来选择市场预测的方法，即通过对数据变化趋势的分析，建立起与历史信息相吻合的预测模型。

4. 分析预测结果

预测结果通过判断和评价，可能是肯定的，也可能是否定的，更多的是需要修正的，无论哪一种情况，都要以周密的调查，可靠的数据和有说服力的分析作基础，其重点应放在预测误差的分析上，找出误差原因，并相应修正预测结果。此外，在条件许可的情况下，可采用多种预测方法进行市场预测，然后通过比较和综合，确定出可信的预测结果。

第六节　技术条件分析

技术条件分析是可行性研究与项目评估不可或缺的一个环节，其主要是针对项目在技术、工艺、设备方案的先进性、经济性和可行性等方面做出全面的评价。在可行性研究和项目评估中，技术条件分析可包括影响项目实施的一切技术因素，如工艺流程方案、设备方案、工程设计方案、建设条件、建设规模、节能节水以及环保方案等。

一、技术的分类

从资源（人力、物力、财力）的占用、科技和信息含量的高低角度，可以把技术分为以下几种。

（一）资金密集型技术

资金密集型技术具有两个特点：一是占用资金较多、资金周转速度较慢、投资回收期较长；二是这类技术往往具有一定的先进性，吸收的劳动力较少，单位劳动力效率较高。同时它也具有规模经济性的优势，也即资源消耗低、成本低、市场竞争能力强的优点。

（二）劳动密集型技术

纺织业、餐饮娱乐等服务行业属于垄断竞争行业，对劳动力需求大，项目对应的技术称为劳动密集型技术。劳动密集型技术的特点是：一般对劳动力素质要求不高，单位劳动力成本低，且对资金的占用较少，对生产设备的性能要求一般也不高，行业进入门槛低。由于劳动力需求大且成本低是其最明显的优势，因此特别适合在人口众多、经济发展水平较低的地区发展此类项目。

（三）技术密集型技术

这类技术的机械化、自动化程度较高，一般占用劳动力比较少，如精密的数控组合机床、合成材料技术、集成电路芯片等高科技产品生产线等。这种技术的突出特点表现在，一是对劳动力技术水平和熟练程度要求较高，可以完成传统和常规技术无法完成的技术生产活动；二是可以提供新的技术、材料、能源和工艺，并把劳动生产率提高到一个崭新水平。有些情况下，由于某种技术的研发或引进，还可以改善一个行业的产品工艺水平落后、产品质量低下的现状，有利于产业结构的调整。

（四）知识密集型技术

这类技术高度凝结先进的现代化技术成果，如软件产业、航天技术和核能技术等，一般属于高新技术领域。其核心竞争力是人才优势，具体体现在开发的产品或使用的技术具有较高的科技含量，较市场同类竞争者有较大的技术和人才优势。这种技术的特点在于：一是从事这种技术活动的多是中高级科学、技术人员和经济管理人员；二是技术设备精密、复杂，设备投资和单位人力成本费用高。但由于具备占有劳力少、单位劳动力创造的价值远大于其他行业，消耗材料少且一般不会造成环境污染等优势，使得此类技术的应用市场竞争优势大，前景较好。

二、技术方案分析的内容

技术方案选择一般应从项目拟采用的技术方案中，通过对其技术的先进性、成熟性、适用性、经济性和局限性等多个方面的考察和选择，确定满足项目要求的最满意的方案。

（一）先进性

技术的先进性是衡量项目产品市场竞争能力的重要度量，是项目的核心竞争力。采用新工艺、新方法或生产出全新的产品，技术领先优势越大，其各项性能指标越好，市场竞争优势就越大。技术的先进性主要表现在相同条件下能否生产质量更好、原材料消耗更少、产量更多、功能更全和环保性能更佳的产品，即"性能费用比"更好的产品。

（二）适用性

1. 资源条件的适用性

所采用技术应与当地的资源条件和经济发展水平相适应。采用的技术与可能得到的原材料、燃料、主要辅助材料或半成品相适应，应尽量选择当地可利用的优势资源条件。

2. 设备的适用性

项目技术采用的各种主要和辅助设备，一是国内能否生产，如果设备专用性很强，又必须从国外引进，那么该项成本将会很高，而且相关配套零配件或原辅材料也可能不易获得，二是设备投入的性能成本比是否合理，其相应的生产能力是否能够被充分利用等也是应考虑的重要因素。

3. 人力资源的适用性

拟采用的技术方案是否有合格的劳动力和足够高的管理水平。如果项目生产所需劳动力的素质和技能要求很高，而当地又缺乏足够的专业技术人员和操作工人，即使设备供应方可以提供技术和技能培训，也并不一定能够确保项目生产的正常进行；某些大型项目需要严谨、科学和先进的管理理念来指导项目的实施，由于项目运营管理过程非常复杂，企业缺乏能够承担项目管理职能的团队和制度，则这样的技术方案也是不可行的。

（三）成熟性

技术方案的成熟性应该考察如下几个方面：第一，产品的各项技术指标是否达标和满足相关行业标准，性能是否稳定可靠；第二，生产对生产作业人员的人身安全是否构成威胁；第三，生产产生的废弃物或伴随的粉尘、烟雾和噪音等的处理及对人员和环境带来的危害；第四，对原材料的消耗及设备的损耗是否正常；第五，是否已具备大规模生产的条件等。只有能够同时通过上述考察指标的技术方案才能被认为是成熟的技术方案。

（四）经济合理性

技术方案的经济合理性是考察和选择在相同投入条件下获得最大经济效益，或是在获取同等经济效益的前提下投入最小的技术方案。技术和设备并非是越先进、越精密越好。从经济学的角度看，边际效用最大的或是"费用效果比"较好的技术解决方案往往能成为较优方案，而并非是总效用最大的方案。因为我们在获得效用的同时必须兼顾考虑为此付出的成本是否合理。

此外，技术方案选择还要有一定的前瞻性，也就是说对技术发展的可持续性、时效性和经济性有一个综合衡量。如果该项技术在现阶段具备先进性、成熟性、适用性和经济性等优势，但由于理论、工艺或其他瓶颈，可以预见该技术的发展空间受限，那么，就应该重新审视项目的投资规模，并对财务经济效益做更为保守的估算。

三、技术方案选择的一般程序和方法

（一）技术方案选择的一般程序

尽管项目千差万别，有不同的专业背景，复杂程度也不尽相同，但技术方案选择遵循的一般规律还是有章可循的。

1. 初步认识阶段

初步考察所应用的技术方案的可行性。首先是对该技术应用进行广泛地信息收集，确认该技术是否属于新创技术，是否有其他项目应用的案例，在实际应用过程中有何优势，存在什么风险，同类项目能够达到什么水平，其投资回报情况如何等。在收集信息时要确认其来源的可靠性并加以筛选。

2. 分析和整理阶段

分析和整理阶段包括对此项技术的发展前景进行预测，对技术产品的生命周期、替代产品及技术的发展状况进行研究。同时对项目相关产品的关联性、实施该项技术的资源条件是否具备、条件是否成熟进行深入研究。

3. 项目备选技术方案的分析和选择

此部分是技术分析的核心。要从企业自身条件出发，从拟建项目的实际情况着手，依据项目技术方案选择的基本原则进行初选，然后通过技术方案的先进性、成熟性、适用性、局限性和经济性等方面全面考察，结合财务分析手段和结论，从中选出相对满意的技术方案。

方案初选的目的就是尽快将不符合条件或是差别细微的方案进行筛选或是合并。通常情况下的工业项目，工艺技术、工艺流程、主要生产设备和关键性的零配件等是技术评估的主要对象。

4. 结论、问题和建议等

应该明确给出技术方案评估的结论。同时，对拟建项目使用该技术方案时可能发生的问题要及时指出，对于解决问题的方法应该提供合理的建议，以求防患于未然，确保项目的顺利实施。

（二）技术方案选择的方法

技术方案比选的方法很多，一般而言，只要是用于方案评估的指标具有可比性和一致性，对该项指标评估的结果就有意义。常用的方法主要有评分法和投资效益评价法。

1. 评分法

（1）总分法。将技术方案应该具备的主要性能或是应该（便于）考察的重要指标列出，根据指标值的高低确定一个分值范围。然后根据每个方案中技术表现打分，将方案的各项性能得分相加，其总分就是方案的综合得分，分数越高则该方案越应优选。方法简单易行，但由于没考虑各项性能指标的重要程度的差异，因此，当考察的各项技术性能指标对最终方案贡献差异很大时，容易产生决策失误。

（2）加权平均法。由于在方案比较过程中，不同技术指标一般情况下对方案的影响程度是不同的，也即重要程度不同，考察时应加以区分，这就是加权平均法。加权平均法根据各项指标的重要程度不同，赋予其一个权重。权重系数大说明该标准的重要程度高，权重系数小说明该标准的重要程度相对较小。

与总分评分法相比，加权平均法考虑了各项指标对方案的影响程度，因而对技术方案的评估也更客观、更合理。计算公式如下：

$$M = \sum W_i m_i \tag{11.1}$$

其中，m_i 为第 i 项评价标准的评分值；M 为该备选方案的评价总分；W_i 为加权系数。

第二种形式的约束条件为

$$\sum W_i = 1$$

另外，在评分法当中，还有乘法评分法、加乘混合评分法等方式，各方法在实际应用中各有利弊，评估时可根据具体情况自行选择或进行组合方案的综合评价。

2. 投资效益评价法

投资效益评价法是通过经济学的常用评价方法，以其相应的择优标准进行选择的方法。常用的评价方法有如下三种：

（1）效用成本法。投资效益评价时，除非已经选定了效用最大或是成本最低原则来做决策，否则，任何方案必须同时兼顾效用和成本费用两方面，将单位成本带来的效用作为判别标准，该数值越大越好。

（2）现值法。现值法是将预测的各技术方案带来的计算期内各年的现金流，按一定的折现率（如行业的基本收益率或银行利率）折成现值，数值较大的方案为优选方案。

（3）内部收益率法。内部收益率就是在备选方案的计算期内，使效益的现值和费用的现值相等时的贴现率。将此贴现率与实际利率（或行业利率）相比，如小于实际利率，则舍弃；如大于实际利率，再比较各方案的内部收益率，IRR 大者为优。

第七节　本章小结

可行性研究最早应用是在 20 世纪 30 年代。当时美国为了开发田纳西流域而首次进行了可行性研究，事先对该工程项目的项目建设必要性、技术先进性、经济合理性等进行了科学的分析论证，为该项目的开发和利用带来了显著的成效。可行性研究在我国得到真正的重视是始于 20 世纪 70 年代末，经过试行，从 80 年代开始，国家已经确定将可行性研究作为一个重要技术经济论证手段纳入基本建设的程序。

可行性研究一般包括投资机会研究、初步可行性研究、详细可行性研究、项目评价和决策四个阶段，每个阶段分别有不同的任务与作用。投资机会研究也被称为投资鉴定，即寻求最佳投资机会的活动。投资机会研究可以分为一般机会研究和具体机会研究。初步可行性研究，也称预可行性研究，是正式的详细可行研究前的预备性研究阶段。详细可行性研究阶段又称最终可行性研究阶段，通常简称为可行性研究，是项目前期研究的关键环节，是项目投资决策的基础。项目评价和决策是对可行性研究报告进行评估和审查，分析它的内容是否全面，所采用的研究方法是否正确，判断可行性研究结论的可靠性和真实性，对项目做出最终决策。

可行性研究的内容一般包括项目总论，项目背景和基本设想，市场分析与建设规模选择，原材料和供应品，建设条件和厂址选择，技术方案、设备方案和工程方案，组织和管理费用，人力资源，实施计划和预算，财务分析和经济分析，可行性研究结论与建议共十一项。可行性研究报告在编制过程中必须依据相关部门的规定，按照一定的要求，遵循相应的程序，做到严肃、公平公正、科学合理。

可行性研究的经济评价体系包括两部分：财务评价和国民经济评价。两者都是采用效益和费用比较的理论方法。但是两种评价的角度和基本出发点不同，分析的角度不同，使用价格体系也有所不同。国民经济评价是在财务评价基础上进行的，只有在国民经济评价可行的情况下，项目的经济评价才是可行的。财务评价是在国家现行财税制度和市场价格体系下，分析预测项目的财务效益与费用，计算财务评价指标，考察拟建项目的盈利能力、偿债能力，据以判断项目的财务可行性。财务评价报表主要有财务现金流量表、损益和利润分配表、资金来源运用表、借款偿还计划表。国民经济评价是按合理配置资源的原则，采用影子价格等国民经济评价参数，从国民经济的角度考察投资项目所耗费的社会资源和项目对社会的贡献，评价投资项目的经济合理性。

项目的市场分析包括宏观层面的分析和微观层面的分析。宏观层面的分析包括人口环境分析、经济环境分析、政策和法律环境分析和自然与资源环境分析；微观层面的分析包括市场供求现状分析、产品分析、消费者购买行为分析、市场细分和目标市场的选择、项目竞争环境分析、市场风险分析。

技术方案选择一般应从项目拟采用的技术方案中，通过对其技术的先进性、成熟性、适用性、经济性和局限性等多个方面的考察和选择，确定满足项目要求的最满意的方案。

关键概念

可行性研究　投资机会研究　初步可行性研究　详细可行性研究　可行性研究的内容　财务评价　国民经济评价　市场分析　技术条件分析

复习思考题

1. 可行性研究的概念和作用是什么？

2. 可行性研究分为哪几个阶段？其主要任务是什么？

3. 可行性研究满足的要求是什么？

4. 可行性研究的程序是什么？

5. 可行性研究的依据是什么？

6. 可行性研究的市场分析的内容是什么？

7. 可行性研究技术方案分析的内容是什么？

8. 技术方案分析的一般程序是什么？

第十二章　工程项目后评价

本章摘要：从严格的意义上讲，项目后评价是一门独立的技术经济学科。通过学习，熟悉项目后评价的机构和项目后评价的程序，掌握项目后评价的方法。本章分别重点讲述了项目后评价的特点、项目后评价的程序、项目后评价的方法以及项目后评价的具体内容等。

前面各章分别讲述了工程项目财务评价、项目的不确定性分析以及项目的方案比选。项目后评价是一门即有别于项目评价又与项目评价有着必然联系的学科。

项目后评价是检验工程项目管理工作质量，总结工程项目决策的经验教训，提高项目决策和实施管理水平的一项活动，对实现投资决策的程序化、科学化、民主化和规范化等，具有十分重要的意义。

第一节　工程项目后评价概述

一、工程项目后评价涵义

工程项目后评价又称事后评价。它是指工程项目建成投产并运行一段时间（一般为两年）后，对项目立项、准备、决策、实施直到投产运行全过程的工程活动进行总结评价，对工程项目取得的经济效益、社会效益和环境效益进行综合评价，从而作为判别项目投资目标实现程度的一种方法。工程项目的后评价是对项目决策前的评价报告及其设计文件中规定的技术经济指标进行再评价，并通过对整个工程项目建设过程各阶段工作的回顾，对项目工程全过程的实际情况（施工、建设、投产经营等）与预计情况进行比较研究，衡量分析实际情况与预计情况发生偏离的程度，说明项目成功与失败的原因，全面总结工程项目管理的经营与教训。再将总结的经验教训反馈到将来的项目中去，作为参考和借鉴，为改善项目管理工作和指定合理科学的工程计划及各项规定提供重要的信息依据和改进措施，以达到提高项目投资决策水平、管理水平和提高投资效益的目的。工程项目后评价不仅是工程项目建设程序中的一个重要工作阶段，而且还是项目管理工作中不可缺少的组成部分和重要环节。

二、工程项目后评价的作用

从上述的工程项目后评价的定义、特点及与前评价的差别中可以看出，工程项目的后评价对于提高项目决策的科学化水平、改进项目管理水平、监督项目的正常生产经营、降低工程项目的风险和提高投资效益水平等方面发挥着非常重要的作用。具体地说，工程项目后评价的作用主要表现在以下几个方面。

（一）总结工程项目建设的经验教训，对项目本身有监督和促进作用

工程项目建设是一项十分复杂的综合性的工作活动。它涉及计划和主管部门、银行、物资供应部门、勘察设计部门、施工单位、项目和有关地方行政管理部门等较多单位。项目能否顺利完成并取得预期的工程经济效果，不仅取决于项目自身因素，而且还取决于这些部门能否相互协调、密切合作、保质保量地完成各项任务和工作。工程项目后评价通过对已建成项目的分析研究和论证，较全面地总结项目管理各个环节的经验教训，指导未来项目的管理活动。不仅如此，通过工程项目后评价，针对项目实际效果所反映出来的项目建设全过程（从项目的立项、准备、决策、设计实施到投产经营）各阶段存在的问题提出切实可行的、相应的改进措施和建议，促进项目运营状况正常化，使项目尽快实现预期的效益、效果目标，更好地发挥其效益。同时，也可对一些因决策失误，或投产后经营管理不善，或环境变化造成生产、技术或经济状况处于困境的项目通过后评价为其找出生存和发展的途径，这也会对现有工程项目起到一定的监督作用。

（二）提高项目投资决策的科学化水平，有利于降低项目的风险

工程项目的前评价是项目投资决策的依据，但前评价中所作的预测和结论是否准确，需要通过项目的后评价来检验。因此，通过建立和完善项目的后评价制度和科学的方法体系，一方面可使决策者和执行者预先知道自己的行为和后果要受到事后的审查和评价，从而增强他们的责任感，促使评价和决策人员努力做好前评价工作，提高项目预测的准确性；另一方面，可通过项目的后评价的反馈信息，及时纠正项目决策中存在的问题，从而提高未来工程项目决策的准确程度和科学化水平，并对类型相似的工程项目决策起到参考和示范作用。

（三）为国家制定产业政策和技术经济参数提供重要依据

通过工程项目的后评价能够发现宏观工程管理中存在的某些问题，从而使国家可以及时地修正某些不适合经济发展的技术经济政策，修订某些已经过时的指标参数。同时，国家还可以根据项目后评价所反馈的信息，合理确定工程规模和工程流向，协调各产业、各部门之间及其内部的各种比例关系。此外，国家还可以充分运用法律的、经济的和行政的手段，建立必要的法规、制度和机构，促进工程管理的良性循环。

三、项目后评价与项目前评价的区别

工程项目后评价的特点决定了它与工程项目前评价有较大的差别。

（一）评价主体不同

工程项目前评价是由工程主体（工程者、贷款决策机构、项目审批机构等）组织实施的；而工程项目的后评价则是以工程运行的监督管理机构、单设的后评价机构或决策的上一级机构为主，主张主管部门会同计划、财政、审计、设计、质量等有关部门进行。这样一方面可保证工程项目后评价的全面性，另一方面也可确保后评价工作的公正性和客观性。

（二）评价的侧重点不同

工程项目前评价主要以定量指标为主，侧重于项目的经济效益分析与评价，其作用是直接作为项目投资决策的依据；而后评价则要结合行政和法律、经济和社会、建设和生产、决策和实施等方面的内容进行综合评价。它是以现有事实为依据，以提高经济效益为目的，对项目实施结果进行鉴定，并间接作用于未来项目的投资决策，为其提供反馈信息。

（三）评价的内容不同

工程项目前评价主要是对项目建设的必要性、可行性、合理性及技术方案和建设条件等进行评价，对未来的经济效益和社会效益进行科学预测；而后评价除了对上述内容进行再评价外，还要对项目决策的准确程度和实施效率进行评价，对项目的实际运行状况进行深入细致的分析。

（四）评价的依据不同

工程项目前评价主要依据历史资料和经营数据，以及国家和有关部门颁发的政策、规定、方法、参数等文件为依据；而项目的后评价则主要是在已经建成投产后一段时间内，对项目全过程（包括项目的工程实施期）的总体情况进行的评价。

（五）评价的阶段不同

工程项目的前评价是在项目决策前的前期工作阶段进行，是项目前期工作的重要内容之一，是为项目投资决策提供依据的评价；而后评价则是在项目建成投产后一段时间里，对项目全过程（包括项目的工程实施期和生产期）的总体情况进行的评价。

　　总之，工程项目的后评价不是对项目前评价的简单重复，而是依据国家政策和制度规定，对工程项目的决策水平、管理水平和实施结果进行的严格检验和评价。它是在与前评价比较分析的基础上，总结经验教训，发现存在的问题并提出对策措施，促使项目更快更好地发挥效益和健康地发展。

第二节　项目后评价的内容和方法

一、项目各阶段后评价的具体内容

　　工程项目的发展周期一般可划分为如下三个阶段：项目前期工作阶段、项目建设实施阶段和项目运营阶段。每一阶段的工作如何，对项目实际效益的发挥都会产生重大的影响，项目后评价工作主要根据这三个阶段来进行。

　　（一）工程项目前期工作后评价

　　1. 项目前期工作后评价的内容
　　项目前期工作阶段，亦即项目准备阶段，包括从项目建议书的提出到项目正式开工的全过程。前期工作本身的意义重大，对项目的后两阶段影响重大。项目前期工作后评价的主要任务是，客观地评价前期工作的实绩，总结前期工作的经验教训，分析前期工作的失误所导致的项目目标的偏差程度。
　　前期工作后评价的内容主要包括以下几个方面：
　　（1）项目筹备工作后评价。项目筹建工作后评价的重点是筹备工作的效率，其主要评价以下内容：项目筹建机构及其领导班子是否健全，筹建机构人员构成及其素质情况；项目筹建机构的各项制度是否明确；项目筹建机构的设立是否符合国家工程体制改革的方向；项目筹建计划是否科学等。
　　（2）项目决策后评价。主要评价内容包括：项目可行性研究报告编制单位的资格评价，可行性研究的委托方式，双方是否签订了委托合同，合同中双方的权利与责任是否明确；项目可行性研究报告编制单位的工作效率；项目可行性研究报告的编制依据是否可靠，是否有政府部门下达的项目建议书批复文件、选址意见书等文件；可行研究报告的内容与深度是否符合国家有关部门的规定，是否符合建设单位的要求；项目决策程序是否符合基本建设程序；项目决策的效率与质量等。
　　（3）项目厂址选择后评价。主要评价内容包括：厂址选择是否符合国家的地区产业布局政策与城市发展总体规划的要求；厂址选择是否贯彻了国家有关部门制定的"控制大城市规模、合理发展中等城市、积极发展小城市"的城市建设方针；厂址选择是否有利于节约土地与工程；厂址选择是否有利于环境保护与维持生态平衡；厂址的工程地质、水文地质等自然条件是否能满足项目建设与运营的要求；厂址与原材料供应市场、产品销售市场是否经济合理；项目实施与运营所需的能源供应、交通运输、动力等外部条件是否具备；厂址的选择是否有利于与其他厂家协作；厂址选择是否经过多方案比选等。

（4）项目征地拆迁后评价。主要评价内容为：土地征用费的支付是否符合国家的有关规定；土地征用、原有建筑物的拆迁工作是否按计划进行；是否保证项目按计划开工等。

（5）项目勘察设计后评价。主要评价内容包括：勘察设计单位的资格评价，其技术力量能否满足工程技术要求；双方是否签订委托合同，合同中双方的权利与责任是否明确；勘察设计单位的工作效率；勘察设计依据、标准、规范、定额、费率是否严格执行国家有关规定；勘察设计规模与主要建设内容是否符合国家有关部门批复文件的要求；有无设计漏项或设计变更；勘察设计方案在技术上的先进性与经济上的合理性等。

（6）项目委托施工后评价。主要评价以下内容：项目的施工单位是否是通过公开招标方式选择的，施工单位的选择是否受行政干预的影响；施工单位的资格审查；施工合同中双方的权利与责任是否明确等。

（7）项目配套后评价。主要评价以下内容：厂址"三通一平"（即厂址的道路通、水通、电通、平整场地）是否按计划完成；各项费用支出是否符合国家有关规定等。

（8）项目资金筹措后评价。主要评价以下内容：自筹资金来源是否正当，是否符合国家的有关规定；社会集资来源是否经过有关部门的批准，集资目标是否实现；贷款是否落实或初步落实，是否与有关金融机构签订了贷款意向性协议或合同等。

（9）项目物资落实情况后评价。主要评价以下内容：项目实施所需的主要建筑材料是否落实，是否签订有合同，合同中双方的权利与责任是否明确；项目所需的大型成套设备是否落实，是否签订合同，合同中双方的权利与责任是否明确；是否存在盲目订货的现象等。

2. 项目前期工作后评价指标

项目前期工作后评价应根据评价的内容，以定性评价为主，定量评价为辅。项目前期工作后评价应计算如下指标：

（1）实际项目决策周期。实际项目决策周期是指项目从提出项目建议书起，至项目可行性研究报告被批准为止所经历的时间。一般以月为计算单位。该项指标反映了工程者与有关部门投资决策的效率。将拟建项目的实际项目决策周期与当地同类项目的决策周期或计划决策周期加以比较，以便考察项目的决策效率。

（2）项目决策周期变化率。项目决策周期变化率是指项目实际决策周期比预计项目决策周期的增减变化量与项目预计决策周期之比率。当指标值大于零时，表明项目实际决策周期长于项目预计决策周期；当指标值小于零时，表明项目实际决策周期短于项目预计决策周期；当指标值等于零时，表明项目实际决策周期与项目预计决策周期正好相等。

（3）实际项目勘察设计周期。实际项目勘察设计周期是指从项目建设单位与委托勘察设计单位签订勘察设计合同之日起，至勘察设计文件全部完成并提交建设单位为止所经历的时间。

（4）项目勘察设计周期变化率。项目勘察设计周期变化率是指项目实际勘察设计周期比预计勘察设计周期的增减变化量与项目预计勘察设计周期之比率。预计勘察设计周期取建设单位与委托勘察设计单位签订的合同中规定的时间。应当分析项目勘察设计周期变化率对前期准备工作的影响程度。

（二）项目建设实施后评价

1. 项目建设实施后评价的内容

在工程项目前期工作全部结束之后，项目转入下一个阶段，即项目建设实施阶段。项目建设实施阶段是指从项目开工建设起至竣工验收、交付使用为止所经历的全过程。项目建设实施阶段又包括项目开工、项目实施、竣工验收和生产准备等四个环节。

项目建设实施过程后评价的主要任务是总结分析项目建设实施过程中的经验教训，分析实际工程完成额与计划工程额之间的偏差程度及其原因。

（1）项目开工后评价。主要评价项目开工的各种条件是否具备，所需的手续是否齐全，是否有有关部门批复的开工报告；项目实际开工时间与计划开工时间是否一致，如不一致，则分析其原因及其对项目经济效益的影响程度。

（2）项目实施变更后评价。主要评价项目的建设范围是否发生变更；项目设计是否发生变更；各种变更对项目建设工期、经济效益的影响程度等。

（3）项目施工管理后评价。主要评价制定项目施工组织管理的依据；施工单位的经营管理水平；建设单位的项目管理水平；项目实际施工进度与计划进度之间的差异及其原因。

（4）项目工程资金供应与使用后评价。主要评价项目筹资计划是否科学可行，是否符合国家的有关规定；项目所需资金是否供应及时，有无因工程资金不足而停工待料的情况；项目资金调度是否合理，有无材料与设备积压的情况；全部工程资金的使用效率等。

（5）项目工程质量与安全后评价。主要通过计算有关指标，分析项目实际工程质量；将项目的实际工程质量与计划质量或同类项目的质量加以比较，并分析产生差异的原因，分析其对项目投产后生产（或运营）的影响程度；分析项目设备质量与安装质量对项目投产后的生产（或运营）的影响程度；分析项目工程质量不合格所造成的经济损失；分析项目有无重大安全事故及其发生的原因、造成的损失等。

（6）项目总工程后评价。主要评价：项目建筑工程中的实际主要建筑材料耗用量、实际完成工程实物量与计划量之间的差异及其原因；设备工器具工程、无形资产工程与计划值的差异及其原因；工程建设其他费用支出是否按国家有关规定支付，如有差异，则要分析其产生原因；施工单位的各项取费标准是否符合国家有关规定等。

（7）项目建设工期后评价。主要评价项目实际开、竣工日期，并与计划日期加以比较；建筑安装工程工期的变化，并分析其对项目工期变化的影响；实际生产准备时间与计划时间比较，并分析其变化对项目工期变化的影响等。

（8）项目竣工验收后评价。评价内容包括：竣工验收成员是否合格；竣工验收程序是否符合国家有关规定；竣工验收是否遵循国家有关标准；竣工验收所需的各种资料是否齐全；竣工验收机构的工作效率；收尾工程和遗留问题的处理等。

（9）配套项目建设后评价。对于某些特定的项目，应对其相关配套项目进行后评价。如相关项目在时间进度安排上，是否与拟建项目同步进行，如不同步，则分析其原因及其对发挥项目效益的影响；相关项目所采用的技术与拟建项目的技术是否相一致；相关项目与拟建项目的实际生产能力是否协调、配套等。

（10）项目生产（或运营）准备后评价。主要评价以下内容：项目生产（或运营）所需的人员是否按计划进行培训，并分析其对项目正常生产（或运营）的影响；项目生产（或运营）所需的流动资金是否按计划到位，并分析其对项目正常生产（或运营）的影响；项目生产（或运营）所需的各种投入物采购是否按计划进行，并分析其对项目正常生产（或运营）的影响。

2. 项目建设实施后评价指标

项目建设实施后评价时，主要应计算如下指标：

（1）项目实际建设工期。项目实际建设工期亦即项目实际建设期，是指项目从实际开工之日起至竣工验收为止所经历的时间。该指标不包括项目开工后的停建、缓建所占用的时间。该项指标反映了项目的实际建设速度。应将项目实际建设工期与当地同类项目的建设工期、项目计划建设工期加以比较。工期的长短对项目的投资效益影响较大，缩短工期是提高工程效益的重要途径。

（2）项目工期变化率。项目工期变化率是指项目实际建设工期比项目计划工期的增减量与计划建设工期之比率。该项指标反映了实际建设工期与计划建设工期的偏差程度。一般以月为计算单位。

（3）项目实际工程总额。项目实际工程总额是指项目建设与运营过程中耗费的建设工程、流动资金和建设期利息之和。应当分别计算静态实际工程总额与动态实际工程总额。

（4）项目实际工程总额变化率。项目实际工程总额变化率是指项目实际工程总额比预计工程总额的增减额与预计工程总额之比率。包括静态实际工程变化率与动态实际工程变化率两项指标。其计算公式如下：

$$静态实际投资总额变化率 = \frac{静态实际投资总额 - 静态预计投资总额}{静态预计投资总额} \qquad (12.1)$$

$$动态实际投资总额变化率 = \frac{动态实际投资总额 - 动态预计投资总额}{动态预计投资总额} \qquad (12.2)$$

该项指标反映了实际工程总额与预计工程总额的偏差程度。

（5）项目单位生产能力实际工程额。项目单位生产能力实际工程额是指项目为形成单位生产能力而耗费的工程额。其计算公式如下：

$$项目单位生产能力实际投资额 = \frac{项目实际投资总额}{项目达产年生产能力} \times 100\% \qquad (12.3)$$

该项目指标是反映工程效果的综合性指标。项目单位生产能力实际工程额越少，则说明项目实际工程效果越好，反之亦然。

（6）工程质量指标。反映项目工程质量的指标主要有三项：项目实际工程合格品率、项目实际工程优良品率和实际返工损失率。

项目实际工程合格品率是指项目实际单位工程合格品数量与项目单位工程总数之比率。以国家有关规定或施工合同有关条款作为项目单位工程合格的标准。该指标值越高，说明项目的工程质量越好。

项目实际工程优良品率是指项目实际单位工程优良品数量与项目单位工程总数之比率。以国家有关规定或施工合同有关条款作为项目单位工程优良的标准。该指标值越高，说明项目的工程质量越好。

项目实际停返工率是指项目因质量事故停返工累计增加的工程额与项目累计完成工程额之比率。该项指标既是反映项目工程质量的一项指标，也是反映投资效益的一项指标。

（三）项目运营后评价

1. 项目运营后评价的内容

项目运营阶段是整个项目运行过程的最后一个阶段。前两个阶段主要表现为社会资源的消费过程，这一阶段则主要表现为社会财富的产出过程。项目运营阶段是指项目从交付使用、投入生产起，至项目报废为止所经历的全过程。

项目运营后评价以项目投产后的实际资料为依据，全面分析项目的实际投资效益，具有双重意义：一方面有助于总结项目工程的经验教训，提高以后项目决策水平；另一方面，可根据所存在的问题提出一些建设性的意见，改进经营管理，提高工程项目的投资效益。

项目运营后评价的主要内容包括以下几个方面：

（1）经营管理水平后评价。主要评价项目投产后的机构设置是否科学合理；管理人员的知识结构、业务水平是否与生产经营活动相适应；生产经营策略是否切实可行；经营管理制度是否健全，是否落实；企业生产经营管理过程中存在的问题，并提出改进意见等。

（2）技术水平后评价。主要评价生产（或运营）技术是否已全部掌握；技术人员的知识结构、业务水平是否与生产经营活动相适应；技术操作规程是否健全，是否落实；生产过程中存在的技术问题等。

（3）产品方案后评价。主要评价内容包括：项目投产后产品规格、品种的变化情况及其对经济效益的影响；产品方案的调整情况及其对经济效益的影响；现行产品方案是否适应市场需求；产品的销售方式及其对产品方案的影响。

（4）试生产期（或试运营期）后评价。主要评价以下内容：项目实际试生产期（或运营期），并与设计试生产期（或试运营期）比较，分析其变化对投资效益的影响。如项目试生产期（或试运营期）超过设计规定的期限，则要分析其原因，并提出建议等。

（5）财务后评价。主要评价内容：根据项目运行的实际数据（如营业收入、总成本费用、利润总额、税金等）与现行财税制度，计算有关财务评价指标。将计算出的有关指标与项目评价中的有关指标值加以比较，并提出相应的建议。

（6）国民经济后评价。根据项目运行的实际数据（如营业收入、总成本费用、利润总额、税金等）与国家有关部门公布的评价参数，计算有关国民经济评价指标。将计算出的有关指标与项目评价中的有关指标值加以比较，并提出相应的建议。

项目运营后评价共包括如上六个方面的内容，对于前三个方面的内容，主要进行定性分析；对于后两个方面的内容，要进行定量分析，计算评价指标。

2. 财务后评价指标

1）财务后评价静态指标

财务后评价主要应计算如下静态指标：

（1）项目实际投产年限变化率。即实际投产年限比设计投产年限的增减变化量与设计投产年限之比率，是反映项目实际投产年限与设计投产年限偏离程度的重要指标。

（2）项目投产期延长或投产期未达到设计标准损失。即由于项目投产期延长或投产期未达到设计标准而导致的利润总额的减少。

$$项目投产期延长或未达到设计标准损失 = \sum (年设计产量 - 年实际产量) \times 单位产品利润额$$

$$(12.4)$$

（3）项目产品（或劳务）价格变化率。即项目在生产期所生产的产品或所提供的劳务的实际价格与预测价格之差与预测价格之比率。当项目产出物的种类较多时，应分别计算每一种产品的价格变化率，然后运用加权平均法，计算出总的产品（或劳务）价格变化率。

（4）项目生产（或运营）成本变化率。即项目生产期的实际产品（或劳务）成本比预测产品（或劳务）成本的增减变化额之差与预测成本之比率。

（5）项目利润总额变化率。即项目生产期年实际利润总额与预测利润总额之差与预测利润总额之比率，是反映项目年实际利润总额与预期利润总额偏离程度的重要指标。

（6）实际工程利润率变化率。即项目实际工程利润率与预期工程利润率之差与预期工程利润率之比率，是反映项目实际工程利润率与预期工程利润率偏离程度的重要指标。其计算公式如下：

$$实际投资利润变化率 = \frac{实际投资利润率 - 预期投资利润率}{预期投资利润率} \times 100\%$$

$$(12.5)$$

2）财务后评价动态指标

（1）实际财务净现值变化率。即项目实际财务净现值与预期财务净现值之差与预期财务净现值之比率，是反映项目实际财务净现值与预期财务净现值偏离程度的重要指标。

（2）实际财务内部收益率变化率。即项目的实际财务内部收益率与预期财务内部收益率之差与预期财务内部收益率之比率，是反映项目实际财务内部收益率与预期财务内部收益率偏离程度的重要指标。将计算出的实际值与最初估算出的预测值或同类项目的经验数据加以比较，据此判断项目的实际财务效益。

3）国民经济后评价指标

（1）实际经济净现值变化率。即实际经济净现值与预期经济净现值之差与预期经济净现值之比率，是反映项目实际经济净现值与预期经济净现值偏离程度的重要相对指标。

（2）实际经济内部收益率变化率。即实际经济内部收益率与预期经济内部收益率之差与预期经济内部收益率之比率，是反映实际经济内部收益率与预期经济内部收益率偏离程度的重要相对指标。将计算出的实际值与最初估算出的预测值或同类项目的经验数据加以比较，据此判断项目的实际国民经济效益。

对于利用外资项目，其后评价还应包括以下内容：利用外资的方向、范围是否适宜，偿还外资的能力；引进设备与国内设备是否相配套；引进设备的消化吸收能力；引进技术的消化吸收能力等。

二、项目后评价的方法

从方法论的角度来讲,工程项目后评价运用的基本方法是对比分析法,亦即将项目后评价时的实际数据或预测数据(某些数据还需要根据当时的实际情况加以预测)及其据此计算出的技术经济指标与工程经济分析报告、可行性研究报告、项目评价报告中的预测数据及其据此计算出的技术经济指标加以对比,比较其差异,分析其产生的原因,据此提出后评价结论。

具体来讲,项目后评价的方法主要有以下几种。

(一)资料收集法

资料收集是项目后评价的重要基础工作,其质量与效率直接关系到项目后评价报告的质量与编制进度,因而是项目后评价工作的重要步骤。收集资料包括两个方面:一是项目本身的有关实际资料(如项目的实际工程额、实际建设工期等);二是项目外部的有关实际资料(如后评价时的市场供求状况、产品销售价格等)。收集资料的方法很多,常用的主要有以下几种:

(1)专家意见法。即有关人员通过听取专家意见来收集资料的一种方法。运用该方法进行资料收集的程序一般为:首先,由资料收集人员编制意见征询表,将所要征询的内容一一列于表中;其次,将征询意见表分别寄送所选择出的专家;第三,由资料收集人员将填写好的意见征询表进行汇总整理,最后提出结论性意见。该方法的优点是费用较低,可以在较短的时间内获得有益的信息。

(2)实地调查法。实地调查法是指由有关人员深入到实际中去,通过现场考察,进而收集资料的一种方法。如拟进行后评价的项目的有关资料大都通过此法获得。在项目后评价中,需要收集大量有关项目的一手资料,通过实地调查,对投产后的项目进行实地考察,与有关专业人员进行交谈,是一种简捷易行的办法。该方法的优点是所收集的资料信息量大,真实可靠。

(3)抽样调查法。即根据随机的原则,在全体(总体)调查对象中随机选择其中一部分进行调查,从而推算出全体的一种调查方法。抽样调查法主要包括简单随机抽样法、分层随机抽样法和分群随机抽样法。

(4)专题调查法。即通过召开专题调查会议的方式进行资料收集的一种方法。通过召开有关人员参加的会议,可以广泛吸取对同一问题的不同意见,有利于克服片面性。如与可行性研究报告、项目评价报告中估算的工程额相比,实际工程额超支。调查人员则可邀请设计人员、施工人员、项目管理人员、可行性研究报告和项目评价报告编制人员共同研究,分析超支的原因。

为了加快资料收集的进度和提高其准确性,亦可将上述各种方法结合起来运用。

（二）过程评价法

过程评价法是指将项目从动议、立项、开工、建设至投产全过程的各个环节的实际进程、存在的问题与计划中所确定的进程、目标加以比较，然后分析其产生的原因，进而对项目进行后评价的一种方法。应根据有关部门制定的后评价方法和项目的具体特点，将项目运行的全过程合理划分为各个不同的阶段。对全过程各个阶段的评价要作详细的分析比较，汇总出有关数据，为最终编制项目后评价报告积累原始资料。通过过程评价，可以找出影响项目成败的关键因素，可以为以后的项目决策提供有益的借鉴。

（三）指标对比法

指标对比法是指通过项目建成后的实际数据或根据实际情况重新预测的数据计算出的各项项目后评价指标与可行性研究报告、项目评价报告中确定的预测指标或当地同类项目的实际指标加以比较，进而进行评价的一种方法。如财务内部收益率是一项重要的财务评价指标，将根据投产后项目的实际资料计算出实际值与项目评价时估算出的预测值加以比较，可以考察项目的实际财务效益与预期财务效益的偏差程度，为进一步的分析提供基础。

（四）因素分析法

因素分析法是指通过对影响项目投产后各种技术经济指标的诸因素的分析，进行项目后评价的一种方法。项目后评价中根据实际情况计算出的各项技术经济指标与预期值往往会存在差异，其影响因素是多方面的。项目后评价人员应将各影响因素加以分析，寻找出主要影响因素，并具体分析各影响因素对主要技术经济指标的影响程度。

上述各种后评价方法各有其特点，又有密切的联系，在实际进行后评价时，可将各种方式有机地结合起来，对项目进行系统的分析和评价，才能达到后评价的目标。

三、项目后评价报告的编写格式

工程项目后评价报告是项目后评价的最终成果，要做到公正、客观、全面系统，以实现后评价的目标。项目的类型、规模不同，其后评价的内容与格式也不尽相同。本书主要介绍世界银行和我国有关机构关于一般工业项目后评价的编写格式。

（一）世界银行项目后评价报告的编写格式

世界银行编制的"项目完成报告书"和"项目执行情况审核备忘录"均有较为规范的格式，当然，也要根据项目的具体情况加以适当地调整。

1. 项目完成报告的编写格式

世界银行编制的"项目完成报告书"主要包括：

（1）项目背景。主要包括项目提出、准备和实施的依据，项目的目标，项目的建设内容等。

（2）项目管理机构。主要包括项目管理机构的设置、管理人员实绩、管理措施、管理过程中的经验教训等。

（3）项目物资与财务管理。主要包括：物资与财务管理中出现的问题及其产生的原因；存在问题所造成的影响；为解决问题所采取的措施及其实际效果；采购、供应商和承包商的表现等。

（4）项目贷款中的异常情况。主要分析项目贷款中的异常情况与贷款条件、贷款协议、贷款程序等方面的关系。

（5）项目重大修改。主要分析项目重大修改的原因。

（6）人员培训。主要分析世界银行与贷款者双方在工作人员培训方面的经验教训。

（7）项目违约事件。主要分析违约事件的发生及采取的相应措施，如未采取任何措施，则要分析其原因何在。

（8）项目财务评价。计算有关财务评价指标，分析其财务盈利能力与贷款偿还能力。

（9）项目国民经济评价。计算国民经济评价指标，分析其对国民经济的贡献程度。

（10）项目社会评价。计算有关社会评价指标，分析其对社会的贡献程度。

（11）结论。总结经验教训，提出结论性意见。

2. 项目执行情况审核备忘录的编写格式

世界银行编制的"项目执行情况审核备忘录"一般包括以下几个方面的内容：

（1）概述项目建设的背景、目标、实施过程和结果。

（2）对项目完成情况做出评价，并分析其是否达到预期目标。

（3）项目选定和准备阶段预计到的不利因素是否已消除。

（4）得出评价结论、经验教训以及其他有特殊意义的问题。

（5）提出与"项目完成报告"中的相同处与分歧点。

（6）重点阐述"项目完成报告"中未涉及的或阐述不清的问题。

（二）我国项目后评价报告的编写格式

1. 总论

主要包括以下内容：项目后评价的目的；后评价工作的组织管理；后评价报告的编制单位；后评价报告的编写依据；后评价的方法；项目的设计单位；项目可行性研究报告与评价报告的编写单位；项目的基本情况等。

2. 项目前期工作后评价

主要包括以下内容：项目筹建单位及其工作效率；项目决策程序与效率；项目厂址选择的科学性；项目征地拆迁工作质量及其效率；项目委托设计与施工质量与效率；项目配套的质量与效率；项目物资与资金落实状况等。

3. 项目实施后评价

主要包括以下内容：项目开工手续是否齐备，开工时间是否与计划时间一致，如不一致，则要分析其原因以及对项目总体效益的影响程度；项目设计是否发生变更，如发生变更，则要分析其对建设期、总体效益的影响程度；筹资方案是否符合国家有关规定，项目工程额是否超支，资金供应是否及时；项目工程质量是否与计划要求一致，如不一致，则要分析其对生产期、运营状况的影响程度；项目建设期是否与计划期相一致，如不一致，则要分析其对项目总体效益的影响程度；项目竣工验收程序是否符合国家有关规定等。

4. 项目运营后评价

主要包括以下内容：项目投产后的经营管理水平；项目投产后实际达到的技术水平；项目投产后的产品方案；项目投产期是否与预期值一致，如不一致，则要分析其原因，并提出积极建议等。

从理论上讲，财务评价和国民经济评价应包括在项目运营后评价之中，基于其内容较多，大多数后评价报告将其单独列示。

5. 项目财务后评价

根据项目运行的实际数据或根据实际资料得出的预测数据与现行财税制度，编制有关财务后评价表格，计算有关财务评价指标。

6. 项目国民经济后评价

根据项目运行的实际数据或根据实际资料得出的预测数据与国家有关部门公布的有关参数，编制有关经济后评价表格，计算有关国民经济评价指标。

第三节　本章小结

工程项目后评价又称事后评价。它是指工程项目建成投产并运行一段时间（一般为两年）后，对项目立项、准备、决策、实施直到投产运行全过程的工程活动进行总结评价，对工程项目取得的经济效益、社会效益和环境效益进行综合评价，从而作为判别项目投资目标实现程度的一种方法。通过工程项目的后评价能够发现宏观工程管理中存在的某些问题，从而使国家可以及时地修正某些不适合经济发展的技术经济政策，修订某些已经过时的指标参数。同时，国家还可以根据项目后评价所反馈的信息，合理确定工程规模和工程流向，协调各产业、各部门之间及其内部的各种比例关系。此外，国家还可以充分运用法律的、经济的和行政的手段，建立必要的法规、制度和机构，促进工程管理的良性循环。

　　工程项目后评价的特点决定了它与工程项目前评价有较大的差别。工程项目前评价和后评价的评价主体不同、评价的侧重点不同、评价的内容不同、评价的依据不同和评价的阶段不同。项目后评价工作主要分为工程项目前期工作后评价、项目建设实施阶段后评价和项目运营阶段后评价三个阶段来进行。

　　项目前期工作阶段，亦即项目准备阶段，包括从项目建议书的提出到项目正式开工的全过程。项目前期工作后评价的主要任务是，客观地评价前期工作的实绩，总结前期工作的经验教训，分析前期工作的失误所导致的项目目标的偏差程度。项目前期工作后评价应根据评价的内容，以定性评价为主，定量评价为辅。

　　在工程项目前期工作全部结束之后，项目转入下一个阶段，即项目建设实施阶段。项目建设实施过程后评价的主要任务是总结分析项目建设实施过程中的经验教训，分析实际工程完成额与计划工程额之间的偏差程度及其原因。

　　项目建设实施后评价时，主要应计算的指标包括项目实际建设工期、项目工期变化率、项目实际工程总额、项目实际工程总额变化率、项目单位生产能力实际工程额和工程质量指标等。

　　项目运营阶段是整个项目运行过程的最后一个阶段。项目运营后评价以项目投产后的实际资料为依据，全面分析项目的实际投资效益。

　　项目运营后评价的主要内容包括经营管理水平后评价、技术水平后评价、产品方案后评价、试生产期（或试运营期）后评价、财务后评价和国民经济后评价等。项目运营后评价指标主要有财务后评价静态指标和财务后评价动态指标以及国民经济后评价指标。

　　工程项目后评价运用的基本方法是对比分析法，亦即将项目后评价时的实际数据或预测数据（某些数据还需要根据当时的实际情况加以预测）及其据此计算出的技术经济指标与工程经济分析报告、可行性研究报告、项目评价报告中的预测数据及其据此计算出的技术经济指标加以对比，比较其差异，分析其产生的原因，据此提出后评价结论。具体来讲，项目后评价的方法主要有资料收集法、过程评价法和指标对比法及因素分析法。

　　工程项目后评价报告是项目后评价的最终成果，要做到公正、客观、全面系统，以实现后评价的目标。项目的类型、规模不同，其后评价的内容与格式也不尽相同。

关键概念

项目后评价　过程评价法　指标对比法　因素分析法　项目决策周期

复习思考题

1. 项目后评价与项目评价的主要区别有哪些?
2. 项目前期工作后评价包括什么内容?
3. 项目建设实施后评价包括什么内容?
4. 项目运营后评价包括什么内容?

参 考 文 献

陈玉和，姜秀娟. 2009. 风险评价. 北京：中国标准出版社

冯为民，付晓灵. 2006. 工程经济学. 北京：北京大学出版社

洪军，杨兆祥. 2004. 工程经济学. 北京：高等教育出版社

黄有亮，徐向阳等. 2006. 工程经济学. 南京：东南大学出版社

李建峰，刘立国. 2009. 工程经济. 北京：中国电力出版社

刘新梅. 2009. 工程经济学. 北京：北京大学出版社

吕丹，宋维佳. 2008. 公共项目评估. 北京：商业出版社

马秀岩. 2007. 投资经济学. 大连：东北财经大学出版社

彭运芳. 2009. 新编技术经济学. 北京：北京大学出版社

邵颖红. 2009. 工程经济学概论. 第2版. 北京：电子工业出版社

石勇民. 2008. 工程经济学. 北京：人民交通出版社

宋维佳，王立国，王红岩. 2007. 可行性研究与项目评估. 大连：东北财经大学出版社

宋伟，王恩茂. 2007. 工程经济学. 北京：人民交通出版社

孙薇. 2009. 技术经济学. 北京：机械工业出版社

谭大璐，赵世强. 2008. 工程经济学. 武汉：武汉理工大学出版社

王凤科. 2009. 技术经济学. 南京：南京大学出版社

王克强. 2004. 工程经济学. 上海：上海财经大学出版社

王立国. 2006. 项目评估理论与实务. 北京：首都经济贸易大学出版社

威廉·G. 沙立文，埃琳·M. 威克斯，詹姆斯·T. 勒克斯霍. 2007. 工程经济学. 北京：
    清华大学出版社

武献华，石振武. 2006. 工程经济学. 北京：科学出版社

武献华，宋维佳，屈哲. 2002. 工程经济学. 大连：东北财经大学出版社

杨克磊. 2006. 工程经济学. 上海：复旦大学出版社

于立君，刘长滨. 2005. 工程经济学. 北京：机械工业出版社

宇霞，祝亚辉等. 2009. 工程经济学. 北京：中国电力出版社

赵国杰. 2003. 工程经济学. 天津：天津大学出版社

赵阳，齐小琳等. 2009. 工程经济学. 北京：北京理工大学出版社

中国注册会计师协会. 2009. 财务成本管理. 北京：经济科学出版社

附　录

案例分析

背景资料：

某项目为商场、大型超市、餐饮为一体的大型商业中心，项目位于某省会城市的市中心，地理位置优越，商业氛围良好。项目开发商为全国著名企业，资金和技术实力非常雄厚，保证了该项目的高效开发和取得预期的经济效益。

该项目占地面积 16 000 米^2，建筑面积为 59 000 米^2，地下一层，地上四层，建筑物总高度 23.63 米，局部高度 26.3 米，覆盖率为 73%，容积率为 2.9。

该项目的经营方式为出售和出租。

该项目的建设期为 1 年，营业期 19 年。

基准收益率按 8% 考虑。

一、投资总额与资金筹措估算

（一）投资总额估算

项目总投资 42 530.81 万元，其中，建设投资 41 205.79 万元，流动资金 500 万元，建设期利息为 825.02 万元，项目建设期 1 年，运营期 20 年。

1. 建设投资估算

该项目的建设投资包括固定资产投资、无形资产投资、其他资产投资以及预备费。

建设投资的具体估算，如附表 1 所示。

附表 1　建设投资估算表　　　　　　　单位：万元

序号	工程费用名称	估算价值				备注
		建筑工程	设备购置及安装工程	其他费用	合计	
（一）	固定资产投资				18 893.61	
1	建筑工程投资				11 400.00	
1.1	土建工程投资	7600.00			7600.00	
1.2	装修工程投资	3800.00			3800.00	
2	设备购置与安装工程费		5400.00		5400.00	

续表

序号	工程费用名称	估算价值				备 注
		建筑工程	设备购置及安装工程	其他费用	合计	
3	工程建设的其他费用				2093.61	
3.1	城市基础设施配套费			991.20	991.20	5.90%
3.2	人防工程易地建设费			57.35	57.35	9.6元/米²
3.3	消防设施建设费			2.99	2.99	0.5元/米²
3.4	新墙体材料发展基金			27.48	27.48	4.6元/米²
3.5	工程质量监督费			42.00	42.00	2.5‰
3.6	定额测编费			8.40	8.40	0.5‰
3.7	施工管理费			34.44	34.44	0.82×2.5‰
3.8	白蚁防治费			10.75	10.75	1.8元/米²
3.9	城建档案保证金			3.00	3.00	0.5万~5万元
3.10	工程监理费			201.60	201.60	1.20%
3.11	投招标管理费			16.80	16.80	0.10%
3.12	勘察设计费			420.00	420.00	2.50%
3.13	电力贴费			237.60	237.60	33万元/千瓦
3.14	煤气建设费			40.00	40.00	200元/米³
(二)	无形资产			13 693.00	13 693.00	
1	土地使用权			20 000.00	20 000.00	
(三)	开办费			350.00	350.00	
1	顾问、咨询费			50.00	50.00	
2	广告宣传费			300.00	300.00	
(四)	预备费			1646.83	1646.83	5%
	合计				41 205.79	

2. 流动资金估算

根据该项目的具体情况，项目建成后将房地产全部出售、出租，由物业管理部门运作，因此根据同类项目的经验数据，采用扩大指标估算法进行估算，预计该项目每年所需流动资金为 500 万元。

3. 建设期利息估算

该项目建设投资借款为 28 205.79 万元，银行借款年利率为 5.85%，因此该项目的建设期利息为 825.02 万元。

$$建设期利息 = \left(年初借款本息累计 + \frac{1}{2} \times 当年借款额 \right) \times 年利率$$

$$= \frac{1}{2} \times 28\,205.79 \times 5.85\%$$

$$= 825.02(万元)$$

(二) 资金筹措

为计算简单起见，假定该项目资金来源于两个渠道。

1. 自有资金

该项目自有资金总量为 13 500 万元，其中，自有建设投资 13 000.00 万元，自有流动资金 500 万元。

2. 银行借款

该项目拟向某国有商业银行贷款，拟申请银行贷款 28 205.79 万元，贷款利率为 5.85%。

投资总额及其资金筹措的具体估算，详见附表 2。

附表 2　投资总额与资金筹措表　　　　　单位：万元

序 号	项 目	建设期	营业期	合 计
		1	2	
1	总投资	42 030.81	500.00	42 530.81
1.1	建设投资	42 030.81		42 030.81
1.2	流动资金		500.00	500.00
1.3	建设期利息	825.02		825.02
2	资金筹措	42 030.81	500.00	42 530.81
2.1	自有资金	13 000.00	500.00	13 700.00
2.1.1	其中：自有建设投资	13 000.00		13 000.00
2.1.2	自有流动资金		500.00	500.00
2.2	借款	29 030.81		29 030.81
2.2.1	建设投资借款	28 205.79		28 205.79
2.2.2	短期借款	825.02		825.02

二、财务效益与费用估算

（一）营业收入、营业税金及附加估算

1. 营业收入估算

该项目的营业收入包括出售收入和出租收入两部分。

1）出售收入估算

一层公建全部出售，出售面积为 11 546.47 米²。根据项目所在地同类项目的销售情况，结合该项目的具体实际，确定该项目的销售单价为每平方米 4 万元，销售期为 2 年，销售比例为 40% 和 60%。

2）出租收入估算

二层、三层为大型超市和购物广场，拟全部出租，出租面积合计为 23 092.94 平方米。根据与某国际知名跨国连锁公司达成的合作协议，该项目购物广场的租金确定在 54 元/米²·月。

四层餐饮店铺，拟全部出租，出租面积为 11 546.47 米²。根据项目所在地同类项目的出租情况，结合该项目的具体实际，确定该项目的租金为每月每平方米 600 元。

此外，地下停车场全部出租，还有部分外墙广告收入等，预计每年可实现营业收入 1200 万元。

2. 营业税金及附加估算

该项目缴纳营业税、城市维护建设税和教育费附加。为计算简单起见，假定该项目的营业税税率为 5%，城市维护建设税税率为 7%，教育费附加费率为 3%。

该项目的营业收入、营业税金及附加，详见附表 3 所示。

附表 3　销售（营业）收入及税金估算表　　　　　单位：万元

序号	营业收入、营业税金及附加	建设期	营业期				
		1	2	3	4	5	6~20
1	收入估算	18 474.35	35 611.53	7900.00	7900.00	7900.00	7900.00
1.1	销售收入	18 474.35	27 711.53				
1.2	租金收入		6700.00	6700.00	6700.00	6700.00	6700.00
1.3	其他经营收入		1200.00	1200.00	1200.00	1200.00	1200.00
2	营业税金及附加估算	1016.09	1958.63	434.50	434.50	434.50	434.50

（二）总成本费用估算

该项目的总成本费用中，包括工资及福利费估算、折旧费估算、修理费估算、摊销费估算、销售费用估算和其他费用估算等。

1. 工资总额及福利费估算

由于项目拟聘请专业物业公司对项目进行统一管理，因此该项目所需管理人员仅按 50 人考虑，福利费率按工资总额的 40% 计提，年工资总额及福利费为 168 万元。

2. 折旧费估算

根据国家财务制度规定，计提折旧的固定资产原值包括固定资产投资、预备费和建设期利息。该项目计提折旧部分，仅考虑经营部分的固定资产原值。该项目固定资产原值 17 490.29 万元（扣除销售部分所占比例后的余额），净残值率 10%，折旧年限均按 19 年考虑，按直线法综合计提折旧，该项目年折旧费为

828.49 万元。

3. 修理费估算

该项目修理费按折旧费的 30% 计算，每年为 248.55 万元。

4. 摊销费估算

无形资产摊销总额 16 200 万元（扣除销售部分所占比例后的余额），摊销年限 19 年，年摊销额为 852.63 万元；其他资产总额 350 万元，全部计入经营期第 1 年的成本中，则第 2 年的摊销费为 1202.63 万元，从第 3 年起每年均为 852.63 万元。

5. 销售费用估算

根据当地的市场销售情况，确定该项目的销售费用按销售收入的 4% 计算，每年的销售费用为 738.97 万元和 1108.46 万元。

6. 利息支出

利息支出包括建设投资借款在生产期发生的利息和流动资金借款利息。由于该项目流动资金全部为自有，所以利息支出仅为建设投资借款在生产期发生的利息。

7. 其他费用估算

其他费用根据同类项目的经验数据，确定该项目的其他费用为 360.70 万元。

8. 经营成本估算

经营成本为总成本费用扣除折旧费、摊销费和利息支出后的余额。该项目营业期第 1 年的经营成本为 2897.22 万元，第 2 年为 1944.54 万元，以后每年均为 836.08 万元。

总成本费用的具体估算，详见附表 4。

附表 4　总成本费用估算表　　　　　　单位：万元

序号	项　目	营业期				
		2	3	4	5	6～20
1	工资	168.00	168.00	168.00	168.00	168.00
2	折旧费	828.49	828.49	828.49	828.49	828.49
3	摊销费	1202.63	852.63	852.63	852.63	852.63
4	销售费用	738.97	1108.46			
5	修理费	248.55	248.55	248.55	248.55	248.55
6	利息支出	1322.17				
7	其他费用	419.53	419.53	419.53	419.53	419.53
8	总成本费用	4928.34	3625.66	2517.20	2517.20	2517.20
9	经营成本	2897.22	1944.54	836.08	836.08	836.08

（三）利润总额及其分配估算

利润总额为营业收入扣除总成本费用和营业税金及附加后的余额。由于该项目的一层公建全部出售，因此在计算期第 1 年和第 2 年，应该扣除项目的开发投资。为计算简单起见，开发投资按销售面积占总建筑面积的比进行分摊。

按国家规定，该项目应该缴纳企业所得税，假定税率 25% 考虑，估算结果详见附表 5。

附表 5　利润及利润分配表　　　　　　　单位：万元

项　目	建设期	营业期				
	1	2	3	4	5	6～20
1　销售（营业收入）收入	18 474.35	35 611.53	7900.00	7900.00	7900.00	7900.00
2　营业税金及附加	1016.09	1958.63	434.50	434.50	434.50	434.50
3　总成本费用		4928.34	3625.66	2517.20	2517.20	2517.20
4　开发成本	7985.85					
5　利润总额	9472.41	28 724.55	3839.84	4948.30	4948.30	4948.30
6　所得税	2368.10	7181.14	959.96	1237.08	1237.08	1237.08
7　税后利润	7104.31	21 543.42	2879.88	3711.23	3711.23	3711.23
8　可供分配利润	7104.31	21 543.42	2879.88	3711.23	3711.23	3711.23
8.1　应付利润			2879.88	3711.23	3711.23	3711.23
8.2　未分配利润	7104.31	21 543.42				

三、财务评价

（一）盈利能力估算

1. 现金流量分析

根据《建设项目经济评价方法与参数》（第三版）的要求，需要编制项目投资现金流量表、项目资本金现金流量表以及投资各方现金流量表。为简单起见该项目只考虑项目投资现金流量表和项目资本金现金流量表。具体估算，详见附表 6 和附表 7。

根据项目投资现金流量表，可以计算所得税前和所得税后的项目投资净现值、内部收益率和投资回收期等指标。根据项目资本金现金流量表，可以计算所得税后的资本金净现值指标。

附表 6　项目投资现金流量表

单位:万元

序号	项目	建设期		营业期						
		1	2	3	4	5	6	7	8~19	20
1	现金流入	18 474.35	35 611.53	7900.00	7900.00	7900.00	7900.00	7900.00	7900.00	10 149.03
1.1	销售（经营）收入	18 474.35	35 611.53	7900.00	7900.00	7900.00	7900.00	7900.00	7900.00	7900.00
1.2	回收固定资产余值									1749.03
1.3	回收流动资金									500.00
2	现金流出	44 589.98	12 536.99	3339.00	2507.65	2507.65	2507.65	2507.65	2507.65	2507.65
2.1	建设投资	41 205.79								
2.2	流动资金		500.00							
2.3	经营成本		2897.22	1944.54	836.08	836.08	836.08	836.08	836.08	836.08
2.4	营业税金及附加	1016.09	1958.63	434.50	434.50	434.50	434.50	434.50	434.50	434.50
2.5	所得税	2368.10	7181.14	959.96	1237.08	1237.08	1237.08	1237.08	1237.08	1237.08
3	净现金流量	−26 115.63	23 074.53	4561.00	5392.35	5392.35	5392.35	5392.35	5392.35	7641.37
4	累计净现金流量	−26 115.63	−3041.10							
5	税前净现金流量	−23 747.53	30 255.67	5520.96	6629.42	6629.42	6629.42	6629.42	6629.42	8878.45
6	税前累计现金流量	−23 747.53	6508.15							

附表 7　项目资本金现金流量表

单位:万元

序号	项　目	建设期		营业期						
		1	2	3	4	5	6	7	8~19	20
1	现金流入	18 474.35	35 611.53	7900.00	7900.00	7900.00	7900.00	7900.00	7900.00	10 149.03
1.1	销售(经营)收入	18 474.35	35 611.53	7900.00	7900.00	7900.00	7900.00	7900.00	7900.00	7900.00
1.2	回收固定资产余值									1749.03
1.3	回收流动资金									500.00
2	现金流出	23 488.50	34 463.50	3339.00	2507.65	2507.65	2507.65	2507.65	2507.65	2507.65
2.1	自有建设投资	13 000.00								
2.2	自有流动资金		500.00							
2.3	经营成本	7104.31	2897.22	1944.54	836.08	836.08	836.08	836.08	836.08	836.08
2.4	借款本金偿还		21 926.50							
2.5	营业税金及附加	1016.09	1958.63	434.50	434.50	434.50	434.50	434.50	434.50	434.50
2.4	所得税	2368.10	7181.14	959.96	1237.08	1237.08	1237.08	1237.08	1237.08	1237.08
3	净现金流量	−5014.15	1148.03	4561.00	5392.35	5392.35	5392.35	5392.35	5392.35	7641.37

根据不同角度编制的财务现金流量表估算的技术经济指标，如附表 8 所示。

附表 8　现金流量分析

指　　标		IRR/%	NPV/万元	P_t/年
项目投资现金流量	税后	38.95%	38 750.99	1.91
	税前	66.55%	56 820.12	1.5
资本金现金流量		123.88	59 298.03	

由此可见，从不同角度计算的内部收益率均高于基准折现率 8%，净现值均大于零，包括建设期在内的所得税后的投资回收期仅为 1 年 11 个月。因此可以看出，该项目有较好的盈利能力。由于有国际知名跨国连锁公司的加盟，无形中提高了该项目的售价和租金，缩短了投资回收期，因而该项目的内部收益率和净现值都比较高，投资回收期短，项目效益好于一般的房地产和商业项目。

2. 静态投资收益率分析

该项目的静态投资收益率主要考虑投资利润率、投资净利润率和资本金利润率指标。

$$投资利润率 = \frac{年利润总额}{项目总投资} \times 100\%$$

$$= \frac{9814.29}{42\,530.81} \times 100\%$$

$$= 23.71\%$$

$$投资净利润率 = \frac{年净利润}{项目总投资} \times 100\%$$

$$= 17.31\%$$

$$资本金净利润率 = \frac{年净利润}{项目资本金} \times 100\%$$

$$= 54.52\%$$

根据静态指标也可以看出，项目所有静态指标均高于行业平均水平该项目有较强的盈利能力。

（二）偿债能力估算

该项目建设投资借款偿还期为 1 年 11 个月，即以项目销售收入扣除相应的开发成本后的余额，完全可以保证在 2 年的时间里偿还银行借款。偿债能力的具体估算，详见附表 9。

附表 9　借款还款计划表　　　　　　　单位：万元

序　号	借款及还本	建设期	营业期
		1	2
1	借款本息及还本		
1.1	年初借款本息累计		21 926.50
1.2	本年借款	28 205.79	
1.3	本年计息	825.02	1322.17
1.4	本年还本	7104.31	21 926.50
2	还本资金来源	7104.31	23 574.53
2.1	折旧费		828.49
2.2	摊销费		1202.63
2.3	利润	7104.31	21 543.42

根据借款还款计划表计算，该项目的建设投资借款还款期为 1 年 11 个月，即以项目销售收入扣除相应的开发成本后的余额，完全可以保证在两年的时间里偿还银行借款，该项目具有较强的借款偿还能力。

四、敏感性分析

该项目的敏感性分析选用了建设投资、经营成本和销售（经营）收入作为影响因素，来分析这些因素的变化对主要技术经济指标的影响程度，变动幅度选取±10%。分析结果见附表 10。

附表 10　敏感性分析表

序　号	调整项目			分析结果		
	建设投资	销售收入	经营成本	净现值/万元	内部收益率	投资回收期/年
0				38 750.99	38.95%	2.67 年
1	10%			34 929.42	31.18%	3.49 年
2	−10%			42 572.56	50.52%	1.95 年
3		10%		46 676.87	49.57%	1.97 年
4		−10%		30 825.12	30.24%	3.61 年
5			10%	37 742.83	38.00%	2.76 年
6			−10%	39 759.16	39.92%	2.59 年

从敏感性分析的结果可以看出，该项目的技术经济指标对销售（营业）收入的变化较敏感，对经营成本不敏感。但无论是哪种因素变化，在±10%的变化幅度内，该项目的技术经济指标都能通过判别标准。因此，该项目有较强的抗风险能力。

通过项目财务评价可以看出，该项目的盈利能力和清偿能力都比较强。